파이썬 객체지향 프로그래밍

Python object-oriented programming

성백균 지음

파이썬
객체지향 프로그래밍

인 쇄 : 2021년 2월 8일 초판 1쇄
발 행 : 2021년 2월 15일 초판 1쇄

저 자 : 성백균
발행인 : 송 준
발행처 : 도서출판 홍릉
주 소 : 01093 서울시 강북구 인수봉로 50길 10
등 록 : 1976년 10월 21일 제5-66호

전 화 : 02-999-2274~5, 903-7037
팩 스 : 02-905-6729
e-mail : hongpub@hongpub.co.kr
http://www.hongpub.co.kr
ISBN : 979-11-5600-841-5(93000)

정 가 : 25,000원

머리말

컴퓨터가 세상에 나온 이래 수많은 프로그래밍 언어가 나타나고 사라져 갔다. C언어처럼 아주 오래 살아남아 환갑이 넘도록 이름을 빛내고 있는 언어가 있는가 하면 컴파일러나 인터프리터조차 만들지 못하고 사라져간 언어도 수두룩할 것이다. 돌이켜보면 필자가 배우고 사용하여야 했던 프로그래밍 언어만 해도 어셈블리 언어를 비롯하여 FORTRAN, COBOL, PL/1, Pascal, C#, Java 등 10여 가지가 넘으니 지금 한창 이름을 떨치고 있는 파이썬(Python)은 과연 얼마나 오래 살아남을지?

파이썬은 컴파일러 방식이 아닌 인터프리터 방식으로 동적 타이핑의 대화형 언어이다. 따라서 프로그램을 작성할 때, 미리 데이터나 함수의 타입을 선언하지 않아도 되기 때문에 컴퓨터 프로그래밍을 처음 접하는 사람들에게 쉽게 느껴질 수 있다. 반면에 이미 C++이나 자바에 익숙한 프로그래머들은 어차피 함수나 데이터를 이용할 때 타입을 알아야 한다면, 유지보수를 어렵게 만드는 동적 타이핑보다 처음부터 데이터 타입을 정의해 사용하는 정적 타이핑이 낫다고 주장하기도 한다. 결국 모든 것이 완벽한 프로그래밍 언어란 없다. 다만 사람들이 많이 사용하여 프로그램이 축적되고 널리 재사용된다면 집단 지성에 의해 점점 더 좋은 프로그래밍 언어로 진화할 수 있지 않을까?

파이썬은 객체지향 프로그래밍 언어이지만 파이썬으로 프로그램을 개발했다고 해서 모두 객체지향 프로그램이 되는 것은 아니다. 객체 지향 프로그래밍은 여러 개의 독립된 단위인 객체들을 생성하고, 각각의 객체들이 서로 메시지를 주고받으며 데이터를 처리하는 방식이다. 즉, 사물이나 개념의 특징을 파악하고 추상화하여 객체를 중심으로 프로그램을 구성한다. 다음에 무엇을 해야 하는지 하나하나 컴퓨터에 알려주는 명령어들로 프로그램을 구성하는 절차지향 프로그래밍 방식보다 훨씬 더 사람들이 생각하는 방식과 닮아 있다. 그러나 파이썬은 함수 오버로딩이 되지 않고 데이터나 메서드의 공개범위가 명시적으로 선언되지 않기 때문에 객체지향 프로그래밍의 개념을 파이썬으로 배우는 것은 적절하지 않다는 주장도 있다. 또한, 지나치게 프로그램을 객체화하는 것이 실세계의 모습을 그대로 반영하는가에 대한 비판도 있다. 하지만 파이썬이 세상 속으로 파고드는 속도와 컴퓨터 프로그래밍을 처음 접하는 언어로 수많은 대학에서 파이썬을 채택하고 있다는 점을 고려해 보면, 초보적인 기초 프로그래밍을 익히고 나서, 다음 단계로 객체지향 프로그래밍을 파이썬으로 익히는 것이 어찌 적절치 않겠는가?

이 책은 객체지향 프로그래밍의 입문서라 할 수 있다. 즉, 객체지향 프로그래밍의 이론을 본격적으로 다루기 위한 책이라기보다, 파이썬으로 프로그램을 작성할 때 어떻게 하면 객체지향 프로그래밍이라 할 수 있는지를 예제 프로그램을 이용해 보여주려고 노력하였다. 따라서, 파이썬으로 만들어진 간단한 기초프로그램을 이해할 수 있거나, C언어나 자바 등 다른 언어를 사용한 경험이 있다면 이 책을 통해 객체지향 프로그래밍의 개념을 손쉽게 이해할 수 있을 것이다. 물론 파이썬이 배우기 쉬운 프로그래밍 언어이기 때문에 프로그래밍을 처음 접하는 사람들도 조금만 더 시간을 투자한다면 객체지향 프로그래밍을 이해하는데 문제가 없을 것이다.

대부분의 프로그래밍 언어의 교재에서는 먼저 데이터 타입을 소개하고, 입출력 함수와 연산자를 다루며, 제어의 흐름을 다루기 위한 제어구조를 소개하지만 이 책에서는 int, float, str, bool, list, dictionary 등의 클래스를 하나씩 소개하면서 각각의 클래스 메서드를 어떻게 사용하는지 예제를 통해 살펴보도록 하였다. 따라서, 연산자와 제어구조는 클래스의 객체를 다룰 때 필요한 곳에서 소개하였으며, 함수를 만들고 호출하는 방법과 예외처리를 다양한 사용 예를 소개하였다.

그리고 8장부터는 객체지향 프로그래밍을 위한 기본 개념을 배울 수 있도록 객체와 클래스, 캡슐화와 정보은닉, 상속과 다중 상속, 최상위 슈퍼클래스인 object클래스의 메서드, 다형성, 추상기반 클래스 등 객체지향 프로그램의 다양한 예제를 기본 개념과 함께 소개함으로써, 객체지향 프로그래밍을 이해할 수 있도록 하였다.

따라서 이 책을 한 학기용 대학 교재로 사용한다면, 중간시험 전까지는 객체지향 관점에서 기본적인 파이썬의 언어 특성을 배우고 중간시험 이후에는 8장부터의 객체지향 프로그래밍을 다루는 것이 좋을 것이다.

이 책으로 공부하는 독자들이 날이 갈수록 훌륭한 프로그래머로 거듭나기를 바라며, 출판과정에서 꼼꼼히 챙겨준 도서출판 홍릉의 관계자 여러분께 고마운 마음을 전한다.

저자 성백균

CONTENTS 차례

Chapter 01 파이썬 시작하기

Chapter 02 숫자 다루기

Chapter 03 문자열 다루기

Chapter 04 참과 거짓

Chapter 05 리스트와 딕셔너리

Chapter 06 함수

Chapter 07 예외처리

Chapter 08 객체와 클래스

Chapter 09 캡슐화와 정보은닉

Chapter 10 상속과 다중 상속

Chapter 11 object 클래스

Chapter 12 다형성(Polymorphism)

Chapter 13 추상 기반 클래스(Abstract Base Class)

CHAPTER 01

파이썬 시작하기

1.1. 파이썬 이야기

파이썬(Python)은 1990년 암스테르담의 귀도 반 로섬(Guido Van Rossum)이 개발한 인터프리터 언어다. 파이썬은 원래 고대 신화에 나오는 파르나소스 산의 동굴에 살던 큰 뱀을 뜻하는데, 아폴로 신이 델파이에서 파이썬을 퇴치했다고 해서 파이썬 책 표지와 아이콘에 뱀 모양이 그려져 있는 경우가 흔하다.

프로그램 언어를 해석하고 실행시키는 방법에는 크게 컴파일러(Compiler) 방식과 인터프리터(Interpreter) 방식이 있다. 프로그래밍 언어는 보통 두 가지 가운데 한 가지 방식을 이용해 프로그램을 실행하도록 설계하는데 자바(Java)와 같이 두 가지 방식을 모두 채택하는 경우도 있다.

컴파일러 방식은 프로그래밍 언어를 실행하기 전에 프로그램을 모두 기계어로 번역하는 방식으로, 번역할 프로그램을 원시 코드(Source Code), 기계어로 바뀐 프로그램 코드를 목적 코드(Object Code)라 한다.

컴파일러 방식은 실행하기 이전에 프로그램을 모두 기계어로 변환하기 때문에 번역에 시간이 오래 걸리지만, 기계어로 번역한 이후에는 다시 번역할 필요가 없기 때문에 매우 빠르게 작동한다. 대표적인 컴파일러(Compiler) 방식의 언어로는 C 언어와 C++ 언어를 들 수 있으며, 자바 역시 바이트 코드로 바꾸는 과정에서 컴파일을 수행한다.

인터프리터(Interpreter) 방식은 컴파일러 방식과 달리 프로그램을 한 줄 한 줄 해석해서 실행하는 방식으로 실행 결과를 바로 확인할 수 있다. 실행하기 이전에 프로그램을 기계어로 변환하는 컴파일러 방식과 달리 실행할 때 프로그램을 한 줄씩 목적 코드로 번역해서 프로그램을 실행시키는 방식이다. 프로그래밍 언어를 기계어로 바로 바꾸지 않고 실행할 때마다 해석하기 때문에 컴파일러 방식에 비해 다소 늦지만 기계어로 번역하면서 바로 바로 코드를 실행하기 때문에 실시간으로 디버깅(Debugging)이 가능하고 필요할 경우 프로그램 코드를 수정할 수 있다.

대표적인 인터프리터(Interpreter) 언어로는 자바스크립트(Javascript)와 같은 언어를 들 수 있지만, 스크립트 언어 이외에도 컴파일 이후에 인터프리터를 수행하는 언어들도 많이 있다.

대다수 프로그래밍 언어의 인터프리터는 가상기계(Virtual Machine)에서 인터프리터를 수행하게 되는데, 가상기계가 대부분 운영체제 환경들을 지원함으로써, 특정 운영체제나 플랫폼에 종속되지 않고 프로그램을 실행할 수 있다.

이런 특징을 지닌 인터프리터로 자바의 가상기계(JVM)와 파이썬의 어날라이저(Analyzer)가 있다.

파이썬은 초보 프로그래머를 위한 컴퓨터 프로그래밍 교육에 많이 사용되지만, 기업의 실무를 위한 프로그래밍에서도 많이 사용되는 언어이다. 대표적인 예로 구글에서 만든 대부분의 소프트웨어와 온라인 사진 공유 서비스 프로그램인 인스타그램(Instagram), 파일 동기화 서비스 프로그램인 드롭박스(Dropbox) 등이 파이썬으로 작성되었다고 한다.

파이썬은 프로그래밍과 유지 보수가 손쉽기 때문에 기존의 다른 언어로 작성된 많은 프로그램들이 파이썬으로 재구성되고 있으며, 우리나라에서도 사용자 층이 점점 두터워짐에 따라 파이썬을 사용하는 기업들이 늘어가는 추세이다.

1.2. 파이썬의 특징

(1) 파이썬은 쉽고 간결하다

“Hello world”를 출력하는 프로그램을 C로 작성할 때 다음과 같이 6줄이 필요하지만 파이썬으로 작성하면 1줄이면 된다.

◀ C로 작성한 프로그램 ▶

```
#include <stdio.h>
int main()
{
    printf("Hello world");
    return 0;
}
```

◀ 파이썬으로 작성한 프로그램 ▶

```
print("Hello  world")
```

파이썬의 코드는 print라는 영어 안에 "Hello world"가 들어있기 때문에 "Hello world"라는 문자열을 print하는 것이라는 것을 쉽게 알 수 있다.

그리고 C언어에서와 같이 중괄호({})나 세미콜론(;)과 같은 문법적인 요소들이 필요 없고, 들여쓰기를 하지 않으면 오류가 발생하기 때문에 들여쓰기로 인해 프로그램 코드를 더 쉽게 이해할 수 있다.

다음 예제는 "blackList에는 '홍길동', '임꺽정', '장길산', '홍경래'가 있다. 만약 blackList에 '장길산'이 있으면 "blackList에 '장길산'이 있습니다"를 출력한다."라고 읽을 수 있다. 즉, 프로그램을 모르더라도 영어 문장을 읽듯이 직관적으로 뜻하는 바가 무엇인지 알 수 있다.

```
blackList  = ["홍길동", "임꺽정", "장길산", "홍경래"]
if '장길산' in blackList: print("blackList에 '장길산'이 있습니다")
```

즉, 문법이 쉽고 간결해서 다른 언어를 사용해 본 경험이 있는 프로그래머라면 쉽고 빠르게 배울 수 있으며, 프로그래밍을 처음 배우는 사람들도 쉽게 배워 사용할 수 있어 많은 대학에서 컴퓨터 프로그래밍 교육용으로 파이썬을 채택하고 있다.

(2) 파이썬은 빠르게 프로그래밍 할 수 있다.

“Life is too short, You need python.” (인생은 짧으니 파이썬이 필요해.)

이 말은 파이썬의 빠른 개발 속도를 두고 파이썬 개발자들 사이에서 널리 유행하는 말이다. 프로그램 개발자의 목표는 좋은 품질의 프로그램을 빨리 개발하는 것이다. 파이썬은 문법 자체가 쉽고 간결해 인간의 사고 체계와 유사하기 때문에 머릿속에서 구상한 생각을 프로그램으로 쉽게 코딩할 수가 있다. 따라서 빠르게 프로그래밍 작업이 이루어짐으로써, 파이썬은 프로그래머의 개발 생산성을 높인다.

(3) 파이썬은 오픈소스이다.

오픈 소스(Open Source)란 저작권자가 소스 코드를 공개하여 누구나 별다른 제한 없이 자유롭게 사용복제 · 배포 · 수정할 수 있는 소프트웨어를 말한다. 파이썬은 언제 어디서든 다른 개발자들이 만들어 놓은 수 많은 프로그램들을 다운로드하여 사용할 수 있다. 심지어 다른 언어로 제작된 모듈도 파이썬에 포함시켜 사용할 수 있다. 파이썬은 C언어로 제작된 언어이기 때문에 C언어의 프로그램들을 파이썬에 포함시킬 수 있으며, 그 밖에도 다른 언어로 제작된 프로그램들도 파이썬에 포함시켜 사용할 수 있다. 물론 프로그램의 모든 부분을 파이썬으로 만들 수 있지만, 큰 틀은 파이썬으로 간단히 빠르게 만들고, 복잡한 로직들은 C언어로 제작해 포함시킬 수도 있다. 예를 들어 시스템 프로그램이나 하드웨어 제어 프로그램과 같이 매우 복잡하고 연산이 많은 프로그램은 파이썬이 적합하지 않을 수 있으므로 다른 언어로 프로그래밍하여 파이썬 프로그램에 포함시킬 수 있다.

(4) 모든 것이 객체이다.

파이썬에서는 변수와 함수 모두 다 객체이다(Everything is object). 따라서 프로그램 실행 중에 타입이 결정되는 동적인 타입 정의(dynamic typing)가 가능하다. 즉, 변수를 사용할 때 변수 타입을 지정하지 않고 프로그램을 실행할 때 변수의 타입을 자동으로 검사하여 실행할 수 있다. C언어나 자바와 같은 다른 언어의 경우 변수를 선언할 때 타입을 명시해 줌으로써 자료형의 크기 만큼 메모리에 변수가 할당되는데 비해, 파이썬은 모든 것이 객체이기 때문에 변수가 객체를 가리킬 때 변수에 할당된 값을 검사하여 객체를 참조한다.

1.3. 파이썬의 활용분야

프로그래밍 언어는 어떤 것이나 강점과 약점이 존재하기 때문에 좋고 나쁨을 따지기 보다는 어떤 응용 분야에 어떤 프로그래밍 언어가 효율적인지 아는 것이 중요하다. 파이썬은 다른 프로그래밍 언어 보다 비교적 쉽고 간단하기 때문에 많은 응용 분야에 적절한 언어이다.

(1) 윈도우 프로그래밍

윈도우 프로그래밍은 화면에 윈도우 창을 만들고 그 창에 프로그램을 동작시킬 수 있는 메뉴나 버튼 등을 추가하여 프로그래밍하는 그래픽 사용자 인터페이스(GUI: Graphic User Interface)를 사용하는 프로그래밍을 말한다. 파이썬은 윈도우 프로그래밍을 위한 도구들이 잘 갖추어져 있어 윈도우 프로그램을 만들기 쉽다. 대표적인 예로 파이썬 프로그램과 함께 설치되는 티케이인터(Tkinter)를 사용하면 간단한 코드만으로 윈도우 창을 띄울 수 있다.

(2) 웹 프로그래밍

일반적으로 익스플로러나 크롬, 파이어폭스 같은 브라우저로 인터넷을 사용할 때, 게시판이나 방명록을 사용하게 되는데 이러한 게시판이나 방명록을 만드는 프로그래밍이 웹 프로그래밍이다. 파이썬은 웹 프로그래밍을 하기에 매우 적합한 도구이며, 실제로 파이썬으로 제작한 웹 사이트는 점점 늘어나고 있다.

(3) 데이터베이스 프로그래밍

파이썬은 사이베이스(Sybase), 인포믹스(Infomix), 오라클(Oracle), 마이에스큐엘(MySQL), 포스트그레스큐엘(PostgreSQL) 등의 데이터베이스에 접근하기 위한 도구를 제공한다. 이렇게 데이터베이스를 직접 사용하는 것 이외에 파이썬에는 피클(pickle)이라는 모듈이 있는데, 피클은 파이썬에서 사용하는 자료를 변형 없이 파일에 저장하고 불러오는 일을 수행하는 모듈이다.

또한, 파이썬의 판다스(Pandas) 모듈을 사용하면 데이터 분석을 쉽고 효과적으로 할 수 있기 때문에 데이터 분석을 할 때 파이썬을 사용하는 경우가 점점 증가하고 있다.

(4) 사물 인터넷

사물 인터넷 분야에서도 파이썬의 활용도는 높다. 예를 들어 라즈베리파이(Raspberry Pi)는 리눅스 기반의 작은 컴퓨터인데 라즈베리파이를 사용하면 홈시어터나 아주 작은 게임기 등을 만들 수 있다. 파이썬은 라즈베리파이를 제어하는 도구로 사용할 수 있는데, 예를 들어 라즈베리파이에 연결된 모터를 작동시키거나 LED에 불이 들어오게 하는 일 등을 프로그래밍 할 수 있다.

(5) C/C++와의 결합

파이썬은 다른 언어와 잘 어울려 결합해서 사용할 수 있기 때문에 접착(glue) 언어라 불리운다. C나 C++로 만든 프로그램을 파이썬에서 사용할 수 있으며, 파이썬으로 만든 프로그램 역시 C나 C++에서 사용할 수 있다. 수치가 복잡하고 연산이 많다면 C 와 같은 언어로 하는 것이 더 빠르다. 파이썬은 수치 연산 프로그래밍에 적합하지 않지만 파이썬에서 제공하는 C언어로 작성된 NumPy라는 수치 연산 모듈을 이용한다면 파이썬에서도 수치 연산을 빠르게 할 수 있다.

또한 파이썬은 윈도우, 리눅스 등 운영체제의 시스템 명령어를 사용할 수 있는 각종 도구를 갖추고 있기 때문에 이를 바탕으로 시스템 유틸리티를 쉽게 만들 수 있다.

(6) 파이썬으로 어려운 일

모바일 프로그래밍과 시스템과 밀접한 프로그래밍 분야에서는 파이썬으로 프로그래밍하기 어렵다. 파이썬은 구글이 가장 많이 애용하는 언어이지만 파이썬으로 안드로이드 앱(App)을 개발하거나 아이폰 앱을 개발하는 것은 어렵다.

또한, 시스템과 밀접한 프로그래밍 영역 또한 아직 어렵다. 리눅스 같은 운영체제나 많은 양의 연산이 필요한 프로그램을 파이썬으로 개발하는 것은 어렵다. 즉, 데이터 압축 알고리즘과 같이 아주 빠른 속도를 요구하거나 하드웨어를 직접 다루어야 하는 소프트웨어는 파이썬으로 프로그래밍하기 어렵다.

1.4. 파이썬 프로그램 맛보기

1.4.1. 식별자와 예약어

식별자(identifier)란 변수명, 함수명, 클래스명 등과 같이 프로그래머가 프로그램을 작성할 때 만들어 사용하는 모든 이름을 의미한다. 즉, 파이썬의 식별자는 다른 객체를 식별하기 위해 사용되는 이름이다.

예약어(Reserved Words)는 키워드라고도 하는데 프로그래밍 언어를 설계할 때 프로그래밍 언어에서 사용하려고 정해 놓은 단어다. 즉, if, while, class 등과 같이 프로그래밍 언어에서 프로그램의 제어구조나 자료구조에서 사용하려고 미리 정해 놓은 단어다. 파이썬에는 다음과 같이 33개의 예약어가 있는데, True, False, None을 제외하고는 모두 소문자이다.

Keyword					
and	exec	not	assert	finally	or
break	for	pass	class	from	print
continue	global	raise	def	return	
del	import	try	elif	while	
else	is	except	lambda	yield	
True	False	None			

변수의 이름, 상수의 이름, 함수의 이름, 클래스의 이름 등 다른 이름들과 구분하기 위해서 사용되는 이름이 식별자인데, 이름만 보아도 뜻을 알 수 있도록 이름을 잘 만들어야 한다. 식별자의 표기법에는 여러 가지가 있을 수 있으나 대표적인 것으로 네 가지를 소개하고자 한다.

(1) 카멜 표기법(Camel Case)

여러 단어를 연달아 사용하여 이름을 지을 때 각 단어의 첫 글자를 대문자로 표기하되, 맨 앞에 오는 첫 글자는 소문자로 표기한다. 낙타의 등에 있는 혹과 같이 높낮이가 있어 카멜(Camel) 표기법이라 부르는데 자바의 권장 표기법이다. 예를 들어 camelVariable, firstName, lastName 등과 같이 표기하는 방식이다.

(2) 파스칼 표기법(Pascal Case)

카멜 표기법과 같으나 단어의 모든 첫 글자를 대문자로 표기한다. 예를 들어 PascalVariable, FirstName, LastName 등과 같이 표기하는 방식이다.

(3) 헝가리안 표기법(Hungarian Notation)

접두어에 자료형을 붙이는 표기법으로 요즈음 들어 잘 사용하지 않는 표기법이다. 자료형이나 그래픽 사용자 인터페이스(GUI)에서 사용하는 버튼, 레이블, 텍스트박스 등이 너무 많아져 접두어가 큰 의미를 갖지 못하게 되었기 때문이다. 예를 들어 strName, intNumber, btnOK, txtName 등과 같이 표기하는 방식이다.

(4) 스네이크 표기법(Snake Case)

단어 사이에 언더바를 넣어서 표기하는 방법이다. 하나의 언더바("_")나 두 개의 언더바("__")로 시작하는 식별자는 많은 언어에서 특별한 용도로 확장해서 사용하기 때문에 꼭 필요할 경우에만 용도에 맞게 사용하여야 한다. 파이썬에서도 하나의 언더바("_")나 두 개의 언더바("__")로 시작하는 식별자는 특별한 용도로 사용하므로 용도에 맞게 사용하여야 한다. 예를 들어 스네이크 표기법은 camel_Variable, first_Name, get_Next_Number 등과 같이 표기하는 방식이다.

식별자의 표기법은 프로젝트 팀이나 개발팀에서 정해진 규칙에 따라 사용하는데, 보통 자바의 경우 변수명이나 함수명은 카멜 표기법을 따르고 클래스명은 파스칼 표기법을 따르고, C++에서는 주로 변수명은 카멜로 표기하고 함수와 클래스명은 파스칼로 표기한다. 언어에 따라 전부 카멜로 표기하거나 파스칼로 표기할 것을 권장하기도 하는데 본 교재에서는 자바와 같이 대부분 변수명이나 함수명은 카멜 표기법을 따르고 클래스명은 파스칼 표기법을 따를 예정이다.

다음은 식별자 작성 규칙이다.

❶ 식별자는 소문자(a ~ z), 대문자(A ~ Z), 숫자 (0 ~ 9), 언더바(_)의 조합으로 작성하며, myClass, var1, get_Next_Number 등은 모두 사용가능하다.

❷ 식별자는 숫자로 시작될 수 없다. var1은 사용 가능하지만 1var은 사용할 수 없다.

❸ 키워드는 식별자로 사용할 수 없다. if, while, else 등은 사용할 수 없는 이름이다.

❹ !, @, #, $, % 등의 특수 기호는 식별자에서 사용할 수 없다.

❺ 식별자의 길이는 제한이 없기 때문에 의미를 알 수 있는 긴 이름으로 식별자를 지정하는 것이 좋으나 대소문자를 구별하기 때문에 Var1과 var1은 같은 이름이 아니다.

1.4.2. 주석과 들여쓰기

파이썬 프로그램에서 프로그래머만 알아볼 수 있도록 작성하는 부분을 주석(comment)이라고 한다. 즉, 파이썬 인터프리터가 프로그램을 번역하며 실행하다가 주석을 만나면 프로그램이 아닌 것으로 간주해 어떠한 처리도 하지 않기 때문에 프로그램의 실행에는 어떠한 영향도 주지 않는다, 보통 주석은 코드에 대하여 상세한 설명을 덧붙여 프로그램의 이해를 돕거나, 특정 코드를 잠시 실행되지 않도록 할 때 사용한다.

(1) 주석

다음은 한 줄 주석으로 코드에 대한 설명을 작성한 예이다.

코드 맨 앞에 샵(#)을 사용하면 해당 줄은 모두 주석이므로 인터프리터는 아무 동작도 하지 않는다. 첫 번째 주석은 다음 줄의 코드에 대한 설명을 해 놓은 것이고 두 번째 주석은 코드를 잠시 실행되지 않도록 막아놓은 것이다.

```
# Hello, world! 출력
print('Hello, world!')

#print('Hello, world!')
```

인라인 주석은 코드 뒤에 샵으로 주석을 작성하는 것으로 샵 앞에 있는 코드만 정상적으로 작동하며 샵 뒤에 있는 코드는 프로그램이 아니 것으로 간주해 실행하지 않는다.

```
onePlusTwo= 1 + 2 # 더하기
print('Hello, world!' * onePlusTwo) #print(세번의 'Hello, world!)
```

여러 줄 주석은 각 줄마다 맨 앞에 #을 넣어준다.

```
#onePlusTwo= 1 + 2
#print('Hello, world!' * onePlusTwo)
```

보통 블록 주석을 작성할 때는 코드를 읽기 쉽도록 # 뒤에 공백을 한 칸 띄워 준다.

```
# 더하기와 인사하기
# onePlusTwo= 1 + 2
# print('Hello, world!' * onePlusTwo)
```

(1) 들여쓰기

들여쓰기(indentation)는 코드를 읽기 쉽도록 일정한 간격을 띄워서 작성하는 방법을 말하는 것으로, 파이썬은 들여쓰기 자체가 문법이다. 예를 들어 if의 다음 줄은 항상 들여쓰기를 해야 한다. 들여쓰기를 하지 않으면 문법 에러가 발생해 코드를 실행할 수 없다.

```
if isGoodCondition == True :
print('나는 행복합니다.')     # 들여쓰기 문법 에러
```

◖ 실행 결과 ◗

```
IndentationError: expected an indented block
```

다음과 같이 if 문의 다음 줄은 들여쓰기를 해주어야 한다.

```
if a == 10:
    print('10입니다.')
```

파이썬에서 들여쓰기를 하는 방법은 공백(스페이스) 2칸, 4칸, 탭(tab) 등 여러 가지 방법을 사용할 수 있지만 파이썬 코딩 스타일 가이드(PEP 8)에서는 공백 4칸으로 규정하고 있기 때문에 들여쓰기는 공백 4칸을 사용하는 것이 좋다.

코드 블록은 특정한 동작을 위해서 코드가 모여 있는 상태를 뜻하는데, 파이썬은 들여쓰기를 기준으로 동일한 들여쓰기를 한 코드들이 코드 블록을 구성한다.

```
if a == 10:
    print('10')
    print('입니다.')
```

즉, 같은 블록의 코드들은 들여쓰기의 칸 수가 같아야 하고, 공백과 탭 문자를 섞어서 코딩하면 오류가 발생한다.

다음의 예제의 경우 마지막 예제만 오류가 발생하지 않는다. 첫 번째 예제는 같은 블록의 코드인 print()의 들여쓰기의 칸 수가 같지 않으며, 두 번째 예제는 공백과 탭 문자를 섞어서 코딩하였기 때문에 오류가 발생한다.

```
if a == True:
␣␣print('a는 ')
␣␣␣␣print('참 입니다.')
```

```
if a == True:
␣␣print('a는 ')
|——→| print('참 입니다.')
```

```
if a == True:
␣␣␣␣print('a는 ')
␣␣␣␣print('참 입니다.')
```

1.4.3. 입출력 함수

(1) print() 함수

변수가 참조하는 값을 할당하기 위해서는, i = 10과 같이 표현한다. 파이썬은 인터프리터 언어로 변수명만 입력을 해도 변수가 참조하는 값을 출력한다.

```
i=10
i
```

```
10
```

또한 hello = "Hello"와 같이 코딩하여 hello라는 변수가 "안녕하세요~" 라는 문자열을 참조하게 할 수 있다. 이 경우에도 변수명 hello만 입력하면 hello가 참조하는 값을 출력한다.

```
hello="안녕하세요~"
hello
```

```
안녕하세요~
```

print() 함수는 괄호 안에 변수를 넣으면 값이 출력된다.

```
hello="안녕하세요~"
print(hello)
```

```
안녕하세요~
```

두 개 이상의 변수 값을 출력하려면 컴마(,)로 여러 개의 변수를 나열하면 된다. 나열된 변수가 참조하는 개체의 값을 차례로 연결하여 출력한다.

```
print("OnePlusTwo  =  ", 1+2)
```

```
OnePlusTwo  =  3
```

print() 문 안에 "OnePlusTwo = "란 문자열과 1 + 2란 식을 넣어 출력한 결과 OnePlusTwo = 3을 출력하였다.

다음은 한 줄에 두 개의 변수를 만들었는데 이럴 경우 세미콜론(;)을 이용해 구분한다. 프로그램은 한 줄에 한 문장씩 코딩하는게 좋으므로, 세미콜론을 이용해 한 줄에 여러 문장을 코딩하는 것은 피해야 한다.

```
hello="안녕하세요~";there="여러분"
print(hello, there)
```

```
안녕하세요~여러분!
```

다음은 이스케이프 문자를 이용하여 줄 바꿈을 하거나 일정 거리를 떨어지게 하는 탭 문자를 사용한 프로그램이다. 줄 바꿈이나 탭 동작의 눈에 보이지 않는 문자를 문자열 속에 집어 넣을 수 없기 때문에 "\n"나 "\t" 과 같은 이스케이프 문자를 이용하여야 한다.

```
print("사랑했으므로 \ n행복하였네라 \ n \ t \ t-유치환-")
```

```
사랑했으므로
행복하였네라
                -유치환-
```

(2) input() 함수

사용자로부터 입력을 받는 함수로는 input() 함수가 있다. input() 함수의 사용법은 다음과 같다.

```
변수 = input("안내 메시지")
```

위의 형식으로 변수에 사용자로부터 입력받은 값을 참조하도록 할 수 있다. 다음은 나이를 입력받는 예다.

```
age = input("당신의 나이를 입력하세요 : ")
```

"당신의 나이를 입력하세요 : "라는 안내 메시지를 출력하고 프로그램은 사용자가 입력할 때까지 프로그램의 수행을 멈추고 입력을 기다린다. 20이라는 숫자를 입력하면 20을 age라는 변수에 저장한다. 주의할 점은 사용자가 20이라는 숫자를 입력했지만 변수 age의 타입은 문자열이라는 것이다. input() 함수는 키보드로부터 모든 값을 문자열로만 입력받는다. 따라서 정수를 사용할 필요가 있을 경우, 문자열을 정수로 변환하는 함수 int()를 사용하여야 한다.

```
intx = int('24')
age = int(input("첫 번째 수를 입력하세요 :"))
```

intx = int('24')는 intx 변수가 문자열 '24'가 정수형 숫자로 변환된 객체를 참조한다. 따라서 입력받은 숫자 데이터를 정수형으로 변환하려면 int() 함수 안에 input() 함수를 사용하면 된다.

다음은 인사하는 프로그램이다.

```
print('안녕하세요!')
```

이 프로그램은 단순히 "안녕하세요!"란 문자열만을 콘솔창에 출력한다.

좀 더 스마트하게 사용자의 이름을 입력받아 콘솔창에 출력하는 프로그램을 작성해 보자.

```
name= input('이름을 입력하세요 : ')
print('안녕하세요!'+name+'님')
```

이 경우 띄어쓰기에 유념해야 한다. 즉, "안녕하세요"란 문자 뒤를 한 칸 이상 공백으로 띄어서 코딩하지 않으면, 이름이 "안녕하세요" 문자 바로 뒤에 붙어서 출력된다.

다음은 문자열 클래스의 메서드 format()을 사용하여 이름이 들어갈 위치를 지정하여 출력한 프로그램의 예이다.

```
print('안녕하세요! {}님'.format(name))
```

다음은 최근에 파이썬에 포함된 보다 스마트한 방법으로 f 문자열 포맷팅(f-string formatting)을 사용한 프로그램이다.

```
print(f'안녕하세요! {name}님')
```

1.5. 윈도우즈에서 파이썬 설치하기

윈도우즈에서 파이썬을 설치하는 방법은 다음과 같다.

1) 파이썬 공식 홈페이지의 다운로드 페이지에서 윈도우용 파이썬 언어 패키지를 다운로드한다(http://www.python.org/downloads).

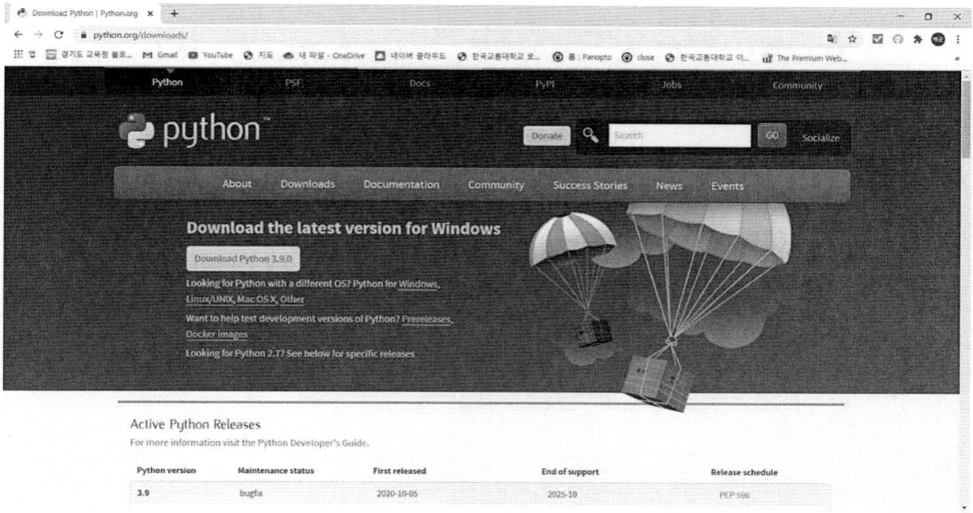

다음 화면에서 Python 3.x로 시작하는 버전 중 가장 최근의 윈도우 인스톨러를 다운로드한다(이 글을 작성하는 시점의 최신 버전은 3.9이다).

2) 인스톨러를 실행한 후에 "Install Now"를 선택하면 바로 설치가 진행된다. 파이썬이 어느 곳에서든지 실행될 수 있도록 "Add Python 3.9 to PATH" 옵션을 선택하는 것이 좋다. "Add Python 3.9 to PATH" 옵션을 누락하면 이후 실습할 때 오류가 발생할 수 있다. Python이 설치되는 경로와 PATH에 대한 사전 지식이 있는 사용자라면 이 옵션을 생략해도 좋을 것이다.

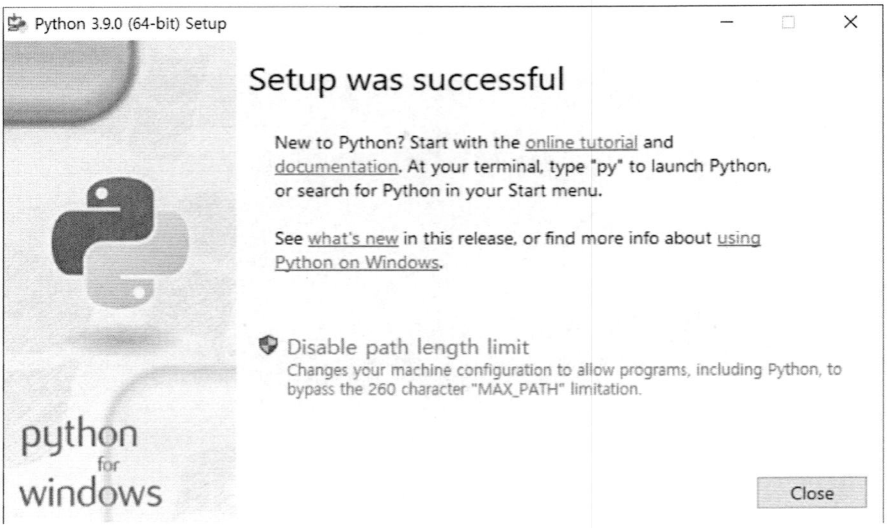

3) 설치가 완료되면 [close]를 클릭하여 종료한다.

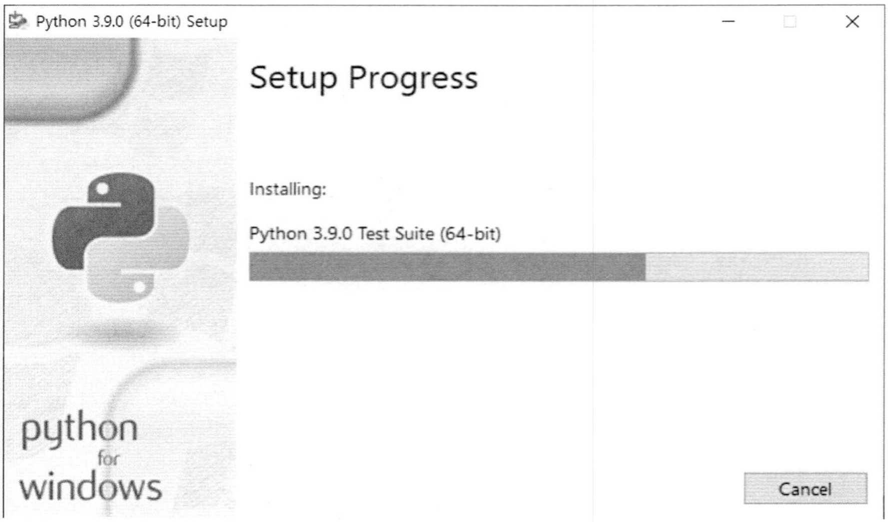

파이썬이 정상적으로 설치되었다면 다음 [시작 → 모든 프로그램 → Python 3.7]의 프로그램 메뉴에서 확인할 수 있다.

이제 프로그램을 작성하여 실행하면 된다.

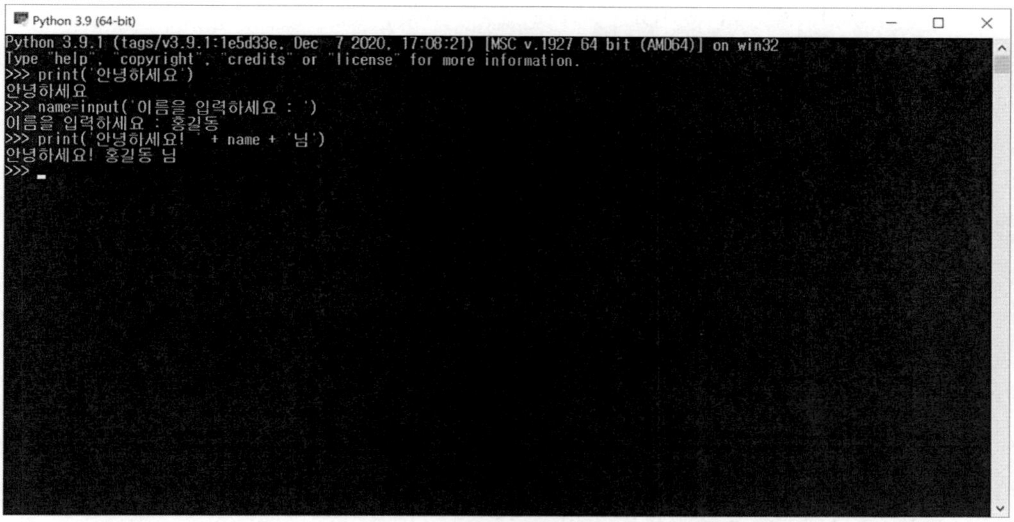

1.6. 파이썬과 에디터

파이썬 대화형 인터프리터는 간단한 예제 프로그램을 코딩할 때는 편리하지만 여러 줄의 복잡한 소스 코드를 가진 프로그램을 만들 때는 불편하다. 더구나 인터프리터를 종료하자마자 프로그램이 모두 사라지기 때문에 작성해 보았던 프로그램을 다시 사용할 수 없다. 따라서 작성한 프로그램을 여러 번 사용하기 위해서는 에디터를 사용하여야 한다.

에디터란 프로그램 소스 코드를 편집할 수 있는 프로그래밍 도구(tool)를 말하는데, 에디터에는 여러 가지 종류가 있다.

1.6.1. IDLE로 파이썬 프로그램 작성하기

파이썬을 설치하며 기본으로 설치되는 파이썬 아이들(IDLE:Integrated Development and Learning Environment)은 파이썬 프로그램 작성을 도와주는 통합개발 환경이다.

파이썬 IDLE을 실행하면 IDLE 셸(Shell) 창이 나타난다. IDLE은 크게 아이들 셸 창(Shell Window)과 아이들 에디터 창(Editor Window)으로 구성되어 있다.

IDLE 셸 창(Shell Window)은 IDLE 에디터에서 실행한 프로그램의 결과가 표시되는 창으로서 파이썬 셸과 똑같은 기능을 수행하는데, 아이들을 실행하면 가장 먼저 나타나는 창이다.

IDLE 에디터 창(Editor Window)은 아이들 에디터가 실행되는 창으로써 프로그램은 아이들 에디터 창에서 작성한다. 이제 아이들 에디터를 실행하기 위해 [시작 → Python 3.9 → IDLE]을 선택해 파이썬 아이들을 실행해 보자.

1) IDLE 편집기를 실행하면 IDLE 셸 창이 나타난다.

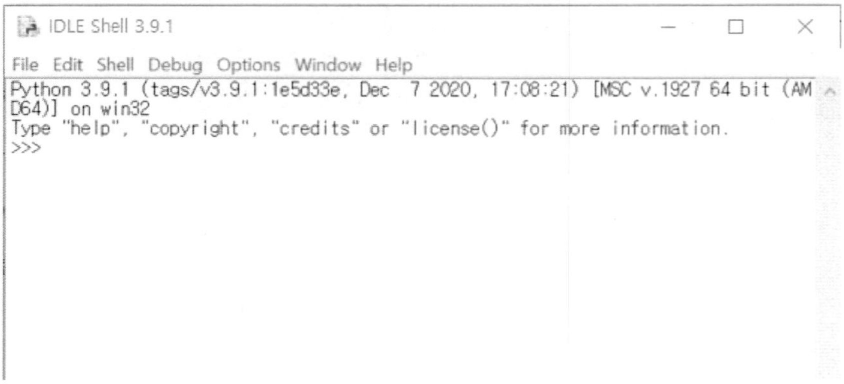

2) File 메뉴에서 New File을 클릭하거나 cntl-N을 누른다. 즉, [File → New File]을 선택하거나 단축키 cntl-N을 누르면 다음과 같이 IDLE 에디터 창이 나타난다.

3) 에디터 창에서 프로그램을 작성한다.

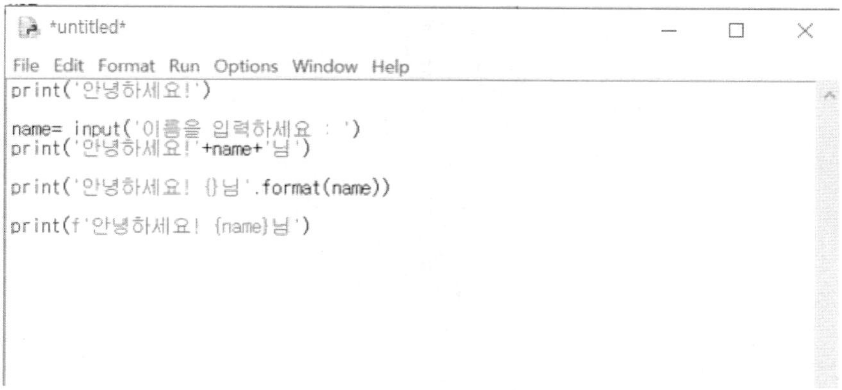

4) 주메뉴 Run 의 Run Module을 클릭하거나 F5 키를 누른다. 즉, [Run → Run Module]을 선택한다(단축키: F5) 이때, 소스프로그램을 저장하라는 메시지가 나오면 확인 버튼을 클릭한다.

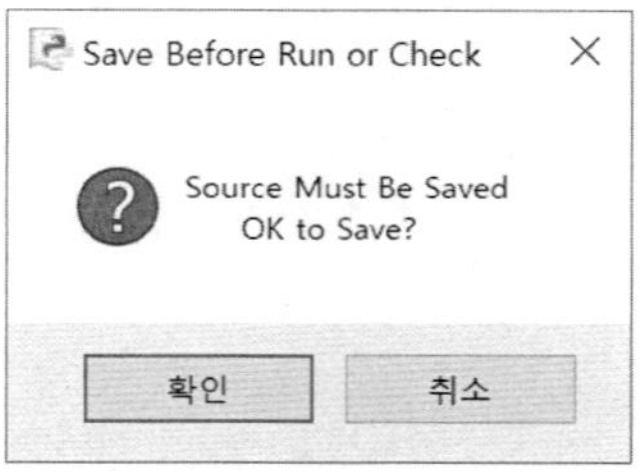

5) 다시 프로그램을 실행하면 다음과 같이 실행 결과가 나타난다.

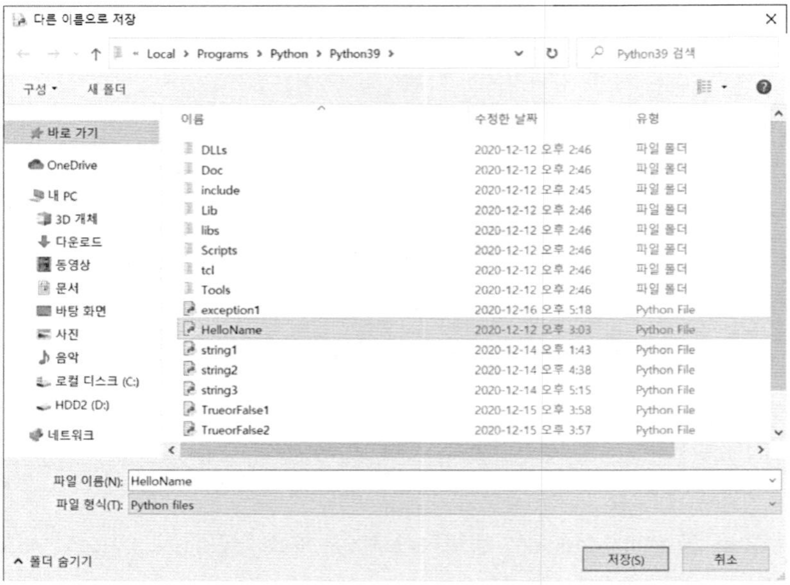

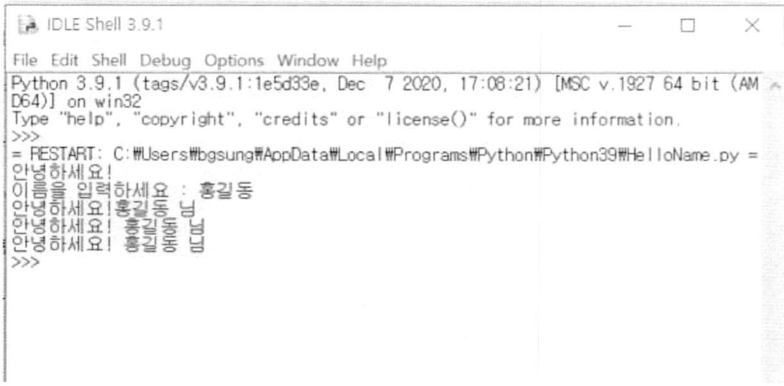

7) 아이들을 실행하여 File 메뉴에서 Open을 클릭하거나 cntl-O를 눌러 저장된 파일을 불러 온다.

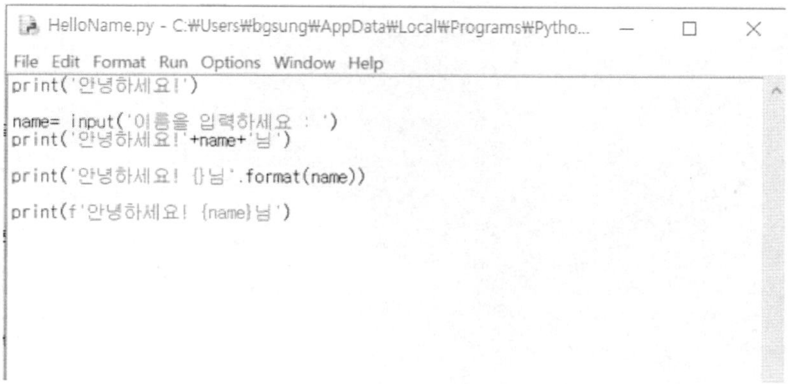

1.6.2. 파이썬 프로그램 실행하기

이제 윈도우즈 명령 프롬프트 창에서 파이썬 프로그램을 실행해 보자. 앞에서 IDLE로 작성한 helloname.py 파일을 명령 프롬프트 창(command prompt)에서 실행해 보자. IDLE 에디터에서 F5키를 눌러 실행할 수도 있지만 실무에서는 일반적으로 명령 프롬프트 창에서 실행한다. 이미 앞에서 IDLE에서 작성한 프로그램을 C:\RunPython 디렉터리에 helloName.py 라는 이름으로 저장했다.

1) helloName.py 프로그램을 실행하기 위해 명령 프롬프트 창을 연다. [윈도우 키 + R]을 누르면 다음과 같은 실행 창이 나타난다.

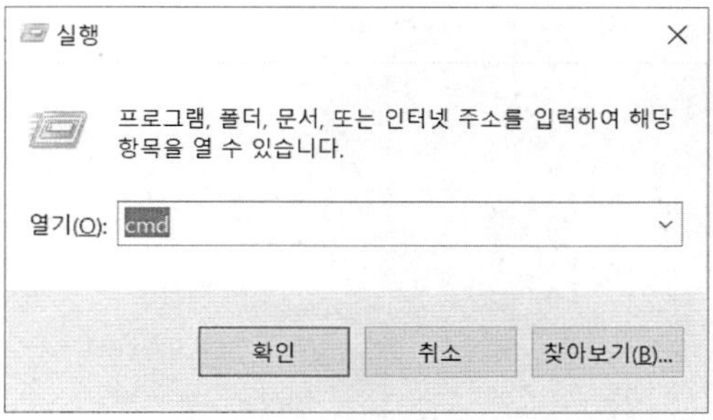

빈 칸에 'cmd'를 입력하고 [Enter]를 누르면 도스 창 즉, 명령 프롬프트 창이 열린다.

2) 여기서 프로그램을 저장한 C:\RunPython 디렉토리로 옮겨가서 프로그램이 있는지 확인해 보자. 프롬프트에서 cd C:\RunPython을 입력하면 현재 디렉토리를 C:\RunPython 디렉토리로 옮겨 갈 것이다. cd(change directory) 명령어는 현재 디렉터리를 이동하는 명령어이다. 또한 dir 명령어는 현재 디렉토리에 있는 파일이나 디렉토리를 보여주는 명령어인데 이 명령어를 통해 현재 디렉토리에 HelloName.py 파일이 있음을 알 수 있다.

   이제 프로그램을 실행해 보면 프로그램이 실행되는 것을 확인할 수 있다.

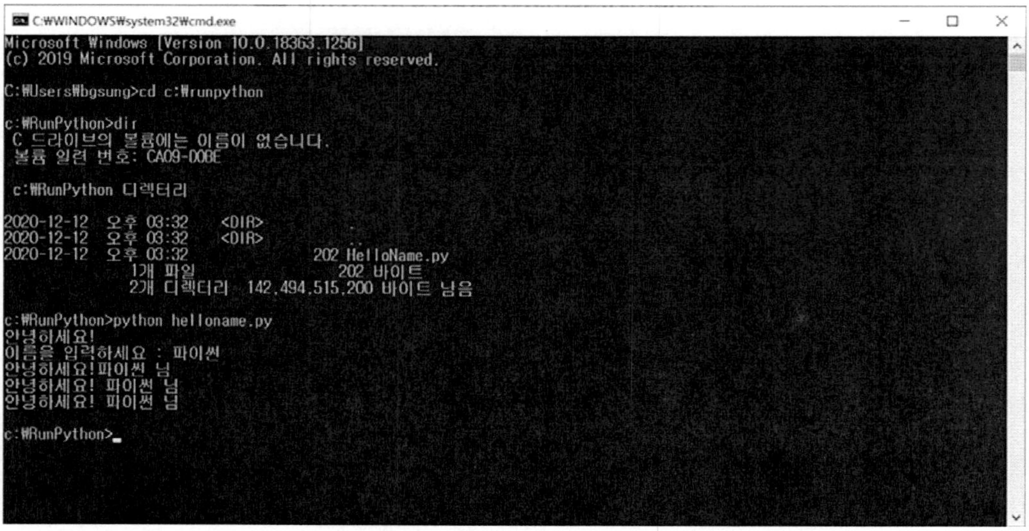

1.6.3. 비주얼 스튜디오 코드와 파이참

비주얼 스튜디오 코드(Visual Studio Code)는 파이참과 더불어 프로그래머들이 가장 선호하는 파이썬 에디터이다. 비주얼 스튜디오 코드는 공식 다운로드 사이트 (https://code.visualstudio.com)에서 내려받을 수 있다. 그러나 비주얼 스튜디오 코드는 파이썬 전용 에디터가 아니고 파이썬 외에 여러 가지 언어를 지원하는 에디터이다. 따라서 비주얼 스튜디오 코드를 설치한 후 파이썬 편집을 위해 파이썬 익스텐션(Extension)을 설치하여야 하는데 파이썬 익스텐션은 비주얼 스튜디오 코드를 실행 한 후 익스텐션 메뉴를 사용하여 설치할 수 있다.

파이썬에 익숙해지면 파이참(PyCharm)을 사용해 보는 것이 좋다. 파이참은 가장 유명한 파이썬 에디터로서 코드를 작성할 때 자동 완성, 문법 체크 등 수많은 편리한 기능을 제공한다. 이 에디터는 파이참 공식 다운로드 사이트(http://www.jetbrains.com/pycharm/download)에서 내려 받을 수 있는데, 파이참은 파이썬 전용 에디터이므로 비주얼 스튜디오 코드와 달리 별도의 익스텐션이나 플러그인을 따로 설치할 필요가 없다.

본 교재에서는 IDLE과 함께 긴 프로그램은 비주얼 스튜디오에서 프로그램을 개발하고자 한다. 비주얼 스튜디오는 마이크로소프트의 개발 환경으로, C++, C# 등 다양한 프로그래밍 언어를 사용할 수 있는 개발 환경이기 때문에 이미 많은 사용자들에게 익숙한 개발 환경이다. 처음 접하는 사용자들도 비주얼 스튜디오 개발 환경에 익숙해지면 다른 프로그래밍 언어를 이용해 소프트웨어를 개발할 경우에도 도움이 될 것이다.

숫자 다루기

CHAPTER 02

2.1. 숫자 데이터 객체 참조

파이썬에서는 모든 것이 객체이므로, 변수를 선언하여 변수에 객체를 할당한다고 하기 보다는 객체를 변수가 참조한다는 것이 정확한 표현일 수 있다. 따라서 다음과 같이 변수를 선언하면 int1에 123을 넣으라는 의미가 아니라 123이라는 정수 객체를 int1이 가리키라는 의미다.

```
>>> int1 = 123
```

즉, 파이썬에서 정수(Integer)는 말 그대로 정수를 표현하기 위한 데이터로 양의 정수, 음의 정수, 숫자 0 등의 객체를 말하며, 다음과 같이 코딩하면 변수 int1이 정수 객체를 가리킨다는 의미이다.

```
>>> int1 = 123
>>> int1 = -456
>>> int1 = 0
```

실수 역시 소수점이 포함된 숫자 실수를 표현하기 위한 데이터 객체로서, 다음의 코드는 실수 객체를 변수 float1이 가리킨다는 의미이다.

```
>>> float1 = 1.23
>>> float1 = -4.56
>>> float1 = 4.56E10
>>> float1 = 4.56e-10
```

이렇게 파이썬에서 변수를 선언하는 것은 변수의 메모리 공간을 만드는 값 형식(value type)의 객체를 생성하는 것이 아니라 등호(=) 뒤의 객체를 등호 앞의 변수가 참조하는 참조 형식(refernce type)이기 때문에 int1과 float1은 변수라 표현하기 보다는 레퍼런스라 표현하는 것이 적절할 것이다. 그러나 다른 프로그래밍 언어와 개념의 혼동을 피하기 위해 본 교재에서도 변수 또는 레퍼런스를 동일한 개념으로 사용한다.

2.2. 정수데이터의 표현

정수(Integer)는 말 그대로 정수를 표현하기 위한 데이터로 양의 정수, 음의 정수, 숫자 0 등의 객체를 말한다. 즉, 정수형(integer type)은 정수를 표현하기 위한 자료형으로, 123, -456, 0과 같이 정수를 10진수의 객체로 표현하며, 드물게 사용하긴 하지만 2진수나 8진수, 16진수 등으로 표현하기도 한다.

다음 그림과 같이 메모리 1바이트에 모두 1로 채워진 데이터를 정수로 표현할 경우 어떻게 해석하여야 할 것인지 결정하기 어렵다. 양의 정수만을 표현할 경우에는 255이고, 음수까지 표현하는 1의 보수는 -0, 2의 보수로 표현하면 -1이 된다.

1	1	1	1	1	1	1	1

255?, -0?, -1?

따라서 대부분의 프로그래밍 언어에서는 변수의 타입을 미리 정해 놓고 양의 정수만 표현되었는지 음수를 표현할 경우 1의보수로 표현되었는지, 아니면 2의 보수로 표현되었는지를 선언하도록 하고 있다. 다음 그림은 3비트로 표현할 수 있는 숫자를 어떻게 정수로 사용할 수 있는지 보여 준다.

부호 없는 정수

$0 \sim 2^n - 1$

비트	값
0 0 0	0
0 0 1	1
0 1 0	2
0 1 1	3
1 0 0	4
1 0 1	5
1 1 0	6
1 1 1	7

부호 있는 정수 (1의 보수)

$-2^{n-1} - 1 \sim 2^{n-1} - 1$

비트	값
0 0 0	+0
0 0 1	+1
0 1 0	+2
0 1 1	+3
1 0 0	-3
1 0 1	-2
1 1 0	-1
1 1 1	-0

부호 비트

부호 있는 정수 (2의 보수)

$-2^n - 1 \sim 2^{n-1} - 1$

비트	값
0 0 0	+0
0 0 1	+1
0 1 0	+2
0 1 1	+3
1 0 0	-4
1 0 1	-3
1 1 0	-2
1 1 1	-1

부호 비트

현재 거의 모든 언어에서는 2의 보수법을 이용하여 음수를 표현하는데 표현하는 방법은 다음과 같다.

❶ 먼저 정수를 비트로 표현한다.

❷ 전체 비트를 반전시켜 1의 보수를 만든다.

❸ 반전된 비트에 1을 더하여 2의 보수를 만든다.

자바나 C++같은 대부분의 프로그래밍 언어에서 int로 변수를 선언하면 4바이트 메모리에 정수를 표현하는데 다음 그림과 같이 +16과 -16을 표현한다.

```
int int1 = 16 ;
int1 = −16
```

양수	00000000	00000000	00000000	00010000	+16
1의 보수	11111111	11111111	11111111	11101111	−16
2의 보수	11111111	11111111	11111111	11110000	−16

첫 번째 비트는 부호 비트로 0이면 양수 1이면 음수이므로, 위의 그림에서 양수는 0으로 시작하고 있으며, 1의 보수와 2의 보수로 표현된 음수는 1로 시작한다.

C, C++, C#, java 등의 대다수의 언어에서는 이와 같은 방식으로 정수를 표현하므로, 값형식(value type)으로 자료형이 결정되기 때문에 자료형에 따라 그 크기가 정해져 있고, 이에

따라 표현할 수 있는 최대값이 정해져 있다. 다음 표는 C#에서 정수를 표현하기 위한 자료형이다.

자료형	CTS 형	크기	최소값	최대값
sbyte	System.SByte	8 bits	–128	127
short	System.Int16	16 bits	–32768	32767
int	System.Int32	32 bits	–2147483648	2147483647
long	System.Int64	64 bits	–9223372036854775808	9223372036854775807
byte	System.Byte	8 bits	0	255
ushort	System.UInt16	16 bits	0	65535
uint	System.UInt32	32 bits	0	4294967295
ulong	System.UInt64	64 bits	0	18446744073709551615

파이썬에서 정수를 표현하는 방식은 다른 언어와 달리 객체를 레퍼런스 타입으로 표현하기 때문에 내부적으로 어떻게 표현하는지는 짐작할 수 밖에 없지만 다음과 같이 큰 수도 표현할 수 있다.

```
a = 12345678901234567890123456789012345678901234567890
```

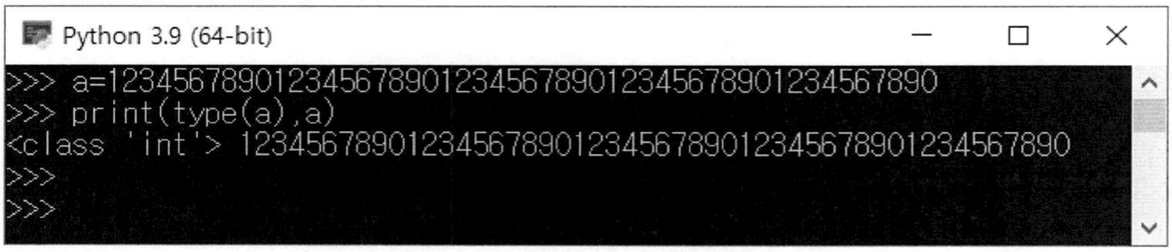

2.3. 정수데이터 다루기

2.3.1. 연산자

(1) 연산자와 피연산자

연산자는 피연산자의 수에 따라 단항연산자, 이항연산자, 삼항연산자 등으로 구분할 수 있다.

단항연산자(unary operator)는 위 식에서 연산자1과 같이 음수를 뜻하는 '−'는 피연산자가 '123' 하나다. 이렇게 피연산자가 하나인 연산자를 단항연산자라 한다. 이항연산자(binary operator)는 연산자2와 같이 더하는 연산자 '+'는 피연산자가 '123'과 '456.789' 2개이므로 이항연산자이다.

마지막으로 삼항연산자(ternary operator)는 C++이나 자바에 있는 조건연산자로 예를 들어 'max = (a>b)?a:b;' 와 같이 피연산자가 3개 있는 경우이다. 파이썬에서는 조건 연산자가 없기 때문에 다음과 같이 if 문을 사용하여 조건 연산자를 표현한다.

```
>>> max = a if a>b else b
```

연산자는 용도에 따라 산술연산자, 관계연산자, 논리연산자, 할당연산자 등으로 구분할 수 있다.

산술연산자(arthmatic operator)는 사칙 연산자(+, -, *, //, %, /, ** 등)와 같은 것을 이용하여 계산을 하기 위한 연산자이다. 관계연산자(ralational operator)는 이항연산자로 같은지, 다른

지, 큰지, 크거나 같은지, 작은지, 작거나 같은지 등 두 피연산자 간의 관계를 따져 참인지 거짓인지를 판별하는 연산자이다. 논리연산자(logical operator)는 두 조건식 간의 and와 or, 그리고 조건식의 not을 판별하여 참인지 거짓인지를 가려낸다.

할당연산자(assignment operator)는 대입연산자라고도 하는데 다른 언어와 달리 값 형식의 데이터타입이 없기 때문에 파이썬에서는 연산자 우측의 객체 또는 우측에서 계산된 객체를 가리키는 변수 즉, 레퍼런스를 선언하는 연산자라 할 수 있다.

2.3.2. 변수(레퍼런스)

대부분의 프로그래밍 언어에서 변수는 데이터를 저장하는 메모리 공간으로 표현하며, 정수나 실수, 문자열, True나 False 등의 데이터를 저장하는 공간으로 변수를 선언한다. 즉, 대부분의 프로그래밍 언어에서는 정수와 실수, 부울 타입에 대해 다음 그림과 같이 값 형식의 데이터 타입을 제공하고 있다.

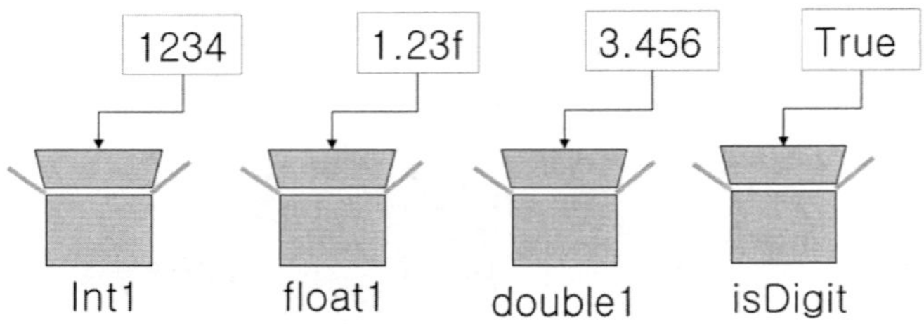

이러한 값 형식의 데이터 타입은 변수를 선언할 때 데이터의 크기와 메모리 위치가 정해진다. 즉, int i를 선언하면 i의 값이 저장되고 참조되는 4바이트의 크기의 메모리 공간이 스텍 메모리에 정해진다.

```
int i = 10;
```

이 식은 i란 이름으로 정수가 들어갈 수 있는 4바이트 크기의 메모리 공간을 만들고 정수 10을 i란 이름의 메모리 공간에 저장하라는 의미이다.

이 때 i를 변수라 하는데 이는 i란 이름의 메모리 공간에 여러 가지 다른 값들이 저장될 수 있다는 의미에서 변수라 한다. 10의 경우는 메모리 공간을 가지고 있지 않으므로 변할 수 없는 값이기 때문에 상수라고 부른다.

다음은 java, C++, C# 등에서 변수를 선언하고 변수에 값을 할당한 예이다. 즉 int1의 메모리 공간의 크기는 4바이트로 정수값이 들어갈 수 있는 메모리 공간이며, int1에 저장 가능한 정수 값의 범위는 메모리 공간의 크기가 4바이트인 32비트이므로 −2147483648(-2^{32-1})부터 +2147483647($+2^{32-1-1}$)까지의 수다.

```
int int1=1234;
```

그러나 파이썬에서는 이러한 값 형식의 변수를 갖지 않는다. 즉, 변수의 타입을 선언하지 않고 I=1을 코딩함으로써, 1이란 정수 객체를 담을 i란 이름의 변수를 선언하여 할당하는 것이 아니라, 10이란 정수형 객체를 i란 이름의 변수로 가리킨다는 의미이다. 즉, j=2는 j란 이름의 변수를 선언하는 것이 아니라 2이란 정수형 객체를 j란 이름의 변수로 가리킨다는 의미이다.

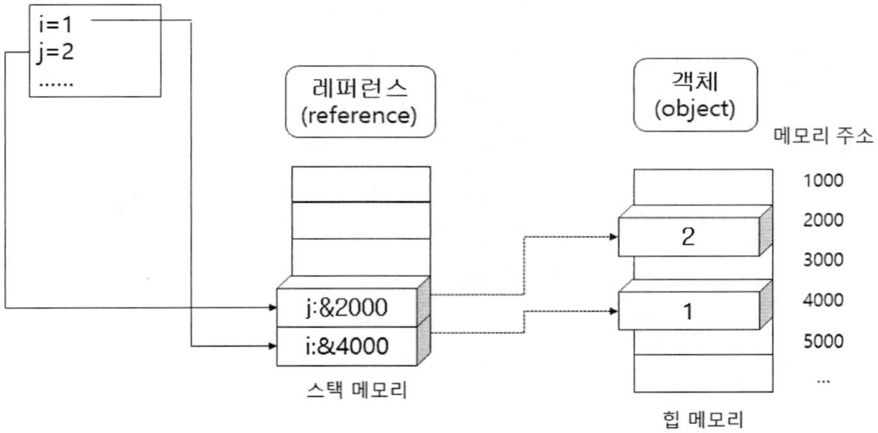

2.3.3. 정수 조작

(1) 산술 연산

파이썬에서 산술연산은 다음과 같이 실행할 수 있다.

```
>>> int1 = 50 + 100
```

그렇지만 앞에서 설명했듯이 파이썬에서는 다른 언어에서처럼 10과 20을 더해서 그 결과를

int1 변수에 집어넣으라는(할당하라는) 의미가 아니라 정수 객체 100을 매개변수로 가지고 정수 객체 50에 + 란 메시지를 보내라는 의미이고, 그 결과로 반환되는 정수 객체 150을 int1이란 이름의 변수로 가리키라는 의미이다.

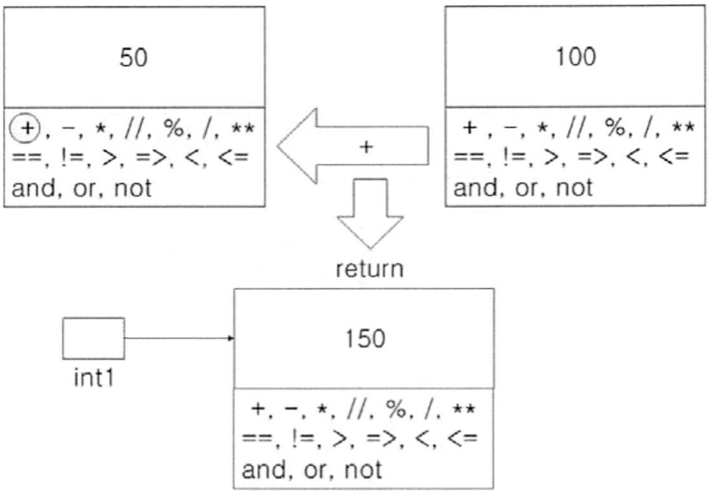

즉, 그림에서와 같이 50, 100, 150 등의 각 정수 객체는 그 자신이 데이터 값을 가지고 있을 뿐만 아니라 더하기, 빼기, 곱하기 등의 사칙연산자, 크다, 작다, 같다 등의 관계연산자, and, or, not의 논리연산자 등의 메서드를 가지고 있다. 이것은 정수 자신의 데이터 표현은 감추어두고 정수를 사칙연산이나 관계연산 할 때 어떻게 사용하는지에 대한 것들만 외부에 공개함으로써 프로그래머가 세세한 것들을 알 필요 없이 정수의 사용 방법만 익혀 프로그래밍하도록 한다는 것이다.

한 가지 유념할 것은 C++, C#, 자바 등 다른 언어에서는 다음 식과 같이 정수 나누기 정수의 경우 정수값을 반환하는데 반해 파이썬에서는 몫을 구하는 연산자 '//' 가 있기 때문에 정수 나누기 정수의 경우에 실수 값이 나오면 실수 값을 반환한다. 즉 다른 언어에서는 3 나누기 2의 경우 정수 나누기 정수이므로 정수 1을 반환하는데 반해 파이썬에서는 실수 객체 1.5를 반환한다. 3 나누기 2는 역시 파이썬에서와 같이 1.5를 반환하는 것이 한결 자연스럽다 할 수 있을 것이다.

```
>>> a=3/2
```

그렇다면 실수와 정수의 연산이나 다른 타입의 레퍼런스 할당은 어떻게 될까? 일반적으로 많은 언어에서는 작은 크기의 변수가 큰 크기의 변수 타입으로 변환된 후 연산을 진행하는 데 반해 파이썬에서는 한 객체에 다른 타입의 객체를 매개변수로 보내 연산을 수행하여 수학 연산의 결과 값을 반환한다.

```
>>> a=9.0/3
3.0
```

또한, 파이썬에서 모든 변수는 타입을 가지고 있지 않으므로 대입 연산자를 통해 타입 변환이 발생하지 않는다. 예를 들어 자바에서 다음과 같이 코딩하였을 경우 I 값은 정수 10이 할당될 것이다.

```
int i =10;
double l= 10.5;
i = l;
```

그러나 파이썬에서는 변수가 다른 언어에서처럼 타입을 가지고 있지 않고 모두 레퍼런스이므로 다음과 같이 변수 i가 정수 객체 10을 가리키다가 실수 객체 10.5를 가리키게 된다.

```
>>> i=10
>>> l=10.5
>>> i=l
>>> i
10.5
```

(2) 관계 및 논리 연산

관계연산자의 결과는 참(True) 아니면 거짓(False)이다. 정수 객체에서의 관계는 같은지(==), 다른지(!=), 큰지(>), 크거나 같은지(>=), 작은지(<), 작거나 같은지(<=) 등을 따지는 것으로서, 두 피연산자 간의 관계를 따져 식이 참인지 거짓인지를 판별한다. 조건식의 값은 맞으면 True 틀리면 False를 반환한다.

다음 식의 경우 a가 8을 가리키고 a가 가리키는 객체와 객체 8이 같은지 판별하기 때문에 (a==8) isEqual 변수는 불 타입의 객체 True를 가리킨다.

```
>>> eight=8
>>> isEqual = eight == 8
```

또한 정수 값은 0을 제외한 모든 정수는 True이고 정수 중 오직 0만이 False이다. 따라서 다음 식의 경우 eight이 8을 가리키므로 eight은 True, zero가 0을 가리키므로 zero는 False이다. 따라서 True and False는 False이므로 변수 isTrue는 False를 가리킨다.

```
>>> eight = 8
>>> zero = 0
>>> isTrue = eight and zero
```

(3) 정수 변환 함수 int()

int() 함수는 실수나 문자열을 정수로 변환한다. 대부분 많은 언어에서 실수를 정수로 바꿀 경우 자신보다 크지 않은 가장 큰 정수로 변환하는데 비해 파이썬에서는 그냥 소수점 이하를 자른 값을 반환한다. 물론 변환할 때 실수 값을 반올림을 하지 않는다. 문자열 또한 정수로 변환할 수 있다. 다음 식은 int() 함수의 올바른 변환 예이다.

```
>>> int(12.6)
12
>>> int(-5.7)
-5
>>> int('123')
123
```

그러나 이때 정수가 아닌 문자열은 정수로 변환할 수 없다. 다음은 int() 함수를 잘못 사용하여 오류가 발생한 변환 예이다.

```
>>> int('12.3')
Traceback (most recent call last):
  File "<stdin>", line 1, in <module>
ValueError: invalid literal for int() with base 10: '12.3'
```

'12.3'은 실수가 아니라 문자열이므로 정수로 변환할 수 없다.

```
>>> int('abc')
Traceback (most recent call last):
  File "<stdin>", line 1, in <module>
ValueError: invalid literal for int() with base 10: 'abc'
```

'abc' 역시 숫자가 아닌 문자열이므로 정수로 변환할 수 없다. 이렇게 정수로 변환할 수 없는 문자열을 만나게 되면 프로그램이 실행을 멈추고 오류 메시지를 출력하게 된다. 따라서 프로그래머는 이렇게 런타임 오류가 발생하지 않도록 프로그래밍하여야 한다. 다음은 런타임 오류가 발생하지 않도록 프로그래밍한 정수 변환 방법이다.

```
inputData1= input('정수를 입력하세요 :' )
if inputData1.isDigit()
    int1=int(inputData1)
```

입력받은 inputData1가 숫자로 구성되어 있는가를 판단하여 모두 숫자인 경우에만 int() 함수를 수행하는 방법이다.

(4) 정수 객체의 진수 표현

프로그램에서 정수 상수를 진수로 표현하는 방법은 3가지이다. 모든 정수 표현은 10진수를 의미하기 때문에 10진수가 아닌 진수 표현으로 2진수, 8진수, 16진수 등을 표현할 수 있어야 한다. 10진수 외의 진수표현방법은 2진수는 0을 쓰고 b(binary), 8진수는 0을 쓰고 o(octal), 16진수는 0을 쓰고 x(hexa)를 표시한 다음 해당 진수의 숫자를 표현하면 된다. 즉, 대부분의 프로그래밍 언어에서는 기본적으로 10진수로 숫자를 표현하기 때문에 다른 진수로 숫자를 표현하려면 숫자 앞에 접두어를 붙여주어야 한다. 즉, 파이썬에서는 2진수는 0b, 8진수는 0o, 16진수는 0x를 접두어로 붙이고 해당 진수로 숫자를 표현하면 된다.

예를 들어, 123, -345, 0의 표현은 정수 10진수 표현이고, 10진수 10은 2진수로 0b1010, 10진수 14는 2진수로 0b1110이다. 마찬가지로 10진수 10과 14는 8진수로 0o12, 0o16이며, 16진수 0x14, 0xFF는 10진수로 20과 255이다. 다음은 앞에서 설명한 상수의 진수 표현을 10진수로 출력한 결과이다

```
>>> 0b1010
10
>>> 0b1110
14
>>> 0o12
10
>>> 0o16
14
>>>
>>> 0x14
20
>>> 0xFF
255
```

상수를 진수로 표현할 경우 주의할 점은 숫자를 표현할 때 반드시 접두어로 표현한 진수로 숫자를 표현하여야 한다는 것이다. 즉 다음과 같이 2진수 표현에서 표현이 불가능한 숫자 2가 나오면 오류가 발생한다. 2진수 표현은 0과 1로만 표현하여야 하기 때문이다.

```
>>> 0b10102
  File "<stdin>", line 1
    0b10102
          ^
SyntaxError: invalid digit '2' in binary literal
```

파이썬에서는 숫자를 다른 진수의 문자열로 변환하기 위하여 bin(), oct(), hex()라는 내장 함수(builtin function)를 제공한다. 내장 함수는 자주 사용하는 함수를 인터프리터와 함께 제공하는 함수로써, 이 함수를 통해서 숫자를 각 진수의 형태의 문자열로 변환할 수 있다. 즉, 함수의 인자로 숫자를 넘길 때, 10진수를 사용하든 2진수를 사용하든 결국 동일한 숫자 값을 다른 진수의 형태로 표현한 것뿐이기 때문에 결과는 항상 같아야 한다. 다음은 함수를 이용하여 10진수 22를 2진수, 8진수, 16진수로 표현한 예이다.

```
>>> bin(22)
'0b10110'
>>> oct(22)
'0o26'
>>> hex(22)
'0x16'
```

bin(), oct(), hex() 함수는 문자열을 반환하기 때문에 int() 함수를 이용하여 문자열을 숫자로 변환할 수 있다. 다음 예는 int() 함수를 이용하여 진수로 표현된 문자열을 숫자로 변환한 예이다. 123의 10진수 경우에는 기본값이 10진수이기 때문에 두 번째 매개변수 10을 지정하지 않아도 10진수 숫자로 변환된다.

```
>>> int('0b10110',2)
22
>>> int('0o26',8)
22
>>> int('0x16',16)
22
>>> int('123',10)
123
>>> int('123')
123
```

2.4. 실수데이터의 표현

컴퓨터에서 실수를 표현하는 방법은 실수 또한 정수와 마찬가지로 2진수로 표현해야 하기 때문에 정수에 비해 훨씬 복잡하다.

실수를 표현하는 가장 간단한 방식은 1.23과 같이 소수부의 자릿수를 미리 정하여, 고정된 자릿수의 소수로 표현하는 방식이다. 즉, 고정 소수점(fixed point) 방식은 실수를 정수부와 소수부로 나누어 표현한다. 따라서 맨 앞에 부호 비트가 나오고, 정수부분과 소수부분으로 나누어 표현한다. 다음 그림은 32비트 실수를 고정 소수점 방식으로 표현한 것이다.

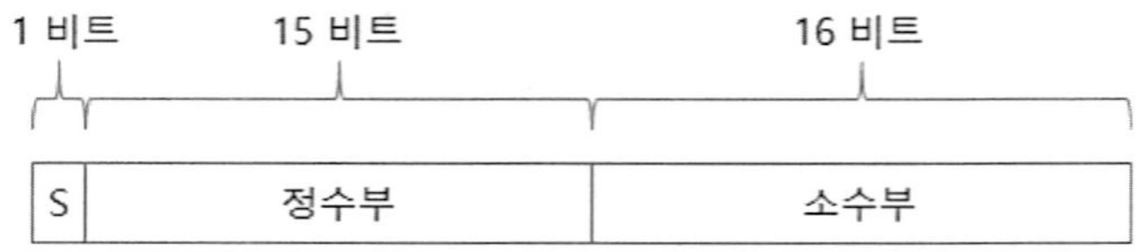

하지만 이러한 방식은 정수부와 소수부의 자릿수가 크지 않아 표현할 수 있는 범위가 매우 작아지기 때문에 대부분의 시스템에서는 채택하기 곤란하다. 따라서 많은 시스템에서는 고정 소수점 방식을 사용하지 않고 훨씬 더 많은 범위를 표현할 수 있는 부동 소수점 방식을 사용한다. 부동 소수점(floating point)은 3.14e2와 같이 지수로 표현하는 방식으로써 3.14e2는 3.14 곱하기 10의 2승을 의미한다. 즉, 부동 소수점(floating point) 방식은 실수를 가수부와 지수부로 나누어 표현한다.

예를 들어 -3.14E3나 3.14e-2 등과 같이 실수를 가수부와 지수부로 나누어 표현하는 방식으로, 맨 앞에 부호가 나오고 가수부를 표현하고 e나 E로 지수부의 시작을 표현한 후 지수를 표현하는 방식이다. 즉, -3.14E3은 -3.14×10^{3}을 표현하며, 3.14e-2는 $+3.14\times10^{-2}$을 표현한다. 다음 그림은 IEEE float 형 부동소수점 표현방식을 표현한 것이다.

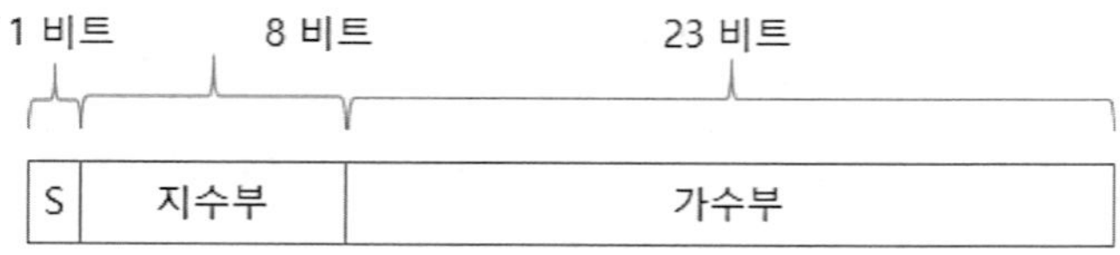

그러나 4바이트의 float형 부동 소수점 방식 역시 제한된 자릿수로 인해 표현할 수 있는 범위에 한계가 있다. 더 큰 자릿수의 8바이트짜리 IEEE double형 부동소수점 표현방식을 사용하면 소수점 이하 자릿수를 보다 세밀하게 표현할 수는 있지만, IEEE float형과 마찬가지로 제한된 자릿수를 가지기 때문에 표현범위에 한계가 발생하고 이에 따라 실수 표현에 오차가 존재하게 된다.

다음 그림은 IEEE double형 부동소수점 표현방식을 표현한 것이다.

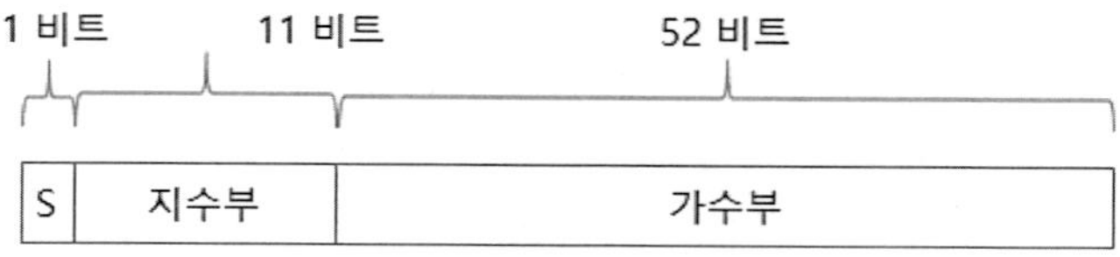

다음은 실수 객체를 변수 float1이 가리키는 예이다.

```
>>> float1 = 1.23
>>> float1 = -4.56
```

위 방식은 1.23이나 -4.56과 같이 우리가 일반적으로 볼 수 있는 실수 표현 방식이고, 다음은 컴퓨터에서 실수를 표현하는 지수 표현 방식으로 4.24e10 또는 4.24E10처럼 표현하는 방식이다. 여기서 e와 E 두 가지 중 어느 것을 사용해도 상관 없으며, 4.24E10은 $4.24 * 10^{10}$, 4.24e-10은 $4.24 * 10^{-10}$을 의미한다.

```
>>> float1 = 4.56E10
>>> float1 = 4.56e-10
```

C, C++, java 등 대부분의 언어에서는 이렇게 지수 표현 방식으로 실수를 표현하는데, 값 형식(value type)으로 자료형이 결정되기 때문에 자료형에 따라 메모리 공간의 크기가 정해지게 되고, 이에 따라 표현할 수 있는 세밀한 정도가 결정된다. 그러나 파이썬에서 실수는 레퍼런스 타입으로 내부적으로 어떻게 표현하는지 알 수 없지만 부동 소수점 방식에 의한 실수의 표현의 오차가 존재한다는 점을 고려해 보면 8바이트 크기의 IEEE double형 부동소수점 표현방식일 것으로 추정된다.

2.5. 실수데이터 다루기

(1) 산술 연산

컴퓨터에서 실수를 표현하는 방법은 정확한 표현이 아닌 근사치를 표현한다. 또한, 3 나누기 2와 같이 정수 끼리의 연산에서도 다른 언어와 같이 정수 1이 반환되는 것이 아니라, 파이썬에서는 결과가 실수일 경우 1.5와 같이 실수 값을 반환한다. 따라서 정수 값을 반환하도록 하려면 몫을 구하는 '//' 연산자를 사용하여야 한다. 다음과 같이 정수를 정수로 나눈 식이 실수를 반환하는 것을 확인할 수 있다.

```
>>> 3/2
1.5
>>> 3//2
1
>>> 3/1.5
2.0
>>> 3//1.5
2.0
>>> 3//2.0
1.0
>>> 3//2.0
1.0
```

그러나 일반적으로 실수의 계산 결과도 다음 식에서 보는 것처럼 수학적인 계산 결과와 동일하다.

```
>>> 50.1 + 100.2
150.3
```

다음은 문자열을 실수로 변환하거나 정수를 실수로 변환하기 위하여 float() 함수를 사용한 예다.

```
>>> a=float(123)
>>> a=float(-3)
>>> a=float('123.456')
```

정수 123과 -3은 실수 123.0과 -3.0으로 변환되고 문자열 '123.456'은 실수 123.456으로 변환된다.

다음 식처럼 아주 큰 수인 1,9 곱하기 10의 400승은 결과 값이 inf로 출력되는 것을 확인할 수 있다. 이것은 실수 1,9 곱하기 10의 400승은 값이 너무 커서 실수 표현방식으로는 표현이 불가능하다는 의미이다. 값이 inf 이더라도 변수 i의 타입을 출력해 보면 클래스 float 타입인 것을 확인할 수 있다. 즉, float('inf')는 수로 표현할 수 있는 가장 큰 값이고, float('-inf')는 수로 표현할 수 있는 가장 작은 값인 것이다.

```
>>> i=1.9E400
>>> i
inf
>>> 1.234e309
inf
>>> type(i)
<class 'float'>
>>> float('inf')
inf
```

따라서 다음과 같이 가장 큰 값과 비교하거나 가장 작은 값과 비교할 경우 다음 식처럼 사용할 수 있다. max_val의 값이 가장 크므로 100억보다 크냐는 조건식은 True이고 min_val의 값은 가장 작기 때문에 -100억보다 크냐는 조건은 False이다.

```
max_val = float('inf')
print(max_val > 10000000000)
min_val = float('-inf')
print(min_val > -10000000000)
```

(2) 부동소수점 반올림 오차(rounding error)

앞에서 살펴본 바와 같이 컴퓨터에서 실수를 표현하는 방법은 정확한 표현이 아닌 근사치를 표현하기 때문에 항상 수학적인 결과 값을 반환하지는 않는다. 다음 프로그램을 실행해 보면 0.1을 1000번 더한 결과로 sum의 값이 100이 아니라 100의 근사치 99.9999999999986를 반환한다는 것을 확인할 수 있다. 즉, 부동소수점은 실수를 정확히 표현할 수 없기 때문에 발생하는 문제인 부동 소수점 방식의 오차가 발생한다.

```
>>> sum=0
>>> for i in range(1000):
        sum+=0.1
>>> print(f'sum={sum}')
sum=99.9999999999986
```

다음 예에서도 부동 소수점 방식으로 실수를 표현할 때 오차가 발생하는 것올 확인할 수 있다.

```
>>> 0.1 + 0.2
0.30000000000000004

>>> 0.1 + 0.2 == 0.3
False
```

정수와 실수의 표현 방법이 다르기 때문에 0.1+0.2는 0.3이 아니라 0.3의 근사치인 0.30000000000000004가 된다. 따라서 0.1 더하기 0.2가 0.3과 같은가에 대한 식의 결과는 False를 반환한다. 즉, 컴퓨터에서는 숫자를 비트로 표현하는 실수의 표현방식으로 인해 실수를 유한개의 비트로 정확히 표현할 수가 없기 때문에 근사값으로 표현하는 것이다. 즉, 0.30000000000000004는 0.3의 근사값이다.

이렇게 부동 소수점 방식은 표현할 수 있는 범위가 늘어나 큰 수를 표현할 수 있지만 수를 정확하게 표현하는 세밀한 정도에는 한계를 갖는다. 따라서 컴퓨터에서 실수를 표현하는 방법은 정확한 표현 보다는 항상 근사치를 표현할 뿐이라는 것을 알아야 한다.

따라서 두 실수가 같은지 판단할 때는 관계연산자인 등호(=) 2개를 사용해서는 안 된다. 0.1 더하기 0.2가 0.3과 같지 않다는 결과가 나온다. 즉, 0.1 더하기 0.2는

0.30000000000000004이므로 0.3과는 다르다. 이렇게 실수를 근삿값으로 표현하기 때문에 발생하는 문제를 부동소수점 반올림 오류라 한다. 따라서 실수를 비교할 때는 연산한 값과 비교할 값의 차이를 구한 뒤 sys.float_info.epsilon보다 작거나 같은지 판단하여야 한다.

```
>>> import math, sys
>>> x = 0.1 + 0.2
>>> math.fabs(x - 0.3) <= sys.float_info.epsilon
True
```

x의 값 0.30000000000000004에서 0.3을 뺀 값이 sys.float_info.epsilon보다 작거나 같으므로 두 값은 같은 값이라 할 수 있다. 특히 math.fabs를 사용하여 두 값의 차이를 절대값으로 만들면 음수가 나오더라도 정상적으로 판단할 수 있다.

이렇게 sys.float_info.epsilon에 저장된 값을 머신 엡실론(machine epsilon)이라고 부르는데, 어떤 실수를 가장 가까운 부동소수점의 실수로 반올림했을 때 상대 오차는 항상 머신 엡실론 이하이다. 즉, 머신 엡실론은 반올림 오차의 상한값이며 연산한 값과 비교할 값의 차이가 머신 엡실론보다 작거나 같다면 두 실수는 같은 값이라 할 수 있다.

파이썬 3.5 이상부터는 두 실수가 같은지 판단할 때 다음과 같이 math.isclose 함수를 사용하면 부동소수점 반올림 오류를 해결할 수 있다.

```
>>> import math
>>> math.isclose(0.1 + 0.2, 0.3)
True
```

또한, 반올림 오차가 없는 고정소수점을 사용하려면 decimal 모듈의 Decimal() 함수를 사용하면 된다. Decimal은 숫자를 10진수로 처리하여 정확한 소수점 자릿수를 표현한다.

```
>>> from decimal import Decimal
>>> Decimal('0.1') + Decimal('0.2')
Decimal('0.3')
```

실수를 고정소수점으로 표현하더라도 순환소수는 정확히 표현할 수 없다. 이러한 경우에는

fractions 모듈의 Fraction() 함수를 사용하여 분수로 표현하면 된다.

```
>>> from fractions import Fraction
>>> Fraction('10/3')
Fraction(10, 3)
```

문자열 '10/3'을 Fraction() 함수로 표현하면 Fraction(10, 3)이 된다.

즉, Fraction(10, 3)은 10을 3으로 나누면 순환소수 3.33333...이기 때문에 정확히 표현하기 위해 실수를 분수 3분의 10으로 표현하는 방식이다.

CHAPTER 03

문자열 다루기

3.1. 문자열의 표현

문자열(String)은 문자 또는 문자열을 표현하기 위한 데이터 객체다. 다음은 문자열 객체를 변수 str1이 가리키는 예다.

```
>>> str1 = "당신을 사랑합니다."
>>> str1 ='a'
>>> str1 ="123"
>>> str1 ="Life is too short, You need Python"
```

위의 예문에서 문자열 객체는 쌍따옴표(" ") 또는 홑따옴표(' ')로 둘러싸여 있다. "123"은 숫자이고, 'a'는 홑따옴표(' ')로 둘러싸여 있어 C나 자바와 같은 다른 프로그래밍 언어에서는 문자열이 아니라 문자로 표현하지만 파이썬에서는 쌍따옴표(" ") 또는 홑따옴표(' ')로 둘러싸여 있으면 모두 문자열 객체다.

문자열(String)은 문자, 단어 등으로 구성된 문자들의 집합을 의미하는데, C나 C++에서 문자열은 문자의 배열로 취급하고 있다.

예를 들어 다음과 같이 변수 s1이 "Hello"를 가리키도록 선언했을 때, 메모리 구조를 그림으로 표현하면 다음과 같다.

```
char *s1="Hello";
```

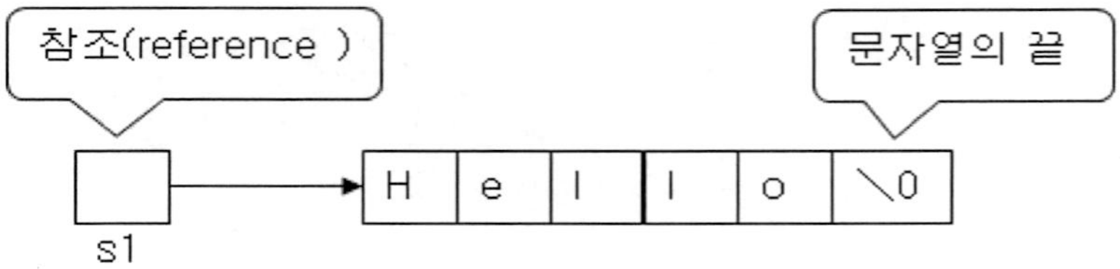

포인터 변수 s1은 힙메모리의 "Hello"를 가리키는데 문자열의 맨 끝에는 널문자가 있어 항상 문자열의 끝을 지정해 주어야 한다. 따라서 문자열 배열의 끝에는 널문자를 포함하게 되므로 s1[0], s1[1], s1[2], s1[3], s1[4], s1[5]까지 데이터를 보관하고 관리하여야 하며, 문자열의 길이는 널문자를 포함하므로 6이 된다.

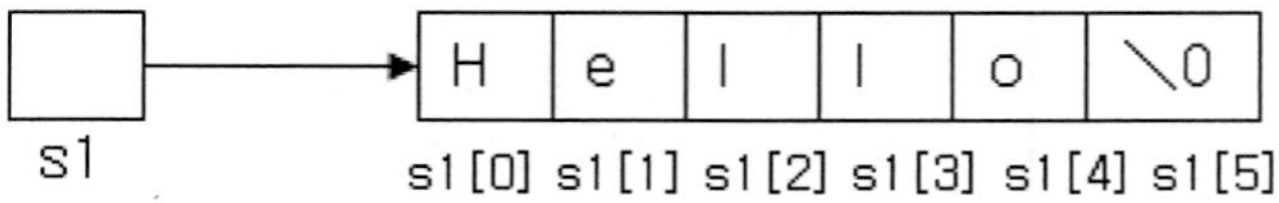

그러나 파이썬에서는 str 클래스 내부에서 문자열을 어떻게 표현하는지 알 필요가 없으며, 문자열의 끝에 널문자가 없다는 것이다. 따라서 파이썬에서 s1="Hello"를 표현하면 다음 그림과 같다. 즉 str 타입의 "Hello"객체가 힙메모리에 있고 s1 레퍼런스가 "Hello"객체를 가리키는 것만 알면 되는 것이다.

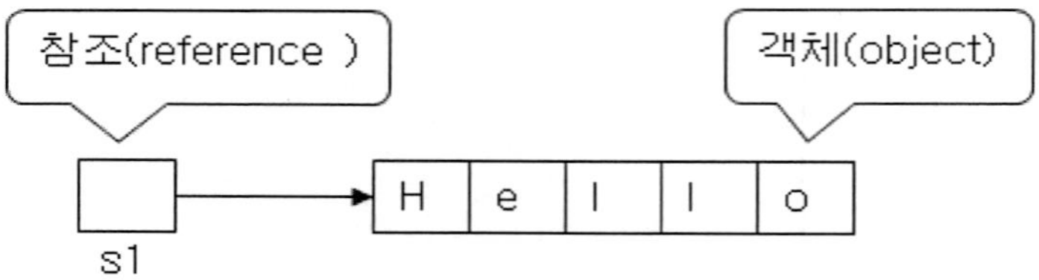


```
>>> s1='Hello'
>>> print(len(s1))
5
```

즉 'Hello' 객체의 길이는 5가 된다.

3.2. 문자열 만들기

문자열을 지정하는 방법은 쌍따옴표(")로 양쪽을 둘러싸거나 홑따옴표(')로 양쪽을 둘러싸면 된다. 그리고 여러 줄의 문자열을 만들기 위해 쌍따옴표 3개를 연속(""")으로 문자열 양 끝을 둘러싸거나 홑따옴표 3개를 연속(''')으로 문자열 양 끝을 둘러싸서 문자열을 지정할 수 있다.

```
'''Life is too short, You need python'''
"Hello World"
'파이썬은 쉽다'
"""Life is too short, You need python"""
'''인생은 짧으니 파이썬을 써야해~'''
```

다른 언어와 달리 문자 타입을 만들지 않는 대신에 파이썬에서는 문자열 안에 홑따옴표나 쌍따옴표를 포함시킬 수 있도록 홑따옴표나 쌍따옴표를 모두 사용하여 문자열을 만들 수 있도록 한다. 즉, 문자열 안에 홑따옴표나 쌍따옴표를 포함시키고 싶을 때, 두 따옴표를 적절히 사용하여 문자열을 만들 수 있다.

예를 들어 "Can't you see me?"와 같이 홑따옴표가 있는 문장을 프로그램에서 다루고 싶을 때, 문자열을 만들기 위해 홑따옴표를 쓰면 안 된다. 파이썬 인터프리터가 홑따옴표가 Can에서 끝나는 것으로 알기 때문에 문법이 틀렸다는 구문 오류(Syntax Error)가 발생한다.

```
>>> question='Can't you see me?'
SyntaxError: invalid syntax
```

즉, 쌍따옴표 안에 들어 있는 홑따옴표만이 문자열을 나타내기 위한 기호로 인식되지 않는다.

```
>>> faveriteSong="I can't stop me."
>>> faveriteSong
'I can't stop me.'
```

마찬가지 이유로 쌍따옴표가 포함된 문자열은 홑따옴표로 둘러싸야 한다. 홑따옴표(') 안에 사용된 쌍따옴표(")는 문자열을 만드는 기호로 인식되지 않기 때문이다.

```
>>> hisStory='"I miss you" he says'
>>> hisStory
'"I miss you" he says'
```

문자열에 쌍따옴표와 홑따옴표가 둘 다 들어 있을 경우에는 홑따옴표나 쌍따옴표중 하나에 문자열을 나타내기 위한 기호가 아니라는 표시로 백슬래시 '\'를 넣어 주어야 한다.

백슬래시를 홑따옴표나 쌍따옴표 앞에 넣어 주면 백슬래시 뒤의 홑따옴표나 쌍따옴표는 문자열을 둘러싸는 기호의 의미가 아니라 홑따옴표나 쌍따옴표 문자 그 자체를 뜻하게 된다. 다음은 홑따옴표로 둘러 싸여 있는 문자열 안에 있는 홑따옴표를 백슬래시로 지정해 준 예이다.

```
hisStory='My faverite Song is "I can \'t stop me."'
print(hisStory)
```

```
My faverite Song is "I can't stop me."
```

다음은 쌍따옴표로 둘러 싸여 있는 문자열 안에 있는 쌍따옴표를 백슬래시로 지정해 준 예이다.

```
hisStory="My faverite Song is \"I can't stop me. \""
print(hisStory)
```

```
My faverite Song is "I can't stop me."
```

다음은 홑따옴표로 둘러 싸여 있는 문자열 안에 있는 쌍따옴표와 홑따옴표를 백슬래시 '\' 로 지정해 준 예이다.

```
hisStory="My faverite Song is  \"I can\'t stop me. \""
print(hisStory)
hisStory='My faverite Song is  \"I can₩'t stop me. \"'
print(hisStory)
```

```
My faverite Song is "I can't stop me."
```

이렇게 백슬래시를 이용하여 표현하는 것을 이스케이프 코드(escape code, escape sequence)라 한다. 프로그램을 작성했을 때 줄을 바꾸기 위해 백슬래시와 소문자 n을 조합한 \n 이스케이프 코드를 사용한 경험이 있다. 이스케이프 코드란 프로그래밍할 때 사용할 수 있도록 미리 정의해 둔 문자의 조합으로 주로 눈에 보이지 않는 타이핑 할 수 없는 문자를 표현할 경우나 문자열 안에 따옴표나 백슬래시를 넣기 위한 용도로 사용한다. 다음은 많이 사용하는 이스케이프 코드의 예다.

코드	설명
\n	문자열 안에서 줄을 바꿀 때 사용
\t	문자열 사이에 탭 간격을 줄 때 사용
\ \	문자 \를 그대로 표현할 때 사용
\'	작은따옴표(')를 그대로 표현할 때 사용
\"	큰따옴표(")를 그대로 표현할 때 사용
\r	캐리지 리턴(줄 바꿈 문자, 현재 커서를 가장 앞으로 이동)
\f	폼 피드(줄 바꿈 문자, 현재 커서를 다음 줄로 이동)
\a	벨 소리(출력할 때 PC 스피커에서 '삑' 소리가 난다)
\b	백 스페이스
\000	널 문자

여러 줄의 문자열을 객체로 지정하기 위하여 흔히 쓰는 방법은 이스케이프 코드 \n을 삽입하는 것이다. 이러한 방법은 두 줄 짜리 간단한 문장에서는 편리하지만 여러 줄 문장이나 문장에서는 읽기에 불편하고 줄이 길어 프로그램의 관리가 힘들어 진다.

```
myQuotes="인생은 짧다. \ n따라서 프로그래밍은 파이썬으로..."
print(myQuotes)
```

```
인생은 짧다.
따라서 프로그래밍은 파이썬으로...
```

물론 줄이 긴 것은 다음과 같이 줄의 끝에 백슬래시를 이용하여 더하기 연산자를 통해 연결할 수는 있지만 아무래도 어색하다.

```
myQuotes="인생은 짧다. \ n따라서" \
        + "프로그래밍은 파이썬으로..."
print(myQuotes)
```

```
인생은 짧다.
따라서 프로그래밍은 파이썬으로...
```

이러한 문제를 해결하기 위해 파이썬에서는 홑따옴표 3개(''') 또는 쌍따옴표 3개(""")를 사용한다.

```
myQuotes="""인생은 짧다.
따라서 프로그래밍은 파이썬으로..."""
print(myQuotes)
```

```
인생은 짧다.
따라서 프로그래밍은 파이썬으로...
```

홑따옴표 3개를 사용해도 동일한 결과가 나오는 것을 확인할 수 있다.

```
>>> multiline='''
인생은 짧다.
따라서 프로그래밍은 파이썬으로...
'''
print(myQuotes)
```

```
인생은 짧다.
따라서 프로그래밍은 파이썬으로...
```

이때 주의할 것은 홑따옴표 다음에 줄을 바꾸고, 마지막 줄 다음에 줄을 바꿀 경우 줄 바꾼 것이 그대로 콘솔창에 출력된다는 것이다. 이렇게 파이썬에서는 문자열이 여러 줄일 경우 이스케이프 코드 \n을 쓰는 것보다 따옴표를 연속해서 쓰는 것이 훨씬 편리하다.

물론 여러 줄 문자열에서도 쌍따옴표나 홑따옴표를 사용하기 위해서는 쌍따옴표나 홑따옴표 앞에 백슬래시를 붙여 주어야 한다.

3.3. 문자열 다루기

3.3.1. 문자열 연결하기(Concatenation)

파이썬에서도 다른 언어에서와 같이 문자열을 연결하기 위하여 더하기 + 연산자를 사용한다. 이때 주의할 점은 문자열과 문자열 사이에 띄어쓰기를 하기 위하여 문자열 앞뒤에 공백을 넣어주어야 한다는 것이다. 다음 예는 두 문자열을 더하여 출력한 예이다.

```
>>> me= "I am"
>>> state = " happy!"
>>> myState= me + state
>>> print(myState)
I am happy!
```

파이썬에서는 다른 언어에서와 달리 문자열을 곱할 수 있다. 다음 예는 위에서 더한 문자열을 3번 출력하는 프로그램이다.

```
print(myState*3)
```

```
I am happy!I am happy!I am happy!
```

이제 myState에 줄 바꿈 문자를 더하여 세 번 곱해서 출력해 보자.

```
print((myState+' \ n')*3)
```

```
I am happy!
I am happy!
I am happy!
I am happy!
```

콘솔 창 화면을 지우기 위해 줄바꿈을 여러 번 해보자. 콘솔 창이 깨끗이 지워졌음을 확인할 수 있다.

```
print(' \ n'*40)
```

3.3.2. 문자열 색인(indexing)

문자열 내부의 문자 또는 문자열의 일부분을 지정하기 위해서 색인을 이용한다. 색인 방법에는 첫 번째 문자의 색인을 0으로 하는 제로 인덱스와 첫 번째 문자의 색인을1로 하는 원 인덱스가 있는데 대부분의 언어에서는 제로인덱스를 사용한다. 파이썬에서도 제로 인덱스를 사용하여 0부터 숫자를 세는데, 다음 그림은 문자열 'Hello'의 색인을 보여 준다.

문자열	H	e	l	l	o
색인	[0]	[1]	[2]	[3]	[4]

다음과 같이 hello[0]과 hello[1]을 프린트해 보면 H와 e가 출력된다.

```
hello="Hello"
print(hello[0])
print(hello[1])
```

```
H
e
```

이 때 주의할 점은 제로인덱스에서는 문자열의 끝 색인이 항상 문자열의 길이보다 1 작다는 것이다. 즉, 문자열 hello에 색인 5를 사용한다면 오류가 발생한다.

```
print(hello[5])
```

```
Traceback (most recent call last):
  File "<pyshell#0>", line 1, in <module>
    hello[5]
IndexError: string index out of range
```

문자열의 길이를 구하는 함수 len()을 이용하여 마지막 문자를 색인해 보자. 문자열의 길이를 구하는 len() 함수는 print() 함수처럼 파이썬에서 기본으로 제공하는 내장함수이기 때문에 별다른 설정 없이 바로 사용할 수 있다

```
print(hello[len(hello)-1])
```

```
o
```

문자를 뒤에서부터 색인하기 위해서는 색인을 음수로 지정하면 된다. -0은 0이므로 제일 첫 번째 문자를 가리키기 때문에 가장 뒤의 문자의 색인은 -1부터 시작된다.

문자열	H	e	l	l	o
색인	[−5]	[−4]	[−3]	[−2]	[−1]

다음 프로그램은 문자열의 맨 뒤 문자와 맨 앞의 문자열을 음수 색인을 이용하여 출력한 예이다.

```
hello="Hello"
print(hello[-1])
print(hello[-0])
print(hello[-len(hello)])
```

```
o
H
H
```

3.3.3. 문자열 자르기(slicing)

"I am happy!" 문자열에서 부분 문자열 "happy"를 잘라내기 위하여 "happy"를 한 문자씩을 지정하여 더하기 연산자로 문자열을 연결하면 된다.

```
myState="I am happy!"
state=myState[5]+myState[6]+myState[7]+myState[8]+myState[9]
print(state)
```

```
happy
```

파이썬에서는 이러한 방법보다 슬라이싱 기법이라는 보다 스마트한 방법을 제공하고 있다. 인덱싱 기법과 슬라이싱 기법은 뒤에서 다룰 리스트나 튜플에서도 많이 사용하므로 잘 익혀두어야 한다.

```
myState="I am happy!"
print(myState[5:9])
```

```
happy
```

myState[5:9]를 출력하였더니 y가 빠진 happ 4문자 만이 출력되는 것을 확인할 수 있다. 슬라이싱은 맨 마지막 색인을 출력되지 않기 때문에 다음과 같이 프로그래밍해야 올바른 출력을 얻을 수 있다.

```
myState="I am happy!"
print(myState[5:10])
```

```
happy
```

결국 'Happy'[0:4]는 0부터 4까지의 문자를 잘라내라는 의미가 아니라 0부터 3까지의 문자를 잘라내라는 의미이다. 즉, 끝 번호에 해당하는 색인은 포함하지 않는다는 것을 명심해야 한다. 즉, 슬라이싱 기법으로 myState[시작 번호:끝 번호]를 지정할 경우 시작번호는 포함하지만 끝 번호는 포함하지 않는다.

```
myState[5] <= myState[5:10] < myState[10]
```

즉, myState[5:10]는 myState[10]을 포함하지 않는다는 것을 명심하여야 한다.

슬라이싱 할 때 시작 번호를 생략하면 문자열의 처음부터 끝 번호까지 잘라 낸다.

```
myState="I am happy!"
print(myState[:4])
```

```
I am
```

또한 슬라이싱 할 때 끝 번호를 생략하면 문자열의 시작 번호부터 끝까지 잘라낸다.

```
myState="I am happy!"
print(myState[5:])
```

```
happy!
```

그러면 슬라이싱 할 때 시작번호와 끝 번호를 둘 다 생략하면 어떻게 될까?

```
myState="I am happy!"
print(myState[:])
```

```
I am happy!
```

문자열 전체가 선택되는 것을 확인할 수 있다.

3.3.4. 문자열 꾸미기(formatting)

문자열을 출력할 때 문자열을 보기 좋게 꾸미기 위해 포맷팅이 필요하다. 로그인하는 사용자에게 다음과 같이 인사하는 웹사이트가 있다고 가정하면 로그인할 때마다 이름이 바뀌는 것을 알 수 있다.

```
"홍길동님 안녕하세요!!"
"파이썬님 안녕하세요!!"
```

또한 데이터베이스에 있는 나이처럼 숫자 데이터가 바뀔 수도 있다.

```
"홍길동님의 나이는 20살 입니다."
"파이썬님의 나이는 18살 입니다."
```

이렇게 문자열 안의 특정한 값을 바꾸어야 할 경우 변경할 수 있도록 해주는 기법이 문자열 포맷팅 기법이다. 다시 말해 문자열 포맷팅이란 문자열 안에 값을 삽입하는 방법으로 다음은 숫자를 대입하는 예이다.

```
>>> "홍길동님의 나이는 %d살 입니다." % 20

"홍길동님의 나이는 20살 입니다."
```

위 예제는 문자열 안에 정수 20을 삽입하는 방법을 보여 준다. 문자열 안에서 숫자를 넣고 싶은 자리에 %d 문자를 넣어 주고, 삽입할 숫자 20은 가장 뒤에 있는 % 문자 다음에 코딩하였다. 여기에서 %d는 문자열 포맷 코드로 10진수 정수로 출력하라는 의미이다. 다음은 숫자가 아니라 문자열을 삽입하는 예이다.

```
"%s님 안녕하세요!!" % "홍길동"
```

```
"홍길동님 안녕하세요!!"
```

다음과 같이 상수가 아니라 변수를 사용하는 것이 일반적인 사용 예이다.

```
name=input("이름을 입력해 주세요 : ")
print("%s님! 안녕하세요!!!" % name)
이름을 입력해 주세요 : 홍길동
```

```
홍길동님! 안녕하세요!!!
```

입력하는 이름에 따라 인사할 때 이름이 바뀌는 것을 확인할 수 있다.

```
age=20
print("파이썬님의 나이는 %d살입니다." %age)
```

```
파이썬님의 나이는 20살입니다.
```

다음은 이름과 나이 두 가지를 문자열에 삽입한 예이다.

```
name=input("이름을 입력해 주세요 : ")
age=20
print("%s님의 나이는 %d살입니다." % (name, age))
```

```
이름을 입력해 주세요 : 홍길동
홍길동님의 나이는 20살입니다.
```

문자열 포맷팅에는 정수와 문자열 이외에 여러 가지 자료형을 사용할 수 있다. 다음은 여러 가지 문자열 포맷 코드의 예이다.

코드	설명
%s	문자열(String)
%c	문자 1개(character)
%d	정수(Integer)
%f	부동소수(floating-point)
%o	8진수
%x	16진수
%%	Literal % (문자 % 자체)

문자열 포맷 코드 중 %s 포맷 코드는 어떤 형태의 값이든 문자열로 변환해 넣을 수 있다.

다음은 %s 포맷 코드의 사용 예이다.

```
pi=3.14159
print("Pi의 값은 %d입니다." %pi)
print("Pi의 값은 %f니다."  %pi)
print("Pi의 값은 %s니다."  %pi)
```

```
Pi의 값은 3입니다.
Pi의 값은 3.141590입니다.
Pi의 값은 3.14159입니다.
```

%d를 사용하면 소숫점 이하는 잘라버리고 출력하고, %f를 사용하면 소수점 이하 여섯 자리를 만들어 0으로 채워 출력하고, %s를 사용하면 그냥 3.14159를 출력한다. 이것은 %s가 자동으로 % 뒤에 있는 값을 문자열로 바꾸어 출력하기 때문이다.

또한, %d와 %를 같이 쓸 때는 %%를 써야 한다. 다음은 %를 하나만 썼을 때 오류가 발생하는 것을 보여 준다.

```
rate=0.215
print("이자율은 %f %입니다." %rate)
```

```
Traceback (most recent call last):
  File "<pyshell#0>", line 1, in <module>
    print("이자율은 %f %입니다." %rate)
TypeError: not enough arguments for format string
```

이것은 문자열 안에 %d 같은 포맷팅 연산자가 없으면 %를 하나만 써도 상관없지만 문자열 포맷 코드인 %d와 %가 같은 문자열 안에 존재하는 경우, %를 나타내려면 반드시 %%로 써야 한다.

다음은 %를 두 개 썼을 때의 실행 예이다.

```
rate=0.215
print("이자율은 %f %%입니다." %rate)
```

```
이자율은 0.215000 %입니다.
```

문자열 안에 어떤 값을 삽입하기 위해 %d, %s 등의 포맷 코드를 사용하는 기능 이외에 포맷 코드를 숫자와 함께 사용하면 정렬과 문자열에 공백을 넣을 수 있다.

다음은 10자리 공간 오른쪽에 정렬하여 "안녕하세요~"를 출력한다.

```
print("%10s 홍길동!" % "안녕하세요~")
```

```
    안녕하세요~ 홍길동!
```

10자리 공간 오른쪽으로 정렬하여 "안녕하세요~"를 출력한 후 "홍길동"을 출력한다. 즉, %10s는 문자열의 전체 길이가 10개인 공간에 오른쪽으로 정렬하고 앞의 나머지 공간은 공백으로 채우라는 의미이다.

반대쪽인 공간으로의 정렬인 왼쪽 정렬은 %-10s가 될 것이다.

```
print("%-10s홍길동!" % "안녕하세요~")
```

```
안녕하세요~    홍길동
```

"안녕하세요~"를 문자열의 전체 길이가 10개인 공간에 왼쪽으로 정렬하고 나머지는 공백으로 채운 다음 "홍길동"을 출력한다.

소수점 이하 자릿수를 표현하는 방법은 다음 예와 같다.

```
pi=3.14159
print("Pi의 값은 %10.4f입니다." %pi)
```

```
Pi의 값은     3.1416입니다.
```

즉, 문자열의 전체 길이가 10개인 공간에 오른쪽으로 정렬하여 pi의 값을 출력하는데, pi의 값 3.14159를 소수점 네 번째 자리까지만 나타내라는 의미이다.

즉, 소숫점 앞의 정수 10은 자릿수가 10개임을 나타내며, 소숫점 다음의 숫자 4는 소수점 뒤에 나올 숫자의 개수를 의미한다. 소숫점 이하 자리가 더 많은 것을 출력할 때는 예제에서 보는 것과 같이 자릿수 이하에서 반올림한다.

3.3.5. format() 메서드를 사용한 포맷팅

문자열의 format() 메서드를 사용하면 좀 나은 스타일로 문자열의 포맷을 지정할 수 있다.

앞에서 살펴본 문자열 포맷팅 예제를 format 함수를 사용해서 바꾸면 다음과 같다.

```
name=input("이름을 입력해 주세요 : ")
print("{0}님! 안녕하세요!!!".format(name))
age=20
print("파이썬님의 나이는 {0}살입니다.".format(age))
print("{0}님의 나이는 {1}살입니다.".format(name, age))
```

```
이름을 입력해 주세요 : 홍길동
홍길동님! 안녕하세요!!!
파이썬님의 나이는 20살입니다.
홍길동님의 나이는 20살입니다.
```

문자열의 {0} 항목이 name과 age라는 변수가 가리키는 문자열로 바뀌었다.

또한, 2개 이상의 값을 넣을 경우 문자열의 {0}, {1}과 같은 인덱스 항목이 format 함수의 입력값으로 순서에 맞게 변경되었음을 확인할 수 있다. 즉 {0}은 format 함수의 첫 번째 입력 값인 name으로 바뀌고 {1}은 format 함수의 두 번째 입력 값인 age로 바뀌었다.

```
rate=0.215
print("이자율은 {0}%입니다.".format(rate))
```

```
이자율은 0.215%입니다.
```

이제 %를 두 번 쓰지 않아도 %가 제대로 출력되는 것을 확인할 수 있다.

출력 문자열의 크기는 출력할 format() 안의 순서를 쓰고 콜론을 적은 다음에 왼쪽 정렬은 작다(<)를, 오른쪽 정렬은 크다(>)를, 가운데 정렬은 슬롯(^)을 사용한다. 또한 출력할 format 안의 순서와 콜론 다음에는 빈 공백을 채울 문자를 지정할 수 있다.

```
print("{0:>10}".format(hello))
print("{0:!>10}".format(hello))
print("{0:<10}".format(hello))
print("{0:!<10}".format(hello))
print("{0:^10}".format(hello))
print("{0:!^10}".format(hello))
```

```
     Hello
!!!!!Hello
Hello
Hello!!!!!
  Hello
!!Hello!!!
```

소수점 이하 자릿수를 표현하는 방법은 다음 예와 같다.

```
pi=3.14159
print("Pi의 값은 {0:.4f}입니다.".format(pi))
print("Pi의 값은 {0:0.4f}입니다.".format(pi))
print("Pi의 값은 {0:10.4f}입니다.".format(pi))
```

```
Pi의 값은 3.1416입니다.
Pi의 값은 3.1416입니다.
Pi의 값은     3.1416입니다.
```

format 메서드를 이용해 문자열을 포맷팅할 경우 { }와 같은 중괄호를 출력하고자 한다면 { 또는 } 문자를 두 개 사용하면 된다. 즉, 중괄호(brace) 문자를 포맷팅 문자가 아닌 문자 그대로 사용하고 싶은 경우에는 다음과 같이 {{와 }}를 중괄호 2개를 연속해서 사용하면 된다.

```
>>> "{{ 중괄호 }}".format()
'{ 중괄호 }'
```

3.3.6. f 문자열 포맷팅

파이썬 3.6 버전부터는 f 문자열 포맷팅 기능을 사용할 수 있다. 따라서 파이썬 3.6 미만 버전에서는 사용할 수 없는 기능이다.

사용 방법은 다음과 같이 문자열 앞에 f 접두사를 붙여서 f 문자열 포맷팅 기능을 사용할 수 있다.

```
name=input("이름을 입력해 주세요 : ")
age=20
print(f"{name}님의 나이는 {age}살입니다.")
```

```
이름을 입력해 주세요 : 홍길동
홍길동님의 나이는 20살입니다.
```

f 문자열 포맷팅은 위와 같이 name, age와 같은 변수를 직접 문자열의 위치에 중괄호를 이용하여 삽입함으로써 변수가 참조하는 값을 문자열에 삽입할 수 있다. 또한 f 문자열 포맷팅은 표현식을 지원하기 때문에 레퍼런스 이름 대신에 식을 넣어도 된다.

```
print("{name}님의 한국 나이는 {age+1}살입니다.")
```

```
홍길동님의 한국 나이는 21살입니다.
```

또한 정렬 및 공백에 관한 포맷팅은 다음과 같다.

```
hello="Hello"
print(f"{hello:>10}") # 왼쪽 정렬
     Hello
print(f"{hello:!>10}")# 왼쪽 정렬 후 !표 채우기
!!!!!Hello
print(f"{hello:<10}")# 오른쪽 정렬
Hello
```

```
print(f"{hello:!<10}")# 오른쪽 정렬 후 !표 채우기
Hello!!!!!
print(f"{hello:^10}")# 가운데 정렬
  Hello
print(f"{hello:!^10}")# 가운데 정렬 후 !표 채우기
!!Hello!!!
```

또한 실수 출력도 앞에서 사용한 포맷팅과 유사하다.

```
rate=0.215
print(f"이자율은 {rate}%입니다.")
```

```
pi=3.14159
```

```
print(f"Pi의 값은 {pi:.4f}입니다.")
print(f"Pi의 값은 {pi:0.4f}입니다.")
print(f"Pi의 값은 {pi:10.4f}입니다.")
```

```
Pi의 값은 3.1416입니다.
Pi의 값은 3.1416입니다.
Pi의 값은     3.1416입니다.
```

중괄호(brace) 문자를 포맷팅 문자가 아닌 문자 그대로 사용하고 싶은 경우에는 다음과 같이 {{와 }}를 중괄호 2개를 연속해서 사용하면 된다.

```
>>> f'{{ 중괄호 }}'
```

```
'{ 중괄호 }'
```

3.3.7. 문자열 관련 메서드

문자열은 자체적으로 메서드를 가지고 있다. 이러한 메서드를 사용하려면 문자열 변수 이름 뒤에 '.'를 붙인 다음에 메서드 이름을 써주면 된다.

(1) count() 메서드

count() 메서드는 문자열에 들어 있는 매개변수에 지정한 문자의 개수를 세어 반환한다.

```
str='happy'
print(str.count('p'))
```

```
2
```

문자열 'happy'에 있는 문자 'p'의 개수 2를 반환한다.

(2) find() 메서드

find() 메서드는 문자의 인덱스 번호를 반환한다. 즉, 문자열 중 찾는 문자가 처음으로 나온 위치를 반환한다. 만약 찾는 문자나 문자열이 존재하지 않는다면 -1을 반환한다.

```
>>> str= 'I am happy!'
>>> str.find('p')
7
```

'I am happy!' 문자열에서 'p'가 첫 번째 나오는 위치의 색인은 7이다.

```
>>> str.find('b')
-1
```

'I am happy!' 문자열에서 'b'가 없기 때문에 -1을 반환한다.

(3) index() 메서드

index() 메서드는 문자열 중 찾는 문자가 처음으로 나온 위치를 반환한다. 만약 찾는 문자나 문자열이 존재하지 않으면 런타임오류가 발생한다. 이것이 find 메서드와 다른 점이다.

```
>>> str= 'I am happy!'
print(str.index('p'))
7
```

'I am happy!' 문자열에서 'p'가 첫 번째 나오는 위치의 색인은 7이다.

```
print(str.index('b'))
```

```
Traceback (most recent call last):
File "<stdin>", line 1, in <module>
    print(str.index('b'))
ValueError: substring not found
```

'I am happy!' 문자열에서 'b'가 없기 때문에 ValueError가 발생한다.

(4) join() 메서드

join() 메서드는 문자열의 문자 사이에 문자를 삽입하여 반환한다.

```
print("-".join('1234'))
```

```
'1-2-3-4'
```

'1234' 문자열의 각 문자 사이에 '-'를 삽입한 것을 확인할 수 있다.

join() 메서드는 문자열뿐 아니라 리스트나 튜플에서도 사용할 수 있다.

```
print(",".join(['a', 'b', 'c', 'd']))
```

```
'a,b,c,d'
```

리스트 ['a', 'b', 'c', 'd']의 요소 사이에 콤마(,)을 삽입해 문자열 'a,b,c,d'을 생성한다.

(5) upper() 메서드

upper() 메서드는 소문자를 대문자로 변경한다.

```
str = "Python is too hard."
print(str.upper())
```

```
PYTHON IS TOO HARD.
```

upper() 메서드는 소문자를 대문자로 바꾸어 준다. 만약 문자열이 이미 대문자라면 아무 변화도 일어나지 않는다.

(6) lower() 메서드

lower() 메서드는 대문자를 소문자로 변경한다.

```
str = "Python is too hard."
print(str.lower())
```

```
python is too hard.
```

lower() 메서드는 대문자를 소문자로 바꾸어 준다.

(7) lstrip() 메서드

lstrip() 메서드는 왼쪽에 있는 공백을 모두 지운다.

```
str = "       Python       "
print(str.lstrip())
```

```
Python
```

문자열 중 가장 왼쪽에 있는 한 칸 이상의 연속된 공백들을 모두 지운다. lstrip에서 l은 left를 의미한다.

(8) rstrip() 메서드

rstrip() 메서드는 오른쪽에 있는 공백을 모두 지운다.

```
str = "       Python       "
print(str.rstrip())
```

```
       Python
```

문자열 중 가장 오른쪽에 있는 한 칸 이상의 연속된 공백을 모두 지운다. rstrip에서 r은 right를 의미한다.

(9) strip() 메서드

strip() 메서드는 양쪽에 있는 공백을 모두 지운다.

```
str = "       Python       "
print(str.lstrip())
```

```
Python
```

문자열 양쪽에 있는 한 칸 이상의 연속된 공백을 모두 지운다.

(10) replace() 메서드

replace() 메서드는 문자열 안의 특정한 값을 다른 값으로 치환해 준다.

```
str = "Python is too hard."
print(str.replace("hard", "easy"))
```

```
Python is too easy.
```

replace(바뀌게 될 문자열, 바꿀 문자열)의 형식을 사용해서 문자열 안의 "hard"를 "easy"로 치환해 준다.

(11) split() 메서드

split() 메서드는 문자열을 나누어 문자열 리스트로 반환한다.

```
str = "Python is too easy."
print(str.split())
```

```
['Python', 'is', 'too', 'easy.']
```

split 메서드는 str.split()처럼 괄호 안에 아무 값도 넣어 주지 않으면 공백(스페이스, 탭, 엔터 등)을 기준으로 문자열을 나누어 준다. 그러나 다음과 같이 str.split(':')처럼 괄호 안에 특정 값이 있을 경우에는 괄호 안의 문자열을 구분자로 해서 문자열을 나누어 리스트로 만들어 준다.

```
str = "a:b:c:d"
print(str.split(':'))
```

```
['a', 'b', 'c', 'd']
```

CHAPTER 04

참과 거짓

4.1. 불 자료형(boolean type)

4.1.1. 참 또는 거짓(True or False)

불(bool) 자료형이란 참(True)과 거짓(False)을 나타내는 자료형으로, 불 자료형은 True와 False 두 가지 가운데 하나의 값을 가질 수 있다.

파이썬에서는 True와 False는 예약어로 첫 문자는 대문자로 시작된다. 즉, true는 예약어가 아니어서 오류가 발생한다. 또한, True와 False는 문자열이 아니므로 따옴표로 감싸면 문자열이 되므로 주의하여야 한다.

```
>>> True
True
>>> False
False
>>> true
Traceback (most recent call last):
  File "<pyshell#0>", line 1, in <module>
    true
NameError: name 'true' is not defined
```

변수 bool1과 bool2가 True 또는 False를 가리킬 경우 bool1과 bool2는 True나 False 2가지 중 하나의 값만을 갖는 불 타입의 클래스가 된다. 즉, 레퍼런스 bool1과 bool2의 type을 체크해 보면 두 레퍼런스의 자료형이 클래스 'bool'임을 확인할 수 있다.

```
>>> bool1 = True
>>> bool2 = False
>>> type(bool1)
<class 'bool'>
>>> type(bool2)
<class 'bool'>
```

앞에서 살펴본 것과 같이 type(x)는 x의 자료형을 확인하는 파이썬 내장 함수이다. 불 자료형은 조건문 if와 반복문 while의 조건식에서 주로 사용되는데 다음과 같이 관계연산자를 이용한 식을 사용하여 True인지 False인지 평가할 수 있다.

```
>>> 100 == 100
True
```

100 == 100은 100과 100이 같은가를 묻는 조건식이다. 이러한 조건식은 식의 결과로 True 아니면 False 값을 갖는 불 자료형을 반환한다. 즉 100과 100이 같으므로 True를 반환한다. 주의할 점은 같은가를 묻는 관계연산자는 등호(=)가 하나가 아니라 두 개(==)를 붙여 사용한다는 것이다.

```
>>> 200 > 100
True
>>> 200 < 100
False
```

200은 100보다 크기 때문에 200 > 100 조건식은 True를 반환하고, 200은 100보다 작지 않기 때문에 200 < 100 조건식은 False를 반환한다.

4.1.2. 관계연산자(relational operator)

관계연산자는 피연산자를 2개 갖는 이항 연산자로서, 2개의 피연산자를 비교하여 참이면 True, 거짓이면 False를 반환한다. 관계연산자는 비교연산자라고도 하는데 보통 논리연산자와 함께 식을 구성한다.

다음은 6개의 관계연산자를 보여준다.

연산자	설명	예(a = 10, b = 20)
==	값이 동일하다	(a == b) → False)
!=	값이 동일하지 않다	(a != b) → True
〉	왼쪽 값이 오른쪽 값보다 크다	(a 〉 b) → False)
〈	왼쪽 값이 오른쪽 값보다 작다	(a 〈 b) → True
〉=	왼쪽 값이 오른쪽 값보다 크거나 동일하다	(a 〉= b) → False)
〈=	왼쪽 값이 오른쪽 값보다 작거나 동일하다	(a 〈= b) → True

다음은 관계연산자로 구성된 식의 예이다.

```
>>> 8==100
False
>>> 8!=100
True
>>> 8>100
False
>>> 8>=100
False
>>> 8<100
True
>>> 8<=100
True
```

6가지 관계연산자를 이용하여 숫자의 크기를 비교하는 것은 이해하기 쉽다. 문자열의 비교는 문자열의 길이와 상관없이 첫 글자부터 하나씩 비교한다. 즉, 지갑과 핸드백을 비교할 때 '지갑'의 '지'가 '핸드폰'의 '핸'보다 유니코드에서 더 앞에 있기 때문에 작다. 유니코드를 만들 때 사전 순으로 만들었기 때문에 문자열의 크기를 비교할 때 사전의 순서를 생각하면 쉽게 알 수 있다.

```
>>> '지갑' == '핸드백'
False
>>> '지갑' != '핸드백'
True
>>> '지갑' > '핸드백'
False
>>> '지갑' >= '핸드백'
False
>>> '지갑' < '핸드백'
True
>>> '지갑' <= '핸드백'
True
```

물론 식의 결과인 True 또는 False를 다음과 같이 레퍼런스로 가리킬 수 있다.

```
>>> number8=8
>>> number100 = 100
>>> isUnder100 = number8 < number100
>>> isUnder100
True
```

```
>>> isUnder100 = number8 > number100
>>> isUnder100
False
```

```
>>> number108 = 108
>>> isUnder100 = number108 < number100
>>> isUnder100
False
```

```
>>> isUnder100 = number108 > number100
>>> isUnder100
True
```

변수 isUnder100은 True 또는 False를 가리키는 불 타입의 레퍼런스임을 확인할 수 있다.

4.2. 조건문 if

4.2.1. if 문의 기본구조

조건식은 참과 거짓을 판단하는 식을 말하며 주로 if 문이나 while 문에서 많이 사용한다. 특히 if 문의 기본구조는 조건식을 기본으로 이루어지기 때문에 if 문을 조건문이라고도 한다.

if 문의 기본 구조는 다음과 같다.

```
if 조건식:
    수행할 문장1
    수행할 문장2
    ...
```

if 문은 if 조건식: 바로 다음 문장부터 if 문에 조건식이 True일 경우 수행하여야 하는 문장을 쓴다. if 문의 조건식이 True일 경우 수행하여야 할 모든 문장은 들여쓰기(indentation)를 해 주어야 한다. 다음은 조건식이 True일 경우 수행할 문장들을 들여쓰기한 예이다. 다른 프로그래밍 언어에 익숙한 사람들은 파이썬에서의 들여쓰기가 어색할 수 있으니 주의해서 사용하여야 한다.

```
love=80
hate=70
if love > hate:
    print("당신을 ")
    print("사랑하는 마음이")
    print("미워하는 마음보다 큽니다.")
```

```
당신을
사랑하는 마음이
미워하는 마음보다 큽니다.
```

예를 들어 다음처럼 코딩하였을 경우 오류가 발생한다. "수행할 문장2"의 들여쓰기가 틀렸기 때문에 발생한 오류이다.

```
if 조건식:
    수행할 문장1
수행할 문장2
    수행할 문장3
```

즉, 다음과 같이 코딩할 경우 들여쓰기 오류가 발생한다.

```
love=80
hate=70
if love > hate:
    print("당신을 ")
print("사랑하는 마음이")
    print("미워하는 마음보다 큽니다.")
```

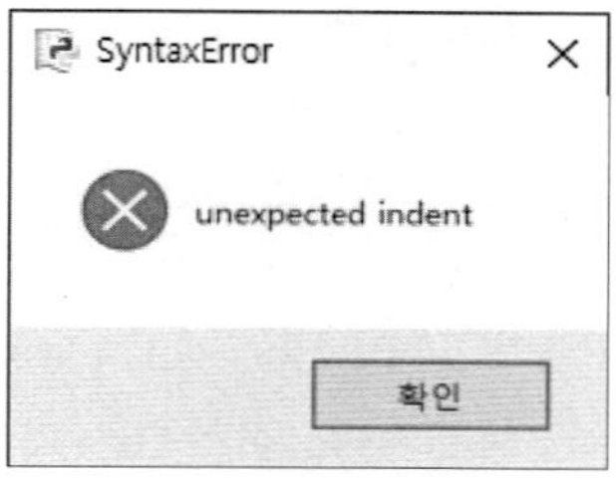

다음의 경우에도 오류가 발생한다. "수행할 문장3"에서 들여쓰기는 하였지만 "수행할 문장1"이나 "수행할 문장2"에 비해 들여쓰기의 너비가 다르다. 즉 들여쓰기는 언제나 같은 너비로 해야 한다.

```
if 조건식:
    수행할 문장1
    수행할 문장2
        수행할 문장3
```

IDLE 에디터에서 다음과 같이 작성하여 실행해 보자.

```
if love > hate:
    print("당신을 ")
    print("사랑하는 마음이")
        print("미워하는 마음보다 큽니다.")
```

마찬가지로 들여쓰기 오류가 발생하는 것을 확인할 수 있다.

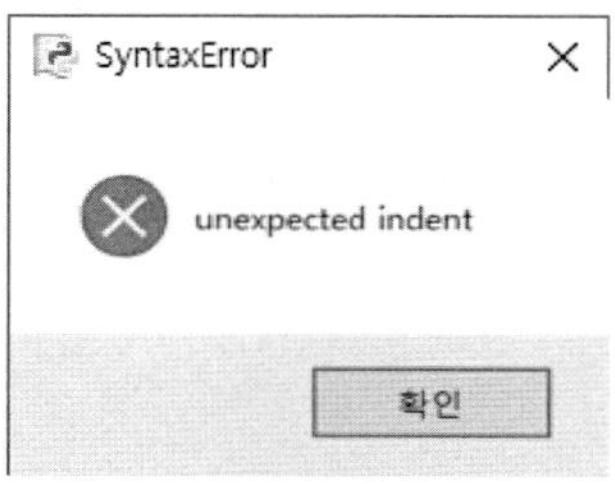

앞에서 설명했지만 들여쓰기는 공백(Spacebar)과 탭(Tab) 어떤 것을 선택해 코딩하여도 좋

지만 이 두 가지를 혼용해서 쓰는 것은 좋지 않다. 일반적으로 공백 4개를 사용하는 것을 권장하므로 공백 4개를 사용하는 것이 바람직하다. 요즈음은 공백이든 탭이든 편집기가 알아서 공백 4개를 맞추어 주기 때문에 프로그래머는 너무 신경 쓰지 않아도 된다.

또한, 파이썬에서는 if 문뿐만 아니라 while, for, def, class 문에서도 문장의 끝에 콜론(:)을 사용한다. 파이썬이 다른 언어보다 보기 쉽고 소스 코드가 간결한 이유는 바로 콜론(:)을 사용하여 들여쓰기를 하도록 만들었기 때문이다. 따라서 조건식 다음에 콜론(:)을 빠트리는 실수를 하지 말아야 한다.

4.2.2. if else 문

다음은 if else 문을 사용한 조건문의 기본 구조이다.

```
if 조건식:
    수행할 문장1
    수행할 문장2
    ...
else:
    수행할 문장1
    수행할 문장2
    ...
```

조건식을 평가해서 True이면 if 조건식 다음 문장들을 수행하고, 조건식이 False이면 else 문 다음 문장들을 수행한다. 그러므로 else 문은 if 문 없이 독립적으로 사용할 수 없다.

```
love=80
hate=90
if love > hate:
    print("당신을 ")
    print("사랑하는 마음이")
    print("미워하는 마음보다 큽니다.")
else:
    print("당신을 ")
    print("원망하는 마음이")
    print("사랑하는 마음보다 큽니다.")
```

```
당신을
원망하는 마음이
사랑하는 마음보다 큽니다.
```

4.2.3. 논리 연산자

조건을 판단하기 위해 사용하는 조건식에 논리연산자 and, or, not을 사용할 수 있다.

연산자	설명	예(a = True, b = False)
and	모두 참이어야 참이다	(a and b) → False
or	둘 중에 하나만 참이어도 참이다	(a or b) → True
not	거짓이면 참, 참이면 거짓이다	(not a) → False

다음 프로그램 코드는 and 연산자의 사용 예이다.

```
isLove=True
isHate=False
if isLove and isHate:
    print("당신을 사랑하기도하고 ")
    print("미워하기도 합니다.")
else:
    print("당신을 사랑하지만 미워하지 않거나 ")
    print("사랑하지 않거나 미워하거나 ")
    print("사랑하지도 미워하지도 않습니다. ")
```

```
당신을 사랑하지만 미워하지 않거나
사랑하지 않거나 미워하거나
사랑하지도 미워하지도 않습니다.
```

isLove가 True, isHate이 False이므로 and를 수행하면 False가 반환되어 else 문 다음 문장들을 수행한다. 다음 프로그램 코드는 or 연산자의 사용 예이다.

```
isLove=True
isHate=False
if isLove or isHate:
    print("당신을 사랑하거나 ")
    print("미워하거나 그것도 아니면 ")
    print("사랑하지만 미워합니다. ")
else:
    print("당신을 사랑하지도 ")
    print("미워하지도 않습니다. ")
```

```
당신을 사랑하거나
미워하거나 그것도 아니면
사랑하지만 미워합니다.
```

isLove가 True, isHate이 False이므로 or를 수행하면 True가 반환되어 if 문 바로 다음 문장들을 수행한다.

not은 True를 False로, False를 True로 반환한다.

```
>>> not True
False
>>> not False
True
>>> isLove=True
>>> if not isLove:
        print("당신을 사랑하지 않습니다. ")
    else:
        print("당신을 사랑합니다. ")
```

```
당신을 사랑합니다.
```

isLove가 True이므로 not을 수행하면 False가 반환되어 else 문 다음 문장들을 수행한다.

4.2.4. in과 not in

파이썬은 다른 프로그래밍 언어와 달리 집합 처리를 위한 in과 not in을 제공한다. in은 주로 in 앞의 원소가 in 뒤의 문자열 집합에 속하는지를 판단하는 조건식에 사용된다.

다음은 in 앞의 문자열이 in 뒤의 문자열 집합에 속하는지를 판단하는 조건식이다.

```
>>> 'love' in 'I love Python'
True
>>> 'p' not in 'I love Python'
True
>>> 'P' not in 'I love Python'
False
```

첫 번째 예는 문자열 'I love Python'에 'love' 가 있으므로 True이다. 두 번째 예는 소문자 'p'가 'I love Python'의 원소가 아니기 때문에 False이지만 in 앞에 not이 있으므로 not in의 결과는 True이다. 세 번째 예에서는 대문자 'P가 'I love Python'의 원소이기 때문에 True이나 not이 있으므로 not in은 False를 반환한다.

다음 예는 리스트의 원소인지 아닌지를 반환하는 예이다.

```
>>> 1 in [1, 2, 3]
True
>>> 1 not in [1, 2, 3]
False
```

리스트 [1, 2, 3]안에 1이 있으므로 참이 되어 True를 반환하고, not in은 리스트 [1, 2, 3]안에 1이 있으므로 거짓이 되어 False를 반환한다.

4.2.5. pass 문

조건문에서 아무 것도 실행하지 않도록 설정하고 싶을 때 사용하는 문장이 pass이다. if 수가 else의 수 보다 많을 경우, 대부분의 언어에서는 else에서 가장 가까운 if에 else가 걸리도록 언어를 설계한다. 그러나 파이썬에서는 들여쓰기의 깊이에 맞추어 else를 판단한다.

다음 예제에서는 if와 else의 짝이 맞지 않는 수행경로를 보인다.

```
c=95
python=95
if c>=90 :
    if python>=90:
        print("C와 Python, 둘 다 A입니다.")
else:
    print("C가 A가 아닌 것은 알겠는데, Python은 잘 모르겠네요.")
```

```
C와 Python, 둘 다 A입니다.
```

이 경우 c도 90보다 크고, python도 90보다 크기 때문에 C와 Python, "둘 다 A입니다."가 출력된다.

```
c=95
python=85
if c>=90 :
    if python>=90:
        print("C와 Python, 둘 다 A입니다.")
else:
    print("C가 A가 아닌 것은 알겠는데, Python은 잘 모르겠네요.")
```

이 경우 c는 90보다 크고, python도 90보다 크거나 같지 않기 때문에 아무것도 실행하지 않는다.

대부분의 다른 언어의 경우, else가 else에서 가장 가까운 if인 if python>=90에 걸리기 때문에 "C가 A가 아닌 것은 알겠는데, Python은 잘 모르겠네요."가 출력된다.

하지만 python에서는 90보가 크거나 같지 않을 경우의 else 문이 없기 때문에 아무것도 실행하지 않는다.

```
c=85
python=95
if c>=90 :
    if python>=90:
        print("C와 Python, 둘 다 A입니다.")
else:
    print("C가 A가 아닌 것은 알겠는데, Python은 잘 모르겠네요.")
```

```
C가 A가 아닌 것은 알겠는데, Python은 잘 모르겠네요.
```

이 경우 c가 90보다 크거나 같지 않기 때문에 같은 너비의 else 문을 수행하게 되어 "C가 A가 아닌 것은 알겠는데, Python은 잘 모르겠네요."가 출력된다.

이렇게 파이썬에서 else는 들여쓰기의 너비가 일치하는 if에 걸린다는 것을 확인할 수 있다.

```
c=95
python=85
if c>=90 :
    if python>=90:
        print("C와 Python, 둘 다 A입니다.")
    else:
        pass
else:
    print("C가 A가 아닌 것은 알겠는데, Python은 잘 모르겠네요.")
```

```
아무것도 실행하지 않음(pass).
```

이제 if와 else의 짝을 맞추어 python이 90보다 크거나 같지 않으면 pass를 수행하여 아무것도 하지 않도록 프로그램을 수정하였다. 이렇게 if와 else의 짝을 맞추어 코딩하는 것이 좋다. 특히 위 코드에서처럼 c가 90보다 크거나 같고, python이 90보다 크거나 같지 않을 경우에 출력할 메시지를 아직 준비하지 못하였다면 일단 pass로 코딩해 놓고 추후 메시지가 마련되면 pass를 지우고 메시지를 출력하면 된다.

다음은 c가 90보다 크거나 같고, python이 90보다 크거나 같지 않을 경우에 출력할 메시지를 준비하여 pass를 없애고 메시지를 출력하는 예다.

```
c=95
python=85
if c>=90 :
    if python>=90:
        print("C와 Python, 둘 다 A입니다.")
    else:
        print("C는 A입니다. 그런데 Python은 잘 A가아닙니다.ㅠ~")
else:
    print("C가 A가 아닌 것은 알겠는데, Python은 잘 모르겠네요.")
```

```
C는 A입니다. 그런데 Python은 잘 A가아닙니다.ㅠ~
```

다음 코드는 pass 문을 사용하기 때문에 프로그램이 짧아질 경우 가독성을 위해 if 문을 간단히 쓰기 위한 예를 보인다.

```
love=80
hate=90
if love < hate:
    pass
else:
    print("당신을 사랑합니다.")
```

love가 hate보다 작기 때문에 if 문 다음 문장인 pass가 수행되므로 아무 일도 하지 않고 if 문을 끝낸다. 이렇게 짧은 if 문의 경우 다음과 같이 간단하게 한 줄에 pass를 코딩한 예다.

```
love=80
hate=90
if love < hate: pass
else: print("당신을 사랑합니다.")
```

if 문 다음 수행할 문장을 콜론(:) 뒤에 바로 코딩하였다. else 문 역시 마찬가지이다.

어떤 것이 더 프로그램을 읽기 쉬운가는 프로그래머의 코딩 경험과 습관에 따라 달라질 수 있기 때문에 어떤 코딩 형식을 선택할 것인지는 프로그래머의 취향에 따라 다를 수 있다.

4.2.6 조건부 표현식(conditional expression)

파이썬에서는 위에서 살펴본 예에서와 같이 가독성을 위해 프로그램 코드의 줄 수를 줄이는 방법을 제공한다. 다음은 조건부 표현식의 구문 형식이다.

```
참인 경우 실행문  if 조건식 else 조건식이 거짓인 경우 실행문
```

다음은 if 문을 조건부 표현식으로 한 줄에 작성하는 예를 보인다.

```
if score >= 60:
    grade = "Pass"
else:
    grade = "Failure"
```

이 프로그램은 변수 score의 점수가 60점 이상이면 grade에 문자열 "Pass"를, 그렇지 않을 경우 "Failure"를 레퍼런스하도록 하는 코드이다. 파이썬에서는 위 코드를 조건부 표현식을 사용하여 다음과 같이 간단히 표현할 수 있다.

```
grade = "Pass" if score >= 60 else "Failure"
```

4.2.7. if elif else 문

프로그래밍을 하다보면 if와 else만으로는 판단하기 곤란한 경우가 있다. 다음과 같이 학점을 구하기 위해 조건문을 사용할 때 if와 else를 이용하게 되면 구분해야할 경우의 수가 많아져 들여쓰기가 복잡해진다.

```
score =int(input("점수를 입력하세요."))
if(score >= 90):
    print("A학점")
else:
    if(score>=80):
        print("B학점.")
    else:
        if(score>=70):
            print("C학점..")
        else:
            if(score>=60):
                print("D학점...")
            else:
                print("F학점 OTL")
```

```
점수를 입력하세요.87
B학점.
```

파이썬에서는 이러한 문제점을 해결하기 위하여 elif를 제공하고 있다. 다른 언어에서 볼 수 있는 elseif 문과 동일한 형식이다.

if, elif, else를 모두 사용할 때 기본 구조는 다음과 같다.

```
If <조건식>:
    <수행할 문장1>
    <수행할 문장2>
    ...
elif <조건식>:
    <수행할 문장1>
    <수행할 문장2>
    ...
elif <조건식>:
    <수행할 문장1>
    <수행할 문장2>
    ...
```

```
...
else:
    <수행할 문장1>
    <수행할 문장2>
    ...
```

위에서 볼 수 있듯이 elif는 개수에 제한 없이 사용할 수 있으며, elif는 이전 조건식이 거짓일 때 수행된다.

앞에서 살펴본 학점을 구하는 프로그램을 elif 문을 사용하면 다음과 같이 코딩할 수 있다.

```
score =int(input("점수를 입력하세요."))
if(score >= 90):
    print("A학점")
elif(score>=80):
    print("B학점.")
elif(score>=70):
    print("C학점..")
elif(score>=60):
    print("D학점...")
else:
    print("F학점 OTL")
```

```
점수를 입력하세요.87
B학점.
```

elif 문을 사용할 때 주의할 점은 elif 문의 조건식이 위의 문장에 영향을 받는다는 것이다.

예를 들어 첫 번째 elif 문의 elif(score>=80)은 "score가 80보다 크거나 같으면"의 의미가 아니라, 위의 if 문의 조건식에 따라 "score가 90보다 작고 80보다 크거나 같으면"의 의미를 갖는다.

따라서 elif(score>=70)의 조건식은 "score가 70보다 크거나 같으면"이 아니라, "score가 90보다 작고 80보다 작고 70보다 크거나 같으면"이란 의미를 갖는다.

파이썬에서는 "80보다 작고 70보다 크거나 같으면"이란 조건식을 한 줄에 쓸 수 있다. 즉 "70 <= score < 80"과 같이 조건식을 사용할 수 있다. 다음은 프로그램의 조건식을 이해하기 쉽게 수정한 예이다.

```
score  =int(input("점수를 입력하세요."))
if(90  <=  score  <=100):
     print("A학점")
elif(80  <=  score  <  90):
     print("B학점.")
elif(70  <=  score  <  80):
     print("C학점..")
elif(60  <=  score  <  70):
     print("D학점...")
elif(score  <  60):
     print("F학점  OTL")
```

```
점수를 입력하세요.87
B학점.
```

4.3. 자료형의 부울 값

4.3.1. False를 반환하는 자료형

다음은 자료형만으로 조건식을 표현할 경우 참인지 거짓인지를 알기 위한 예다.

```
a=8
if  a:
     print('a가 가리키는 값 8은 True입니다.')
else:
     print('a가 가리키는 값 8은 False입니다.')
```

```
a가 가리키는 값 8은 True입니다.
```

프로그램 실행 결과 값 8은 True임을 확인할 수 있다. C++이나 자바에서와 같이 파이썬에서도 0이 아닌 모든 숫자는 True이다. 따라서 C++이나 자바에서 흔히 저지르는 다음과 같은 실수를 하면 안 된다. 즉 a가 10인가를 판단하려다 등호를 하나만 코딩하는 바람에 a에 10을 넣고 판단하면 True를 반환하기 때문에 else 문 아래의 print('a는 10이 아닙니다.')는 영원히 실행될 수 없는 코드가 된다.

```
if a=10:
    print('a는 10입니다.')
else:
    print('a는 10이 아닙니다.')
```

그러나 파이썬에서는 이러한 경우 편집기가 스마트해서 문법 오류라고 알려주기 때문에 크게 걱정할 필요는 없다.

다음 예는 자료형 만을 식으로 표현했을 때 파이썬에서 반환하는 참과 거짓에 대한 예이다.

```
if 100 and -5 and 3.8:
    print("0과 0.0 이외의 모든 숫자는 True 입니다")
else:
    print("0과 0.0 이외의 모든 숫자는 False 입니다")
```

```
0과 0.0 이외의 모든 숫자는 True 입니다
```

100, -5, 3.8 등은 모두 0이 아니므로 True를 반환하고 식이 모두 and로 연결되었으므로 True를 반환한다.

```
if 0:
    print("숫자 0은 True 입니다")
else:
    print("숫자 0은 False 입니다")
```

```
숫자 0은 False 입니다
```

숫자 0은 False를 반환하므로 else 문 이후의 "숫자 0은 False 입니다"를 출력한다.

```
if 0.0:
    print("숫자 0.0은 True 입니다")
else:
    print("숫자 0.0은 False 입니다")
```

```
숫자 0.0은 False입니다
```

숫자 0.0은 False를 반환하므로 else 문 이후의 "숫자 0.0은 False 입니다"를 출력한다.

```
if "ABC" and "가나다":
    print("빈 문자열 이외의 모든 문자열은 True 입니다")
else:
    print("빈 문자열 이외의 모든 문자열은 False 입니다")
```

```
빈 문자열 이외의 모든 문자열은 True입니다
```

"ABC"와 "가나다"는 빈 문자열이 아니므로 True를 반환하고 조건식이 모두 and로 연결되었으므로 True를 반환하기 때문에 "빈 문자열 이외의 모든 문자열은 False 입니다"를 출력한다.

다음은 False를 반환하는 0과 0.0이외에 문자열, 리스트, 튜플, 딕셔너리 등이 값이 있으면 True, "", [ ], ( ),{ } 등과 같이 값이 비어 있으면 모두 False를 반환하는 것을 보이는 예다.

```
if "":
    print("빈 문자열은 True 입니다")
else:
    print("빈 문자열은 False 입니다")
```

```
빈 문자열은 False 입니다
```

```
if []:
    print("빈 리스트는 True 입니다")
else:
    print("빈 리스트는 False 입니다")
```

```
빈 리스트는 False 입니다
```

```
if ():
    print("빈 튜플은 True 입니다")
else:
    print("빈 튜플은 False 입니다")
```

```
빈 튜플은 False 입니다
```

```
if {}:
    print("빈 딕셔너리는 True 입니다")
else:
    print("빈 딕셔너리는 False 입니다")
```

```
빈 딕셔너리는 False 입니다
```

```
if None:
    print("None은 True 입니다")
else:
    print("None은 False 입니다")
```

```
None은 False 입니다
```

다음은 False를 반환하는 표현식을 정리한 표이다.

표현식	반환값
0	False
0.0	False
""	False
[]	False
()	False
{}	False
None	False

bool() 함수를 사용하면 조건식이나 조건문 if를 사용하지 않더라도 자료형의 참과 거짓을 식별할 수 있다. 다음은 bool() 함수를 사용하여 조건식의 결과를 확인하는 예이다.

```
>>> bool('사랑' > '미움')
True
>>> bool([])
False
>>> bool(0 or 0.0 or '' or list() or [] or {} or None)
False
```

'사랑'이 '미움'보다 사전적으로 뒤에 있으므로 '사랑'이 '미움'보다 크다는 True를 반환하고, 빈 리스트는 거짓이므로 bool([])은 False를 반환한다. 0, 0.0, '', list(), [], {}, None 등은 모두 False를 반환하므로 or로 연결하여도 False를 반환한다.

4.3.2. ==과 is

관계연산자 '=='는 두 값이 같은가를 비교하고, is는 두 변수가 같은 객체(Object)를 가리키는가를 판단한다.

관계연산자 같은가('==')는 이항 연산자로 두 개의 피연산자가 가리키는 값이 같은가를 판단하는 연산자이다. 다음은 등호를 이용하여 두 객체의 값이 같은가를 판단하는 예다.

```
>>> a = [1,2,3]
>>> b = a
>>> c = [1,2,3]
>>> a == b
True
>>> a == c
True
```

a와 b는 동일한 객체를 가리키는 변수이기 때문에 True이고 a와 c는 다른 객체를 가리키는 변수이지만 값이 같기 때문에 True를 반환한다.

반면에 is는 변수가 같은 객체(Object)를 가리키면 True를 반환하고 그렇지 않으면 False를 반환한다. 다음 식은 is 문의 사용 예다.

```
>>> a = [1,2,3]
>>> b = a
>>> c = [1,2,3]
>>> a is b
True
>>> a is c
False
```

a와 b는 동일한 리스트 객체를 가리킨다. 따라서 a와 b는 동일한 객체이기 때문에 a is b는 True를 반환한다. 그러나 a와 c가 가리키는 값은 리스트 [1,2,3]으로 값이 같지만 서로 다른 객체이기 때문에 False를 반환한다.

id() 함수는 변수가 가리키는 주소 값을 반환해 준다. 다음은 id() 함수를 통해 변수가 동일한 객체를 가리키는지 확인하는 예다.

```
>>> id(a)
2300398747584
>>> id(b)
2300398747584
>>> id(b)
2300434987392
```

변수 a, b, c의 주소 값을 출력한 결과 a와 b가 가리키는 객체의 주소 값이 같고, c가 가리키는 객체의 주소 값은 다르다는 것을 확인할 수 있다.

이와 같이 서로 다른 메모리 주소 값을 가지고 있기 때문에 a is c는 False를 반환한다.

다음은 is 문을 사용하여 변수가 동일한 객체(Object)를 가리키는지 확인하는 예이다.

```
>>> print("type(100) is int : ", type(100) is int)
True
>>> print("type(100) is int : ", type(100) is not int)
False
>>> print("type('지갑') is str : ", type('지갑') is str)
True
>>> print("type('지갑') is not str : ", type('지갑') is not str)
False
```

정수 100의 타입은 int이므로, type(100) is int는 True를 반환하고, type(100) is not int는 False를 반환한다.

문자열 '지갑'의 타입은 str이므로 type('지갑') is str은 True를 반환하고, type('지갑') is not str은 False를 반환한다.

다음은 논리 연산자와 결합하여 is와 is not의 실행에 대한 결과를 보인 예다.

```
>>> print("(type(108) is int) and (type('지갑') is str)) : ", (type(108) is int) and (type('지갑') is str))
True
>>> print("(type(108) is not int) and (type('지갑') is str)) : ", (type(108) is not int) and (type('지갑') is str))
False
```

```
>>> print("(type(108) is int) and (type('지갑') is not str)) : ", (type(108) is int) and (type('지갑') is not str))
False>>> print("(type(108) is not int) and (type('지갑') is not str)) : ", (type(108) is not int) and (type('지갑') is not str))
False
>>> print("(type(108) is int) or (type('지갑') is str)) : ", (type(108) is int) or (type('지갑') is str))
True
>>> print("(type(108) is not int) or (type('지갑') is str)) : ", (type(108) is not int) or (type('지갑') is str))
True
>>> print("(type(108) is int) or (type('지갑') is not str)) : ", (type(108) is int) or (type('지갑') is not str))
True
>>> print("(type(108) is not int) or (type('지갑') is not str)) : ", (type(108) is not int) or (type('지갑') is not str))
False
```

프로그래밍에서 is와 is not을 이용하여 객체가 동일한 객체인지, 객체의 타입이 동일한지를 판단하는 경우가 많으므로 is의 사용 방법을 잘 이해하여야 한다.

4.4. if 문 활용 예

4.4.1. 홀수 짝수 확인하기

다음은 숫자를 입력받아 그 수가 짝수인지 홀수인지를 판단하여 결과를 출력하는 예다. 먼저 입력받은 숫자의 마지막 문자를 추출하여 마지막 문자가 짝수인지를 검토하는 프로그램이다.

```
number = input("정수를 입력하세요 : ")
lastCharacter = number[-1]

if lastCharacter == '0' \
    or lastDigit == '2' \
    or lastDigit == '4' \
    or lastDigit == '6' \
    or lastDigit == '8' :
    print(f"입력한 숫자 {lastCharacter}은 짝수입니다")
else:
    lastDigit == '1' \
    or lastDigit == '3' \
    or lastDigit == '5' \
    or lastDigit == '7' \
    or lastDigit == '9' :
    print(f"입력한 숫자 {lastCharacter}은 홀수입니다")
```

if 문이 너무 길어 줄의 끝에 백슬래시를 이용하여 다음 줄에 코딩을 연결하는 방법을 사용하였다. 문자열 출력을 위해 f 문자열 포맷팅을 사용하였다.

다음은 if 문을 간단히 표현한 예다.

```
strNumber = input("정수를 입력하세요 : ")
#문자를 숫자로 변환
intNumber = int(strNumber)
if (intNumber % 2) == 0 :
    print("입력한 숫자 {}은 짝수입니다".format(intNumber))
else :
    print("입력한 숫자 {}은 홀수입니다".format(intNumber))
```

입력받은 숫자의 마지막 문자를 추출하여 마지막 문자를 정수로 변환한 다음, 2로 나눈 나머지가 1이면 홀수, 0이면 짝수로 판단하였다. 문자열 출력을 위해 format() 메서드를 이용하였다. 그러나 이 경우 마지막 문자가 숫자가 아닐 경우 런타임 오류가 발생한다. 다음은 런타임 오류가 발생하지 않도록 수정한 프로그램이다.

```
strNumber = input("정수를 입력하세요 : ")
#문자를 숫자로 변환
if intNumber.isDigit() :
    intNumber = int(strNumber)
else:
    pass
if (intNumber % 2) == 0 :
    print("입력한 숫자 {}은 짝수입니다".format(intNumber))
else :
    print("입력한 숫자 {}은 홀수입니다".format(intNumber))
```

다음은 in을 이용하여 짝수를 판단하는 프로그램이다.

```
number = input("정수를 입력하세요 : ")
lastCharacter = number[-1]

if lastCharacter in "02468":
    print("입력한 숫자 {}은 짝수입니다".format(number))
elif lastCharacter in "13579":
    print("입력한 숫자 {}은 홀수입니다".format(number))
else:
    pass
```

4.4.2. 큰 수 가려내기

다음은 두 수를 입력 받아 큰 수를 출력하는 프로그램이다.

```
firstNumber = int(input("첫번째 숫자를 입력하세요 : "))
secondNumber = int(input("두번째 숫자를 입력하세요 : "))
if firstNumber >= secondNumber :
    print("첫번째 입력한 숫자 {}가 두번째 입력한 숫자 {} 보다 큽니다".format(first-
Number, secondNumber))
else :
    print("두번째 입력한 숫자 {}가 첫번째 입력한 숫자 {} 보다 큽니다
".format(secondNumber, firstNumber))
```

이 경우에도 정수로 바꾸기 위한 int()로 인해 숫자가 아닌 문자열을 입력하거나 실수를 입력할 경우 런타임 오류가 발생한다. 해결 방법을 고려해 보자.

4.4.3. 시간에 따라 인사하기

웹사이트를 방문할 경우 로그인하게 되면 시스템이 시간에 따라 다르게 인사하는 것을 경험했을 것이다. 다음은 시간에 따라 다르게 인사하는 프로그램이다.

시간을 얻기 위해 datetime을 import해 주어야 한다.

```
import datetime
now =datetime.datetime.now()
intHour=now.hour
if intHour < 5:
    print("게임 그만합시다.")
elif intHour < 8:
    print("학교갑시다.")
elif intHour < 8:
    print("학교갑시다.")
elif intHour < 12:
    print("좋은 아침~~~~")
elif intHour < 17:
    print("행복한 오후~~~~")
elif intHour < 20:
    print("집에 갑시다.")
elif intHour < 23:
    print("이제 잡시다.")
else:
    print("그만 잡시다.")
```

다음은 위 프로그램의 조건식을 명확히 하기 위하여 수정한 프로그램이다.

```
import datetime
now =datetime.datetime.now()
intHour=now.hour
if 0 <= intHour < 5:
    print("게임 그만합시다.")
elif 5 <= intHour < 8:
    print("학교갑시다.")
elif 5 <= intHour < 8:
    print("학교갑시다.")
elif 8 <= intHour < 12:
    print("좋은 아침~~~~")
elif 12 <= intHour < 17:
    print("행복한 오후~~~~")
```

```
elif 17 <= intHour < 20:
    print("집에 갑시다.")
elif 20 <= intHour < 23:
    print("이제 잡시다.")
else:
    print("그만 잡시다.")
```

4.5. 반복문 while

프로그램은 대부분 반복문을 이용하여 실행된다. 이것을 프로그램의 구역성(locality)이라고 하는데 운영체제 등 컴퓨터의 다양한 분야에서 이러한 프로그램의 구역성을 이용하여 컴퓨터의 성능을 개선하였다. 그러한 의미에서 반복문 while은 프로그래밍에서 매우 중요한 위치를 차지한다.

4.5.1. while 문의 기본 구조

다음은 while 문의 기본 구조이다.

```
while <조건식>:
    <수행할 문장1>
    <수행할 문장2>
    <수행할 문장3>
    ...
```

반복문 while은 while 다음에 조건식을 써주고 끝에 콜론(:)을 붙여서 사용한다. 그 다음 줄부터는 while 문의 조건이 참인 경우에 반복 실행시키고자 하는 코드 블록(code block)을 들여쓰기 해 주면 된다.

다음은 반복문 while을 이용하여 1부터 100까지 더하는 프로그램이다.

```
sum=0
i = 1
while i <= 100:
    sum+=i
    i += 1
print(f'1부터 100까지의 합은 {sum}입니다.')
```

반복문 while에 진입하기 전에 i=1과 같이 조건식에서 사용하는 레퍼런스의 초기식을 써 주고, i<=100과 같이 조건식을 써 주어 I 값이 100보다 작거나 같은 동안 반복할 수 있도록 해 주었다. 그리고 다음 줄에 들여쓰기를 하여 sum+=i과 같이 I 값을 sum에 누적하면서 반복할 코드를 코딩하고 반복할 코드가 여러 줄일 경우 여러 줄을 코딩하면 된다. 반복할 코드의 마지막 줄에는 i+=1과 같이 조건식에 있는 변수 I 값을 변화시키는 식을 쓰면 된다. 특히, 반복할 코드의 마지막 줄에 변화식을 코딩함으로써 반복식이 무한루프에 빠지는 것을 검토하여야 한다.

while 문은 조건식이 True인 동안에 while 문 아래의 문장들을 반복해서 수행하기 때문에 while 문을 사용할 경우 다음의 코딩 스타일을 따르는 것이 좋다.

```
초기식
while 조건식:
    반복할 코드
    변화식
```

즉, while 문에 진입하기 전에 조건식에 있는 변수의 값을 초기화 해주고, while 문의 반복할 코드 마지막 줄에도 조건식에 있는 변수의 값을 변화시켜 준다. 물론 반복할 코드에서 필요한 변수가 있다면 while 문에 진입하기 전에 초기화해 주는 것이 필요하다.

다음은 1부터 100까지 홀수만 더하는 프로그램이다.

```
sum=0
i = 1
while i <= 100:
    sum+=i
    i += 2
print(f'1부터 100까지의 홀수 합은 {sum}입니다.')
```

이 경우에도 while 문에 진입하기 전에 조건식에 있는 변수 i의 값을 1로 초기화해 주고, while 문의 반복할 코드 마지막 줄에도 조건식에 있는 변수 i의 값을 2씩 증가시켜 주었다. 물론 반복할 코드에서 사용하는 변수 sum 역시 while 문에 진입하기 전에 0으로 초기화해 주었다.

다음은 1부터 100까지 3의 배수만 더하는 프로그램이다.

```
sum=0
i = 1
while i <= 100:
    if i % 3 ==0:
        sum+=i
    i += 1
print(f'1부터 100까지의 3의 배수의 합은 {sum}입니다.')
```

3의 배수를 구하기 위해 숫자를 3으로 나누었을 때 나머지가 0이면 3의 배수로 판단한다.

다음은 1부터 100까지 3의 배수이면서 7의 배수가 아닌 수를 더하는 프로그램이다.

```
i = 1
sum=0
while i <= 100:
    if i % 3 ==0:
        if i%7 != 0:
            sum+=i
    i += 1
print(f'1부터 100까지의 3의 배수이면서 7의 배수가 아닌 수의 합은 {sum}입니다.')
```

3의 배수를 구하기 위해 숫자를 3으로 나누었을 때 나머지가 0이면 3의 배수로 판단하고, 7의 배수가 아닌 것 역시 숫자를 7로 나누었을 때 나머지가 0이 아니면 7의 배수가 아닌 것으로 판단한다. 이 경우 if 문의 else 짝을 pass를 이용하여 맞추어 주거나 if 문을 2번 사용하는 것 보다 and나 or를 사용하여 1번만 사용하는 것이 더 나을 수 있다.

다음은 1부터 100까지 3의 배수이면서 7의 배수인 수까지만 더하는 프로그램으로 3의 배수이면서 7의 배수인 경우 반복문을 빠져 나가기 위해 break 문을 사용한 예다.

```
i = 1
sum=0
while i <= 100:
    if i % 3 ==0:
        if i%7 == 0:
            sum+=i
            break
        else:
            sum+=i
    i += 1
print(f'1부터 100까지의 3의 배수이면서 7의 배수인 수까지의 합은 {sum}입니다.')
```

break 문을 사용하여 반복문을 빠져 나가는 것 보다는 while 문의 조건식을 잘 이용하여 break 문을 사용하지 않으면 더 좋을 수 있으나, 프로그래머가 항상 염두에 두어야 할 것은 코딩 스타일도 중요하지만 프로그램의 가독성이 더 중요할 수 있으므로 어느 것이 더 이해하기 쉬운지 생각하여야 한다.

4.5.2. 무한 루프(infinite loop)

반복문 while의 조건식에서는 ==나 != 연산자는 되도록 사용하지 않는 것이 좋다.

예를 들어 1부터 100까지 홀수만 더하는 프로그램을 다음과 같이 코딩했을 경우를 고려해보자.

```
i = 1
sum=0
while i != 100:
        sum+=i
        i += 2
print(f'1부터 100까지의 홀수 합은 {sum}입니다.')
```

i의 값은 홀수로 변하기 때문에 99 다음에 101로 변하기 때문에 100인 경우가 발생하지 않아 영원히 반복문을 빠져나오지 못하고 무한루프에 빠지게 된다. 따라서 while의 조건식은 i <= 100:와 같이 코딩하여야 한다. 특히 실수의 경우 0.1 + 0.2가 0.3이 아니고, 0.1을 1000번 더해도 100이 아니라 99.9999999999986인 것을 실수를 다룰 때 살펴보았다. 따라서 while의 조건식은 같지 않을(!=) 동안 수행하는 경우를 피해서 코딩하여야 한다.

다음은 무한루프를 도는 프로그램의 예다.

```
i=0
sum=0.0
while sum != 100:
        sum+=0.1
        i+=1
        print(f'{i}')
print(f'1부터 100까지의 홀수 합은 {sum}입니다.')
```

I 값이 100을 넘어도 반복하는 것을 알 수 있다. sum의 값이 100이 될 수 없으므로 이 프로그램은 무한 루프를 수행한다.

무한 루프란 무한히 반복한다는 의미로 프로그램에서 일부러 무한 루프 개념을 사용하는 경우도 있다.

다음은 무한 루프의 기본 형태이다.

```
while True:
    수행할 문장1
    수행할 문장2
    ...
```

while 문의 조건식이 True이므로 항상 참이기 때문에 while 문 안에 있는 문장들은 무한히 수행될 것이다.

```
>>> while True:
...     print("Ctrl+C를 누르지 않으면 프로그램이 끝나지 않아요!!!")
Ctrl+C를 누르지 않으면 프로그램이 끝나지 않아요!!!
Ctrl+C를 누르지 않으면 프로그램이 끝나지 않아요!!!
Ctrl+C를 누르지 않으면 프로그램이 끝나지 않아요!!!
Ctrl+C를 누르지 않으면 프로그램이 끝나지 않아요!!!
Ctrl+C를 누르지 않으면 프로그램이 끝나지 않아요!!!
```

이 프로그램은 무한정 반복되므로 [Ctrl + C]를 눌러야 무한루프에서 빠져나올 수 있다. 이렇게 while 반복문의 조건을 True로 해놓으면 프로그램이 반복문을 무한히 반복한다. 서버에서 멈추지 않고 24시간 계속해서 돌아가야 하는 프로그램이라면 이렇게 의도적으로 무한루프를 사용할 수 있다. 그러나 프로그래머의 실수에 의해 프로그램이 무한히 반복하여 끝나지 않는다면 이 프로그램으로 인해 다른 프로그램이 심각한 피해를 입을 수 있다. 프로그래머는 자신의 프로그램이 무한루프에 빠지지 않도록 코딩하여야 하며, while True 문은 신중히 고려해 사용하여야 한다.

4.5.3. while else 문

파이썬에서는 while 반복문에 else 문을 사용할 수도 있는데, 조건식이 만족하지 않을 때 사용하거나 while 반복문이 끝날 때 수행하여야 할 문장이 있을 경우에 사용한다.

다음은 while 반복문에 else 문을 사용한 예이다.

```
count=1
while count <= 3:
    print(f'{count}. 저를 도와 천하를 도모해 주시겠어요?')
    count = count + 1
else:
    print(f'{count}. 저를 귀찮게 하는 것이 한두번이 아니네요~  세번씩이나...')
1. 저를 도와 천하를 도모해 주시겠어요?
2. 저를 도와 천하를 도모해 주시겠어요?
3. 저를 도와 천하를 도모해 주시겠어요?
4. 저를 귀찮게 하는 것이 한두 번이 아니네요~  세 번씩이나...
```

print(f'{count}. 저를 도와 천하를 도모해 주시겠어요?') 문을 3번 반복하고 반복문이 끝나면 print(f'{count}. 저를 귀찮게 하는 것이 한두 번이 아니네요~ 세번씩이나...') 문을 실행하는 것을 확인할 수 있다. 이 경우 while 반복문을 빠져 나올 때 count의 값이 4인 것을 확인할 수 있다.

4.5.4. while 예제 프로그램

다음은 가위바위보 게임에서, 사용자에게 가위바위보를 입력받는 프로그램이다. 이러한 메뉴 프로그램에서는 while 문의 조건식에 종료를 입력할 때까지 즉, 같지 않을 때까지를 뜻하는 부등호(!=)를 사용하였다. 이렇게 가독성이 좋아지고 무한루프의 위험이 없다면 while 문의 조건식에 부등호(!=)를 사용할 수 있다.

```
userInput = input('1. 가위 2. 바위 3. 보 4. 종료 :')
while userInput!='4':
    if userInput=='1':
        print('가위를 냈습니다.')
    elif userInput=='2':
        print('바위를 냈습니다.')
    elif userInput=='3':
        print('보를 냈습니다.')
    else:
        print('잘못 냈네요~~~')
    userInput = input('1. 가위 2. 바위 3. 보 4. 종료 :')
print('게임이 끝났습니다. 안녕히 가세요~~')
```

다음 프로그램은 두 수를 입력받아 사칙 연산을 수행하는 프로그램의 예이다.

```
userInput = input("1. 더하기 2. 빼 기 3. 곱하기 4. 나누기 5. 종료")
while userInput!='5':
    op1=float(input("₩t₩t첫번째 연산자를 입력하세요 :"))
    op2=float(input("₩t₩t두번째 연산자를 입력하세요 :"))
    if userInput=='1':
        print(f'{op1} + {op2} = {op1 + op2}')
    elif userInput=='2':
        print(f'{op1} - {op2} = {op1 - op2}')
    elif userInput=='3':
        print(f'{op1} * {op2} = {op1 * op2}')
    elif userInput=='4':
        print(f'{op1} / {op2} = {op1 / op2}')
    else:
        print('잘못 냈네요~~~')
    userInput = input("1. 더하기 2. 빼 기 3. 곱하기 4. 나누기 5. 종료")
print('계산을 많이 해서 머리가 아파요~ 안녕히 가십시오~~')
```

이 프로그램의 경우 사용자가 입력한 값이 숫자가 아닐 경우 오류가 발생한다는 점이다. 또한, 정수끼리의 연산 결과도 실수 값으로 출력되는 것이다. 두 경우의 오류를 해결해 보라.

4.5.5. break 문

앞에서 살펴 본 바와 같이 break 문을 이용하면 while 문을 강제로 빠져나갈 수 있다. while 문은 조건식이 참인 동안 계속해서 while 문 안의 코드블록을 반복적으로 수행하는데 이러한 반복을 강제로 멈추게 하는 것이 break 문이다.

다음은 while 문에서 break 문을 이용해 빠져나오는 것을 보이는 프로그램의 예다.

```
userInput = input('1. 가위 2. 바위 3. 보 4. 종료 :')
while True:
    if userInput=='1':
        print('가위를 냈습니다.')
    elif userInput=='2':
        print('바위를 냈습니다.')
    elif userInput=='3':
        print('보를 냈습니다.')
    elif userInput=='4':
        break
    else:
        print('잘못 냈네요~~~')
    userInput = input('1. 가위 2. 바위 3. 보 4. 종료 :')
print('게임이 끝났습니다.안녕히 가세요~~')
```

while True 문을 통해 프로그램이 의도적으로 무한루프를 돌게 한 다음, 종료인 4를 입력했을 때 break 문을 이용해 while 문을 빠져나오는 것을 확인할 수 있다.

4.5.6. continue 문

break 문이 while 문을 강제로 빠져나가는데 비해, continue 문은 while 문의 맨 처음으로 돌아간다.

즉, break 문은 while 문 안의 문장을 수행하다가 어떤 조건이 충족되면 while 문을 빠져나가는데 반해, continue 문은 while 문을 빠져나가지 않고 while 문의 맨 처음 조건식으로 돌아가 조건식을 다시 체크한다.

다음은 continue 문을 사용하여 1부터 100까지 3의 배수를 제외한 수를 더하는 프로그램이다.

```
i = 1
sum=0
while i < 100:
    i += 1
    if i % 3 == 0: continue
    sum+=i
print(f'1부터 100까지의 3의 배수를 제외한 수를 더한 합은 {sum}입니다.')
```

위 프로그램은 3의 배수일 경우 if 문에서 continue 문을 수행하므로, while 문의 맨 처음 조건식 i < 100 으로 돌아가게 하는 문장이다. 따라서 3의 배수일 경우 continue 문을 수행하므로 더하기를 수행하지 않는다.

주의할 점은 이 프로그램은 조건식 i < 100에 다음 코드블럭의 시작 지점에 i의 변화식 i += 1가 있기 때문에 변화를 수행하고 난 다음 바로 조건식을 체크하지 않게 된다. 따라서 조건식이 i <= 100이 아니라 i < 100이 되어야 100까지 더할 수 있기 때문에 100까지 더하라는 의미가 변질되어 프로그램을 이해하기 어렵게 한다. 변화식이 반복되는 코드블럭의 끝에 있지 않고 앞에 있을 경우 프로그램을 어렵게 하므로 주의해야 한다. 프로그램을 실행하다가 while 문의 맨 처음 조건식으로 다시 돌아가야 하는 경우에도 프로그램을 어렵게 만들므로 반드시 사용하여야 하는 특별한 경우에만 continue 문을 사용하는 것이 좋다.

리스트와 딕셔너리

CHAPTER 05

5.1. 리스트(list)

5.1.1. 리스트의 데이터 표현

리스트(List)는 순서가 있는 수정 가능한 객체의 집합으로, 가변적(mutable)이기 때문에 리스트에 삽입, 수정, 삭제하는 것이 가능한 객체이다. 리스트는 대괄호([])로 표현하며, 내부 원소는 컴마(,)로 구분한다.

다음은 리스트를 표현한 코드의 예다.

```
list1=[1,2,3,4,5]
list2=['H','e','l','l','o']
list3=['홍길동', 'Python', 95, 4.5, True]
```

리스트는 list1과 list2처럼 동일한 타입의 자료형을 요소로 가질 수 있을 뿐 아니라 list3과 같이 여러 가지 타입의 데이터를 리스트에 요소로 포함할 수 있다. 다음은 변수 l이 리스트 객체 ['홍길동', 'Python', 95, 4.5, True]를 가리키도록 선언했을 때, 메모리 구조를 그림으로 표현한 것이다.

```
l=['홍길동','Python', 95, 4.5, True]
```

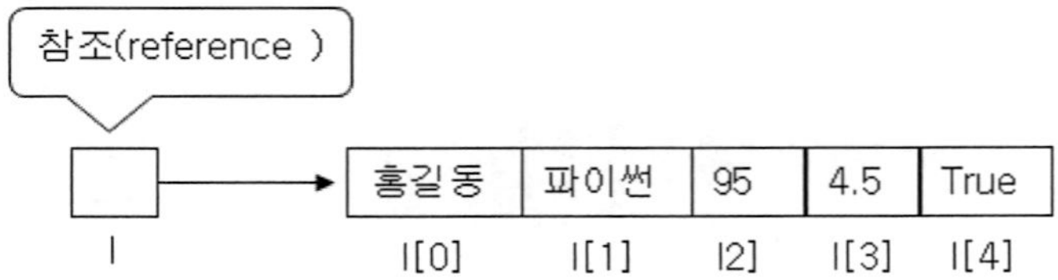

리스트 객체가 힙메모리에 있고 l이란 이름의 변수가 리스트 ['홍길동', 'Python', 95, 4.5, True] 객체를 가리킨다. l의 타입을 출력해 보면 다음과 같이 클래스 리스트가 출력된다.

```
>>> type(l)
<class 'list'>
```

5.1.2. 리스트 객체 만들기

리스트 객체를 생성하는 방법은 대괄호로 양쪽을 둘러싸서 변수에 할당하거나 list()로 객체를 생성해 주면 된다. 다음 변수 list1과 list2가 생성된 list 객체를 가리키는 예다. 이때 생성된 리스트 객체는 빈 리스트이다.

```
list1=[ ]
list2=list( )
```

(1) 리스트 연결하기

리스트를 연결하기 위하여 더하기 연산자를 사용한다. 다음은 두 리스트를 더하여 리스트를 연결한 프로그램의 예이다.

```
list1=[1,2,3]
list2=[4,5,6]
list3=list1+list2
print(list3)
```

```
[1, 2, 3, 4, 5, 6]
```

```
list1=['홍길동','Python', 95, 4.5, True]
list2=['박디비','Java', 90, 4.0, True]
list3=list1+list2
print(list3)
```

```
['홍길동', 'Python', 95, 4.5, True, '박디비', 'Java', 90, 4.0, True]
```

위 예는 list1과 list2를 더하기 연산자를 통해 연결하여 list3를 생성한다. 다음은 list3에 += 를 이용해 리스트를 연결한 예이다.

```
list3=[1, 2, 3, 4, 5]
list3+=[7, 8]
print(list3)
```

```
[1, 2, 3, 4, 5, 7, 8]
```

파이썬은 다른 언어에서와 달리 문자열을 곱할 수 있다. 다음 예는 리스트에 3을 곱하여 리스트를 연결한 예이다.

```
list1=[1,2,3,4,5]
print(list1*3)
```

```
[1, 2, 3, 4, 5, 1, 2, 3, 4, 5, 1, 2, 3, 4, 5]
```

(2) 리스트의 색인과 슬라이싱

파이썬에서는 리스트도 문자열처럼 제로 인덱스를 사용한다. 다음 그림은 리스트 ['H','e','l','l','o']의 색인을 보여 준다.

```
l=['H','e','l','l','o']
```

문자열	H	e	l	l	o
색인	[0]	[1]	[2]	[3]	[4]

즉, list는 0부터 시작하는 인덱스로 접근할 수 있으며, 리스트 안의 요소는 l[0], l[1], l[2], l[3], l[4]로 차례차례 가리키면 된다.

```
print(len(l))
```

```
5
```

```
print(l[0])
```

```
H
```

len() 함수를 이용해 리스트 길이를 출력하면 5가 출력되며, l[0])은 첫 번째 요소인 H를 가리키지만 l[5]는 0부터 4까지의 색인 범위를 벗어나기 때문에 IndexError가 발생한다.

```
print(l[5])
```

```
Traceback (most recent call last):
  File "<stdin>", line 1, in <module>
IndexError: list index out of range
```

다음은 리스트의 요소를 색인을 이용하여 출력한 예이다.

```
>>> hello=['H','e','l','l','o']
>>> print(hello[1])
e
>>> print(hello[2])
l
>>> print(hello[-1])
o
>>> print(hello[-0])
H
>>> print(hello[-len(hello)])
H
```

문자열에서와 같이 리스트도 뒤에서부터 색인하기 위하여 음수를 사용한다. -1은 리스트의 가장 뒤 요소를 색인하며, -0은 0이기 때문에 리스트의 첫 번째 요소인 색인 0인 H를 가리킨다. -len(hello) 색인은 len(hello)의 값이 5이므로 -5가 되어 색인 0인 H를 가리킨다.

리스트에서의 슬라이싱은 문자열 슬라이싱과 유사하다. 사용법은 다음과 같다.

```
리스트변수[시작인덱스:종료인덱스:스텝(step)]
```

주의할 점은 종료인덱스의 요소는 포함되지 않고 종료인덱스의 바로 앞 요소까지만 포함된다는 것이다. 시작인덱스, 종료인덱스, step은 모두 쓰지 않으면 생략된다. 즉, 문자열에서와 같이 list1[2:4]는 2부터 4 이전 까지의 리스트를 잘라내라는 의미로 끝번호인 4에 해당하는 색인의 요소는 포함하지 않는다.

```
list1=[1,2,3,4,5]
print(list1[2:4])
```

```
[3, 4]
```

리스트의 색인 2부터 4 이전까지의 리스트를 잘라내므로 색인 4는 포함하지 않고 리스트 [3, 4]를 반환한다.

```
>>> print(list1[2:])
[3, 4, 5]
```

리스트의 끝 번호를 생략하였기 때문에 리스트 2부터 리스트의 끝까지 잘라내므로 리스트 [3, 4, 5]를 반환한다.

```
>>> print(list1[:4])
[1, 2, 3, 4]
```

시작 번호를 생략하였기 때문에 리스트의 처음부터 색인 3까지인 리스트 [1, 2, 3, 4]를 반환한다.

```
>>> print(list1[:])
[1, 2, 3, 4, 5]
```

시작 번호를 생략하고 끝 번호 역시 생략하였기 때문에 리스트의 처음부터 끝까지 잘라내므로 리스트 [1, 2, 3, 4, 5]를 반환한다.

음수 인덱싱도 슬라이싱에 사용할 수 있다. 다음은 음수 인덱싱을 사용한 예이다.

```
>>> print(list1[1:-1])
[2, 3, 4]
```

리스트의 색인 1부터 -1이전까지의 리스트를 잘라내므로 리스트 [2, 3, 4]를 반환한다.

```
>>> print(list1[::2])
[1, 3, 5]
```

시작 번호를 생략하고 끝 번호 역시 생략하였기 때문에 리스트의 처음부터 끝까지 잘라낸다. 리스트 [1, 2, 3, 4, 5]를 반환하는데 스텝이 2이므로 2씩 건너뛰어 [1, 3, 5]를 반환한다.

다음은 등호와 is를 사용하여 리스트를 비교한 예이다.

```
>>> list1=['홍길동','Python', 95, 4.5, True]
>>> list2=list1[:3] + list1[3:]
>>> print(list1 == list2)
True
>>> print(list1 is list2)
False
```

list1[:3]은 ['홍길동','Python', 95]이고 list1[3:]은 [4.5, True]이므로 두 리스트를 더하면 ['홍길동','Python', 95, 4.5, True]가 되므로, list1과 list2의 값이 ['홍길동', 'Python', 95, 4.5, True]로 같기 때문에 list1 ==list2는 True를 반환한다. 그러나 list1과 list2의 값은 같지만 서로 다른 객체를 가리키기 때문에 list1 is list2는 False를 반환한다. id() 함수를 이용하여 주소를 출력해 보면 list1과 list2가 다른 객체를 가리킨다는 것을 알 수 있다.

5.1.3. 리스트의 메서드

(1) count() 메서드

count() 메서드는 ()안의 매개변수에 있는 문자가 리스트 안에 몇 개 있는지를 세어 수를 반환하는 메서드이다.

```
>>> list1 = [1, 2, 2, 3, 3, 3]
>>> list1.count(2)
2
>>> list1.count(3)
3
```

list1에 2는 2개 있으므로 2를, 3은 3개 있으므로 3을 반환한다.

다음은 여러 가지 다른 타입의 데이터에서 요소의 수를 세는 예이다.

```
>>> list1=['홍길동','Python', 95, 4.5, True]
>>> print(list1.count(80))
0
>>> print(list1.count(true))
0
>>> print(list1.count(95))
1
>>> print(list1.count(True))
1
```

list1이 가리키는 객체에 80과 true는 없으므로 0을 반환하고, 95와 True는 하나씩 있기 때문에 1을 반환한다.

다음은 문자열을 리스트로 바꾸기 위해 list() 함수의 매개변수로 문자열을 넣은 예이다.

```
question='I am happy!'
list1=list(question)
print(list1)
```

```
['I', ' ', 'a', 'm', ' ', 'h', 'a', 'p', 'p', 'y', '!']
```

list1을 출력해 보면 question 문자열이 리스트로 변경되는 것을 확인할 수 있다. 이렇게 문자열을 리스트로 바꾸기 위해 list()의 매개변수 안에 문자열을 집어넣으면 문자열의 한 문자 씩을 요소로 갖는 리스트 객체가 만들어진다.

다음은 이렇게 만들어진 리스트 객체에 대한 count() 메서드를 이용하여 매칭되는 문자수를 반환하는 예이다.

```
>>> print(list1.count(' '))
2
>>> print(list1.count('a'))
2
>>> print(list1.count('?'))
0
```

list1에 빈 공백 ' '과 'a' 는 2개가 있으므로 2를 반환하고, '?' 는 하나도 없으므로 0을 반환한다.

(2) index() 메서드

index() 메서드는 ()안의 매개변수에 있는 문자가 리스트에서 처음으로 나온 위치를 반환한다. find() 메서드와 달리 찾는 문자나 문자열이 존재하지 않으면 오류가 발생한다.

```
list1 = ['I', ' ', 'a', 'm', ' ', 'h', 'a', 'p', 'p', 'y', '!']
print(list1.index('a'))
```

```
2
```

list1에 'a' 가 세 번째 있으므로 인덱스 2를 반환한다.

```
print(list1.index('?'))
Traceback (most recent call last):
File "<stdin>", line 1, in <module>
    print(str.index('b'))
```

```
ValueError: substring not found
```

list1에서 '?' 요소는 없으므로 ValueError 오류가 발생한다.

(3) find() 메서드

find() 메서드는 역시 ()안의 매개변수에 있는 문자가 리스트에서 처음으로 나온 위치를 반환한다. index() 메서드와 달리 찾는 문자나 문자열이 존재하지 않으면 -1을 반환한다.

```
list1 = ['I', ' ', 'a', 'm', ' ', 'h', 'a', 'p', 'p', 'y', '!']
print(list1.find('a'))
```

```
2
```

list1에 'a' 가 세 번째 있으므로 2를 반환한다.

```
print(list1.find('?'))
```

```
-1
```

list1에서 '?' 요소가 없으므로 -1을 반환한다.

(4) split() 메서드

split() 메서드는 ()안의 매개변수에 있는 문자를 이용하여 문자열을 자른다. ()안의 매개변수가 없으면 공백으로 문자열을 자르고 매개변수가 있으면 해당 문자열을 구분자로 리스트를 생성한다.

```
question='I am happy! Are you happy?'
list1=question.split()
print(list1)1
```

```
['I', 'am', 'happy!', 'Are', 'you', 'happy?']
```

split() 메서드에서 ()안의 매개변수에 문자열이 없으므로 공백으로 문자열을 나누어 리스트 ['I', 'am', 'happy!', 'Are', 'you', 'happy?']를 반환한다.

(5) append() 메서드

append() 메서드는 ()안의 매개변수를 리스트에 원소를 추가한다. 즉, append() 메서드는 리스트에 ()안의 매개변수를 리스트의 요소에 추가하는 메서드이다. 즉, 리스트에 요소를 추가하려면 다음과 같이 append() 메서드를 이용하면 된다.

```
list1=[1,2,3]
list1.append(4)
```

```
[1,2,3,4]
```

list1에 append() 메서드를 이용하여 요소 4를 추가하여 리스트 [1,2,3,4]를 반환한다.

곱하기(*) 연산자를 사용하면 다음과 같이 리스트를 반복시킬 수 있다.

```
list1=[[1,2,3]*3]
print(list1)
```

```
[[1, 2, 3], [1, 2, 3], [1, 2, 3]]
```

리스트 [1,2,3]에 3을 곱하면 리스트 [[1, 2, 3], [1, 2, 3], [1, 2, 3]]을 반환한다.

여기서 list1[0]에 4를 추가하면 곱하기를 통하여 생성된 리스트이므로 다음과 같이 [[1, 2, 3, 4], [1, 2, 3, 4], [1, 2, 3, 4]]를 반환한다.

```
list1[0].append(4)
print(list1)
```

```
[[1, 2, 3, 4], [1, 2, 3, 4], [1, 2, 3, 4]]
```

(6) insert() 메서드

insert() 메서드는 ()안의 매개변수의 요소를 지정된 색인에 삽입한다. 즉, 매개변수의 요소를 리스트의 정해진 위치에 추가한다. 예를 들어 insert(index, item)는 리스트의 index 위치에 item 요소를 추가한다.

```
list1=[1,2,3,4,5]
list1.insert(1,0)
print(list1)
```

```
[1, 0, 2, 3, 4, 5]
```

list1의 인덱스 1 위치에 0을 추가한 리스트 [1, 0, 2, 3, 4, 5]를 반환한다.

(7) extend() 메서드

extend() 메서드는 ()안의 매개변수를 리스트에 추가하는 메서드이다.

```
list1=[1,2,3,4,5]
list1.extend([8,9])
```

```
[1, 2, 3, 4, 5, 8, 9]
```

list1에 리스트 [8,9]를 추가한 리스트 [1, 2, 3, 4, 5, 8, 9]를 반환한다.

(8) remove() 메서드

remove() 메서드는 ()안의 매개변수를 리스트에서 삭제한다. ()안의 매개변수가 없으면 ValueError가 발생한다.

```
list1 = [1, 2, 3, 4, 5]
list1.remove(3)
print(list1)
```

```
[1, 2, 4, 5]
```

리스트 list1에서 요소 3을 제거한 리스트 [1, 2, 4, 5]를 반환한다.

```
list1.remove(8)
```

```
Traceback (most recent call last):
  File "<stdin>", line 1, in <module>
ValueError: list.remove(x): x not in list
```

리스트 list1에 8이 없으므로 ValueError가 발생한다.

(9) copy() 메서드

리스트는 copy() 메서드를 이용하거나 list() 함수를 이용하여 복사할 수 있다.

다음은 리스트를 복사한 예이다.

```
>>> list1=['홍길동','Python', 95, 4.5, True]
>>> print(list1)
['홍길동', 'Python', 95, 4.5, True]
>>> list2=list1.copy()
>>> print(list2)
['홍길동', 'Python', 95, 4.5, True]
```

```
>>> list1=['홍길동','Python', 95, 4.5, True]
>>> list3=list(list1)
>>> print(list3)
['홍길동', 'Python', 95, 4.5, True]
```

list2는 copy() 메서드를 이용해 list1을 복사한 경우이고 list3은 list(list1)를 이용해 list1을 복사한 경우이다. print() 함수를 이용하여 출력하면 list1, list2, list3 모두 다 리스트 ['홍길동', 'Python', 95, 4.5, True]를 출력하는 것을 확인 할 수 있다.

다음은 id() 함수를 이용하여 list1, list2, list3의 주소를 출력하는 코드이다.

```
>>> print(id(list1))
1730512763528
>>> print(id(list2))
1730535854600
>>> print(id(list3))
1730535859976
```

출력 결과 list1, list2, list3의 값은 모두 같지만, list1, list2, list3의 주소 값이 모두 다른 것을 확인할 수 있다. 즉, list1, list2, list3이 모두 다른 객체를 가리키고 있다는 것을 확인할 수 있다.

5.1.4. 리스트 다루기

(1) del 키워드

del 키워드는 list의 요소를 삭제한다. 다음은 list의 원소를 삭제하는 예이다.

```
list1=[1,2,3,4,5]
del list1[1]
print(list1)
```

```
[1, 3, 4, 5]
```

del list1[1]을 통하여 list1의 색인 1의 2가 삭제되어 리스트 [1, 3, 4, 5]가 반환되는 것을 확인할 수 있다.

```
list1=[1,2,3,4,5]
del list1[2:4]
print(list1)
```

```
[1, 2, 5]
```

del list1[2:4]를 통하여 list1의 색인 2부터 색인 4 이전인 색인 3까지의 리스트 요소가 삭제되어 리스트 [1, 2, 5]가 반환되는 것을 확인할 수 있다.

```
list1=[1, 2, 3, 4, 5]
del list1[:3]
print(list1)
```

```
[4, 5]
```

del list1[:3]을 통하여 list1의 색인 0 처음부터 색인 3 이전인 색인 2까지의 리스트 요소가 삭제되어 리스트 [4, 5]가 반환되는 것을 확인할 수 있다.

del 키워드와 리스트의 index() 메소드를 혼합하여 사용하면 remove() 효과를 낼 수 있다. 다음 예는 del 키워드와 리스트의 index() 메소드를 혼합 사용한 예이다.

```
list1 = [1, 2, 3, 4, 5]
del list1[list1.index(2)]
print(list1)
```

```
[1, 3, 4, 5]
```

list1.index(2)는 2가 리스트의 두 번째에 있어 1을 반환하므로, list1의 색인 1인 2를 삭제한 리스트 [1, 3, 4, 5]가 반환되는 것을 확인할 수 있다.

(2) in과 not in

in은 포함하면 True, 포함하지 않으면 False를 반환하고, not in은 포함하지 않으면 True, 포함하면 False를 반환한다.

```
>>> list1=[1,2,3,4,5]
>>> print(2 in list1)
True
>>> print(6 in list1)
False
>>> print(6 not in list1)
True
```

2는 리스트 list1에 있으므로 True를 반환하고, 6은 list1에 없기 때문에 False 반환하며, 6 not in list1 False의 not인 True를 반환한다.

(3) max(), min(), sum()

함수를 이용하여 최대값, 최소값, 합계를 구할 수 있다. 다음은 max(), min(), sum()을 이용하여 최대값, 최소값, 합계를 구한 예다.

```
>>> list1=[1,2,3,4,5]
>>> print(min(list1))
1
>>> print(max(list1))
5
>>> print(sum(list1))
15
```

list1에서 가장 작은 값인 1, 가장 큰 값인 5, 모든 요소의 합계인 15를 반환한다.

5.1.5. 리스트와 반복문 for

(1) range() 함수

range() 함수는 ()안의 매개변수를 이용하여 숫자를 생성한다. range() 함수를 리스트로 변환하면 range() 함수의 결과를 바로 확인할 수 있다.

매개변수가 하나인 range() 함수의 구문은 다음과 같다.

```
range(생성 숫자)
```

다음은 생성 숫자를 10으로 한 예다.

```
list1=list(range(10))
print(list1)
```

```
[0, 1, 2, 3, 4, 5, 6, 7, 8, 9]
```

range(10)은 0부터 9까지 10개의 숫자를 생성한다. 이 때 주의할 점은 마지막 숫자 10은 포함되지 않는다는 것이다. 즉 0, 1, 2, 3, 4, 5, 6, 7, 8, 9의 숫자를 생성한다.

매개변수가 2개인 range() 함수의 구문은 다음과 같다.

```
range(시작 숫자, 마지막 숫자 + 1)
```

다음은 1부터 9까지의 숫자를 생성한 예이다.

```
list1=list(range(1,10))
print(list1)
```

```
[1, 2, 3, 4, 5, 6, 7, 8, 9]
```

range(1, 10)은 1부터 9까지의 수 1, 2, 3, 4, 5, 6, 7, 8, 9를 생성한다.

매개변수가 3개인 range() 함수의 구문은 다음과 같다.

```
range(시작 숫자, 마지막 다음 숫자, 증가치)
```

다음은 1부터 9까지의 숫자를 2씩 증가하며 생성한 예이다.

```
list1=list(range(1,10, 2))
print(list1)
```

```
[1, 3, 5, 7, 9]
```

마지막 매개변수 스텝(step)은 증가치로 증가할 숫자의 간격을 나타낸다. 다음은 스텝을 음수로 지정한 예다.

```
list1=list(range(10, 0, -2))
print(list1)
```

```
10, 8, 6, 4, 2
```

마지막 숫자 이전까지 숫자를 생성하기 때문에 0은 생성하지 않는 것을 확인할 수 있다.

(2) 반복문 for

range() 함수의 결과는 반복 가능(iterable)하기 때문에 for문과 함께 사용하는 경우가 많다.

다음은 range() 함수를 이용해 생성한 숫자를 for 문을 리스트에 추가한 프로그램의 예이다.

```
list1=[]
for i in range(0,10,2):
    list1.append(i)
print(list1)
```

```
[0, 2, 4, 6, 8]
```

range(0,10,2)을 이용해 0부터 10 이전까지 2씩 증가하면서 숫자를 생성해 list1에 추가한 결과 [0, 2, 4, 6, 8]이 생성된 것을 확인할 수 있다.

```
list2=[i*i for i in range(0,10,2)]
print(list2)
```

```
[0, 4, 16, 36, 64]
```

range(0,10,2)을 이용해 0부터 10 이전까지 2씩 증가하면서 숫자를 생성해 제곱을 해서 list1에 추가한 결과 [0, 4, 16, 36, 64]가 생성된 것을 확인할 수 있다.

다음은 list1과 list2를 이용해

```
list1=['H','e','l','l','o']
list2=[element for element in list1 if element != 'l']
print(list2)
```

```
['H', 'e', 'o']
```

list1 의 요소를 하나씩 가져다가 'l'이 아니면 list2에 요소를 추가한 결과 ['H', 'e', 'o']가 생성된 것을 확인할 수 있다.

(3) 리스트와 reversed()

다음은 리스트를 역순으로 가져오기 위한 예다.

```
list1=[1,2,3,4]
for item in list1[::-1]:
    print(item)
```

```
4
3
2
1
```

list1의 모든 요소를 스텝 -1로 반복하여 색인한 결과 리스트를 뒤에서부터 거꾸로 값을 읽어오는 것을 알 수 있다.

reversed() 함수는 리스트를 거꾸로 만들어 주는 함수이다.

```
list1=[1,2,3,4,5]
for i in reversed(list1):
    print(f'{i}',end=', ')
5, 4, 3, 2, 1,
list1=[1,2,3,4,5]
reversedList1=reversed(list1)
print(list1)
```

```
[1, 2, 3, 4, 5]
```

list1을 출력한 결과 list1이 변하지 않고 리스트 [1, 2, 3, 4, 5]를 반환하는 것을 확인할 수 있다.

다음과 같이 변수 reversedList1을 출력해 보자.

```
print(reversedList1)
```

```
<list_reverseiterator object at 0x000002C0DA10A788>
```

reversed() 함수를 수행한 결과를 가리키는 변수 reversedList1의 출력 결과가 리스트가 아니라 주소를 출력하는 것을 알 수 있다.

다음은 reversed() 함수를 이용해 리스트를 거꾸로 출력하는 예다.

```
list1=[1,2,3,4,5]
for i in reversed(list1):
    print(f'{i}',end=', ')
print()
```

```
5, 4, 3, 2, 1,
```

list1을 reversed() 함수를 이용하여 거꾸로 한 다음 하나씩 꺼내 출력한 결과 5, 4, 3, 2, 1, 이 출력되는 것을 확인할 수 있다.

다음은 list1을 reversed() 함수를 이용하여 거꾸로 한 후 변수 reversedList1가 가리키는 것을 for 문을 이용하여 출력한 예이다.

```
list1=[1,2,3,4,5]
reversedList1=reversed(list1)
for i in reversedList1:
    print(f'{i}',end=', ')
```

```
5, 4, 3, 2, 1,
```

list1을 reversed() 함수를 이용하여 거꾸로 한 예와 동일한 결과 5, 4, 3, 2, 1, 이 출력되는 것을 확인할 수 있다.

다음은 리스트의 내용을 for 문을 이용하여 출력한 예다.

```
list1=['H','e','l','l','o']
i=0
for item in list1:
    print(f'{i}번째 요소는 {item}입니다')
    i+=1
```

```
0번째 요소는 H입니다
1번째 요소는 e입니다
2번째 요소는 l입니다
3번째 요소는 l입니다
4번째 요소는 o입니다
```

리스트의 요소를 하나씩 꺼내 출력한 예이다. 색인은 변수를 만들어 증가시켰다.

```
list1=['H','e','l','l','o']
for i in range(len(list1)):
    print(f'{i}번째 요소는 {list1[i]}입니다')
```

```
0번째 요소는 H입니다
1번째 요소는 e입니다
2번째 요소는 l입니다
3번째 요소는 l입니다
4번째 요소는 o입니다
```

range() 함수를 이용해 반복하면서 i를 리스트의 색인으로 사용해 리스트의 요소를 하나씩 꺼내 출력한 예이다. 앞의 프로그램과 동일한 결과를 출력하지만 프로그램의 길이가 짧아졌다.

(4) 리스트와 enumerate()

다음은 enumerate() 함수를 이용하여 리스트를 출력한 예다.

```
list1=['H','e','l','l','o']
print(enumerate(list1))
print(list(enumerate(list1)))
```

```
<enumerate object at 0x0000015873240040>
[(0, 'H'), (1, 'e'), (2, 'l'), (3, 'l'), (4, 'o')]
```

enumerate(list1)의 출력결과는 주소 값이고, list(enumerate(list1))의 출력결과는 딕셔너리를 리스트로 생성한 것을 확인할 수 있다. 이때 생성되는 딕셔너리의 키가 리스트의 색인으로 만들어진다는 것을 알 수 있다.

다음은 enumerate(list1)를 for 문을 이용해 출력한 예이다.

```
for i, value in enumerate(list1):
    print(f'{i}번째 요소는 {value}입니다')
```

```
0번째 요소는 H입니다
1번째 요소는 e입니다
2번째 요소는 l입니다
3번째 요소는 l입니다
4번째 요소는 o입니다
```

5.2. 딕셔너리

딕셔너리(dict)를 구현한 클래스는 집합(set)이기 때문에 딕셔너리와 집합은 중복이 불가능하다. 즉, 딕셔너리는 값을 고칠 수 있는 가변성(mutable)이지만, 키(key) : 값(value) 이라는 독특한 구조로 구성되어 있어 키 값의 중복이 불가능하다.

5.2.1. 딕셔너리의 표현

딕셔너리는 순서가 있는 수정 가능한 객체의 집합으로 가변적(mutable)이어서, 삽입, 수정, 삭제가 가능하고, 중괄호({})로 표현하며, 내부 원소는 컴마(,)로 구분한다. 다음은 딕셔너리를 표현한 코드의 예다.

```
{key1:value1, key2:value2, key3:value3, ...}
```

딕셔너리는 키와 값의 쌍이 중괄호({})로 둘러싸여 있는데, 각 요소는 key : value 형태로 이루어져 있고 쉼표(,)로 구분된다.

다음은 학생의 성적을 딕셔너리로 표현한 예다.

```
dict1={'이름':'홍길동','과목':'Python','성적':95, '평점':4.5,'Pass':True}
```

변수 dict1이 딕셔너리 객체 {'이름':'홍길동','과목':'Python','성적':95, '평점':4.5,'Pass':True}를 가리킨다. dict1의 키는 '이름','과목','성적','평점','Pass'이고, 값은 '홍길동', 'Python', 95, 4.5, True 이다.

딕셔너리 역시 리스트와 같이 여러 가지 타입을 가진 데이터가 딕셔너리에 포함될 수 있다. 딕셔너리의 키 또한 동일한 타입이 아니라 여러 가지 타입으로 선언할 수 있다. 다음 예는 여러 가지 타입의 키로 여러 가지 타입의 값을 표현한 딕셔너리의 예이다.

```
dict1={'이름':'홍길동','과목':'Python', 90:5, 80:10, 70: 10, 60: 3,True:30}
dict1={'이름':'홍길동','과목':['Python','OS','DB','AI','Java'],
             '점수':{90:5, 80:10, 70: 10, 60: 3},True:30}
```

딕셔너리의 키가 문자열 뿐만 아니라, 정수와 True 등으로 선언되었다. 값 역시 문자열, 리스트, 딕셔너리, 정수 등으로 표현되었다.

다음은 dict1의 타입을 출력한 결과다.

```
>>> type(dict1)
<class 'dict'>
```

그러나 다음과 같이 리스트가 딕셔너리의 키가 될 수는 없다.

```
dict1={[1,2] : 'One, Two'}
Traceback (most recent call last):
  File "<stdin>", line 1, in <module>
TypeError: unhashable type: 'list'
```

다음 예는 Key로 정수 1, 값(value)으로 문자열 'One'을 지정한 예다.

```
dict1={1:'One'}
```

5.2.2. 딕셔너리 객체 만들기

딕셔너리를 생성하는 방법은 리스트에서와 같이 중괄호로 양쪽을 둘러싸서 레퍼런스에 할당하거나 dict()로 객체를 생성해 주면 된다. 다음은 dict 객체를 생성한 예다.

```
dict1={}
dict2=dict()
```

빈 딕셔너리 객체를 가리키는 dict1과 dict2가 생성된다.

딕셔너리 쌍에 키와 값을 추가하는 방법은 다음과 같다.

```
dict1={1:'One'}
dict1[2]='Two'
dict1[0]='Zero'
print(dict1)
```

```
{1: 'One', 2: 'Two', 0: 'Zero'}
```

dict1={1:'One'}은 키가 1이고 값이 'One' 딕셔너리 쌍을 만들어 변수 dict1을 가리키도록 한 코드이다. dict1[2] = ' Two' 는 dict1에 키가 2이고 값이 ' Two' 인 딕셔너리 쌍을 추가하라는 것이고, dict1[0] = 'Zero' 는 dict1에 키가 0이고 값이 'Zero' 인 딕셔너리 쌍을 추가하라는 코드이다. 이 때 dict1[2]와 dict1[0]에서 2와 0은 색인이 아니라 키라는 것을 주의하여야 한다.

다음의 경우 런타임 오류 NameError가 발생한다.

```
dict1={name : 'KimOneTwo', type : '학생'}
```

```
Traceback (most recent call last):
  File "<stdin>", line 1, in <module>
NameError: name 'name' is not defined
```

name이 정의되지 않아서 NameError가 발생하지만 type은 NameError가 발생하지 않는다. 즉, 다음과 같이 수정하면 오류가 발생하지 않는다.

```
dict1={'name' : 'KimOneTwo', type : '학생'}
```

```
{'name': 'KimOneTwo', <class 'type'>: '학생'}
```

type은 정의해 주지 않아도 NameError가 발생하지 않는다는 것을 확인할 수 있다.

```
name='name'
dict1={name : 'KimOneTwo', type : '학생'}
print(dict1)
```

변수 name을 문자열 'name'에 대한 레퍼런스로 정의한 다음 dict1에서 변수name을 사용하였기 때문에 오류가 발생하지 않음을 알 수 있다.

문자열 'name'을 키로 직접 지정하는 것과 변수 name을 문자열 'name'에 대한 레퍼런스로 정의하여 변수 name을 키로 지정하는 것은 동일한 결과를 얻는다.

다음 예는 딕셔너리 요소를 삭제하는 방법의 예이다. 리스트에서처럼 del 함수를 사용하면 딕셔너리 요소를 삭제할 수 있다.

```
dict1={1:'One', 2:'Two'}
del dict1[2]
print(dict1)
```

```
{1:'One'}
```

del dict1[2]를 실행하여 {2:'Two'}가 삭제된 것을 확인할 수 있다.

```
dict1={'name' : 'KimOneTwo', type : '학생'}
del dict1[type]
print(dict1)
```

```
{'name': 'KimOneTwo'}
```

del dict1[type]을 실행하여 지정한 키 type에 해당하는 {type : '학생'} 쌍이 삭제된 것을 확인할 수 있다.

```
dict1={'name':'김박사',type:'교수','강의과목':['Python','OS','AI']}
del dict1['강의과목']
print(dict1)
```

```
{'name': '김박사', <class 'type'>: '교수'}
```

del dict1[강의과목]을 실행하여 지정한 Key에 해당하는 {'강의과목':['Python', 'OS', 'AI']} 쌍이 삭제된 것을 확인할 수 있다.

다음은 딕셔너리의 키를 이용해서 딕셔너리의 값을 얻는 방법의 예이다.

```
name='name'
dict1={name:'홍길동',type:'학생','수강과목':['Python','OS','DB','AI','Java']}
print(dict1['name'])
print(dict1[name])
```

```
홍길동
홍길동
```

두 경우 모두 딕셔너리의 키 'name'에 해당하는 딕셔너리의 값 '홍길동'이 출력되는 것을 확인할 수 있다.

딕셔너리에서도 len()을 이용하여 딕셔너리의 키와 값 쌍이 몇 개인지 딕셔너리의 길이를 구할 수 있다.

```
dict1={'name' : 'KimOneTwo', type : '학생'}
print(len(dict1))
```

```
2
```

딕셔너리의 키와 값 쌍이 2개이므로 2를 반환한다.

5.2.3. 딕셔너리의 메서드

딕셔너리의 메서드 사용은 리스트의 메서드 사용과 차이가 없지만, 리스트처럼 append(), insert(), pop(), remove(), sort() 등의 메서드는 없다.

(1) keys()와 values() 메서드

keys() 메서드는 딕셔너리의 Key만을 모아서 dict_keys 객체를 돌려준다. 다음은 dict_keys 객체의 사용 예이다.

```
dict1={'이름':'홍길동','과목':'Python','성적':95, '평점':4.5,'Pass':True}
print(dict1.keys)
print(dict1.keys())
```

```
<built-in method keys of dict object at 0x00000173B7AA76D8>
dict_keys(['이름', '과목', '성적', '평점', 'Pass'])
```

dict1.keys를 출력하면 주소가 나오고 dict1.keys()를 출력하면 딕셔너리의 키가 출력된다.

```
name='name'
dict2={name:'김박사',type:'교수','강의과목':['Python','OS','AI']}
print(dict1.values())
print(dict1.values)
```

```
dict_values(['홍길동', 'Python', 95, 4.5, True])
<built-in method values of dict object at 0x00000173B7AA76D8>
```

마찬가지로 dict1.keys는 주소를 반환하고 dict1.keys()는 딕셔너리의 키를 반환한다.

다음은 딕셔너리의 키를 출력하는 예이다.

```
for key in dict1.keys():
    print(key)
```

```
이름
과목
성적
평점
Pass
```

딕셔너리 dict1의 키가 모두 출력되는 것을 확인할 수 있다.

Key를 얻는 것과 마찬가지 방법으로 Value만 얻고 싶다면 values 함수를 사용하면 된다. values 함수를 호출하면 dict_values 객체를 돌려준다.

다음은 딕셔너리의 값을 출력하는 예이다.

```
for value in dict1.values():
    print(value)
```

```
홍길동
Python
95
4.5
True
```

딕셔너리 dict1의 값이 모두 출력되는 것을 확인할 수 있다.

다음은 dict_keys 객체를 리스트로 변환하는 프로그램의 예이다.

```
keyList=[dict1.keys()]
valueList=[dict1.values()]
print(keyList)
print(valueList)
```

```
[dict_keys(['이름', '과목', '성적', '평점', 'Pass'])]
[dict_values(['홍길동', 'Python', 95, 4.5, True])]
```

```
keyList=list(dict1.keys())
valueList=list(dict1.values())
print(keyList)
print(valueList)
```

```
['이름', '과목', '성적', '평점', 'Pass']
['홍길동', 'Python', 95, 4.5, True]
```

dict_keys 객체를 리스트로 변환하기 위해, 대괄호와 list()를 사용하였으나 그 결과가 동일하지 않음을 확인할 수 있다.

items() 메서드는 Key와 Value의 쌍을 튜플로 묶은 값을 dict_items 객체로 반환한다. dict_values 객체와 dict_items 객체 역시 dict_keys 객체와 마찬가지로 리스트를 사용하는 것처럼 사용할 수 있다.

```
dict1={'이름':'홍길동','과목':'Python','성적':95, '평점':4.5,'Pass':True}
print(dict1.items())
```

```
dict_items([('이름', '홍길동'), ('과목', 'Python'), ('성적', 95), ('평점', 4.5), ('Pass', True)])
```

딕셔너리 dict1의 items() 메서드의 출력 결과 dict_items([('이름', '홍길동'), ('과목', 'Python'), ('성적', 95), ('평점', 4.5), ('Pass', True)])를 확인할 수 있다.

다음은 딕셔너리에서 키와 값의 쌍을 for 문을 이용하여 하나씩 꺼내 출력한 결과이다.

```
dict1={'이름':'홍길동',type:'학생','주거':'기숙사'}
for key in dict1:
    print(f'{key} : {dict1[key]}')
```

```
이름 : 홍길동
<class 'type'> : 학생
주거 : 기숙사
```

딕셔너리 dict1의 키와 값을 출력하는 것을 확인할 수 있다.

clear() 메서드는 딕셔너리 안의 모든 요소를 삭제한다. 빈 리스트를 [], 빈 튜플을 ()로 표현하는 것과 마찬가지로 빈 딕셔너리도 {}로 표현한다.

```
dict1.clear()
print(dict1)
```

```
{}
```

딕셔너리 dict1에 clear() 메서드를 수행한 결과 dict1의 키와 값이 모두 삭제된 것을 확인할 수 있다.

get() 메서드를 이용해 딕셔너리의 키로 딕셔너리의 값을 얻을 수 있다.

```
>>> dict1={'이름':'홍길동','과목':'Python','성적':95, '평점':4.5,'Pass':True}
>>> dict1.get('이름')
홍길동
>>> dict1.get('과목')
Python
```

get() 메서드는 괄호안의 키에 대응되는 값을 반환한다. 딕셔너리 dict1에서 키 '이름'으로 값 '홍길동'을, 키 '과목'으로 값 'Python'이 출력되는 것을 확인할 수 있다.

다음은 딕셔너리를 get() 메서드와 딕셔너리[키]로 출력하는 예이다.

```
name='name'
dict1={name:'홍길동',type:'학생','수강과목':['Python','OS','DB','AI','Java']}
print(dict1.get(name))
print(dict1.get('name'))
print(dict1[name])
print(dict1['name'])
```

```
홍길동
홍길동
홍길동
홍길동
```

딕셔너리 dict1.get(name), dict1.get('name')은 dict1[name], dict1['name']과 동일한 결과값 '홍길동'을 반환하는 것을 확인할 수 있다. 그러나 딕셔너리 안에 찾으려는 Key 값이 없을 경우 get() 메서드는 None을 반환하지만, 딕셔너리명[키] 형식은 런타임오류를 발생시킨다.

다음은 딕셔너리에 없는 키를 get() 메서드와 딕셔너리명[키] 형식을 통해 가져올 때의 결과를 보여주는 예이다.

```
>>> dict1 = {'이름':'홍길동', '과목':'Python', '성적':95, '평점':4.5, 'Pass':True}
>>> print(dict1.get('key'))
None
>>> print(dict['key'])
Traceback (most recent call last):
  File "<stdin>", line 1, in <module>
KeyError: 'key'
```

딕셔너리에 없는 키를 딕셔너리의 get() 메서드를 이용해 가져올 경우 dict1.get('key')에서와 같이 None을 반환하지만, 딕셔너리에 없는 키를 딕셔너리명[키] 형식으로 가져올 경우 dict['key']와 같이 런타임오류 KeyError가 발생한다.

딕셔너리 안에 찾으려는 Key 값이 없을 경우 미리 정해 둔 디폴트 값을 대신 가져오려면 get(x, '디폴트 값') 형식을 사용한다.

다음은 Key 값이 없을 경우 미리 정해 둔 디폴트 값을 가져오는 프로그램의 예이다.

```
dict1={'이름':'홍길동','과목':'Python','성적':95, '평점':4.5,'Pass':True}
print(dict1.get('key','없는 키입니다.'))
```

```
없는 키입니다.
```

딕셔너리 dict1에 키 'key'가 없기 때문에 해당하는 값 역시 없다. 따라서 디폴트 값인 '없는 키입니다.'를 반환한다.

해당 Key가 딕셔너리 안에 있는지를 확인하기 위하여 in을 사용하면 된다.

다음은 in을 사용하여 딕셔너리 안에 있는지를 확인하는 프로그램의 예이다.

```
>>> dict1={'이름':'홍길동',type:'학생','주거':'기숙사'}
>>> print('name' in dict1)
False
>>> print('이름' in dict1)
True
```

'name' 키는 dict1 딕셔너리의 키가 아니므로 거짓(False)을 반환하고, '이름' 키는 딕셔너리의 키이므로 참(True)을 반환하는 것을 확인할 수 있다.

다음 프로그램은 키를 변수를 사용하여 딕셔너리를 정의한 프로그램의 예이다.

```
>>> name='name'
>>> dict1={name:'홍길동',type:'학생','수강과목':['Python','OS','DB','AI','Java']}
>>> print('name' in dict1)
True
>>> print(name in dict1)
True
```

변수 name이 문자열 'name'을 가리키므로, in으로 딕셔너리에 name과 'name' 이 있는지 확인하면 name과 'name'은 모두 다 True를 반환한다.

5.3. 튜플

프로그램에 변하지 않는 자료형이 필요하다면 튜플을 사용하고 값을 변화시켜야 한다면 리스트를 사용하면 된다. 대부분의 응용프로그램은 값을 변경하여야 할 경우가 많기 때문에 튜플보다 리스트를 많이 사용한다. 튜플(tuple)은 요소를 삭제하거나 변경할 수 없는 자료형이다.

튜플(tuple)은 소괄호(())로 감싸 표현한다. 다음은 튜플 객체를 표현한 예다.

```
tuple1 = (1,2,3)
```

그러나 tuple1 = (1)처럼 단일 요소를 표현하면 튜플이 아니라 정수형 1을 가리키는 레퍼런스가 된다. 따라서 tuple1이 튜플 객체를 가리키려면 tuple1=(1,)처럼 1개의 요소만을 가질 때에도 반드시 요소 뒤에 콤마(,)를 붙여야 한다.

다음은 1개의 요소만을 갖는 튜플의 예이다.

```
tuple1=(1,)
print(type(tuple1)
```

```
<class 'tuple'>
```

변수 tuple1이 1개의 요소만을 갖는 튜플을 가리키고, tuple1의 타입을 출력한 결과 <class 'tuple'>이 반환되는 것을 확인할 수 있다.

튜플을 표현할 때는 괄호를 생략해도 되며, 리스트나 딕셔너리처럼 문자열, 정수, 실수, 리스트, 튜플 등 여러 가지 객체를 요소로 가질 수 있다.

다음은 튜플 객체를 정의한 예이다.

```
tuple1=(1,2,3)
tuple2=1,2,3
tuple3=('a', 3.14, (1,2,3))
tuple4=('홍길동','Python', 95, 4. 5, True)
tuple5=('H','e','l','l','o')
```

tuple2는 괄호 없이 튜플을 표현한 예이고, tuple3은 문자열, 실수, 튜플을 요소로 하는 튜플을 정의한 예이고, tuple4는 문자열, 정수, 실수, 부울 타입의 True를 요소로 갖는 튜플을 정의한 예이다.

튜플은 값을 변화시킬 수 없다는 점만 제외하면 리스트와 완전히 똑같다 할 수 있다. 다음은 색인을 이용해 튜플을 레퍼런스하는 예이다.

```
>>> hello=('H','e','l','l','o')
>>> print(hello[1])
e
>>> print(hello[2])
l
>>> print(hello[-1])
o
>>> print(hello[-0])
H
>>> print(hello[-len(hello)])
H
```

색인을 이용해 튜플을 레퍼런스하는 것이 리스트와 동일함을 확인할 수 있다. 튜플도 뒤에서부터 색인하기 위하여 음수를 사용할 수 있으며, -len(hello) 색인은 len(hello)의 값이 5이므로 -5가 되어 색인 0인 H를 가리킨다.

슬라이싱을 이용해 튜플을 자르는 것도 리스트와 동일하다. 다음은 슬라이싱의 예다.

```
tuple1=(1,2,3,4,5)
print(tuple1[2:4])
print(tuple1[2:])
print(tuple1[:4])
print(tuple1[:])

print(tuple1[1:-1])
```

```
(3, 4)
(3, 4, 5)
(1, 2, 3, 4)
(1, 2, 3, 4, 5)
(2, 3, 4)
```

다음 예를 통해 더하기 연산자를 통해 튜플을 더하는 것 역시 리스트와 동일하다는 것을 확인할 수 있다.

```
tuple1=('홍길동','Python', 95, 4.5, True)
tuple2=('박디비','Java', 90, 4.0, True)
tuple3=tuple1+tuple2
print(tuple3)
```

```
('홍길동', 'Python', 95, 4.5, True, '박디비', 'Java', 90, 4.0, True)
```

또한, 튜플의 곱하기(반복)도 리스트에서처럼 가능하다. 다음은 튜플의 곱하기 예를 보여준다.

```
tuple1=(1,2,3,4,5)
print(tuple1*3)
```

```
(1, 2, 3, 4, 5, 1, 2, 3, 4, 5, 1, 2, 3, 4, 5)
```

길이를 구하는 함수 len()을 이용해 튜플의 길이를 구하는 것도 리스트와 동일하다.

```
tuple1=('홍길동','Python', 95, 4.5, True)
len(tuple1)
```

```
5
```

튜플은 튜플의 요소 값이 한 번 정해지면 지우거나 변경할 수 없다. 다음은 del 키워드를 이용해 튜플의 요소를 리스트처럼 del 함수로 지우려고 한 예이다.

```
tuple1=(1,2,3,4,5)
del tuple1[1]
```

```
Traceback (most recent call last):
  File "<stdin>", line 1, in <module>
TypeError: 'tuple' object doesn't support item deletion
```

튜플은 요소를 지우는 것이 불가능하기 때문에 TypeError가 발생하는 것을 확인할 수 있다.

다음은 remove() 메서드를 이용해 튜플의 요소를 리스트처럼 삭제하려고 한 예이다.

```
tuple1.remove(3)
```

```
Traceback (most recent call last):
  File "<stdin>", line 1, in <module>
TypeError: 'tuple' object doesn't support item deletion
```

튜플에 remove() 메서드가 없기 때문에 TypeError가 발생하는 것을 확인할 수 있다.

```
tuple1=(1,2,3,4,5)
tuple1[1]=8
```

```
Traceback (most recent call last):
 Traceback (most recent call last):
  File "<stdin>", line 1, in <module>
TypeError: 'tuple' object does not support item assignment
```

튜플의 요소 값을 변경하려고 해도 TypeError가 발생하는 것을 확인할 수 있다.

5.4. 집합(set)

집합(set)은 파이썬 2.3버전부터 지원한 자료형으로 집합을 처리하기에 쉽지만 중복을 허용하지 않고 순서가 없다(Unordered)는 특징을 갖는다. 또한, 집합은 수정가능한 객체의 집합으로 가변적(mutable)이며, 요소들 간의 순서가 없기 때문에 인덱싱(indexing)이 불가능하며, for문을 이용하여 반복처리(iterable)하는 것도 불가능한 자료형이다.

집합은 중괄호로 표현한다. 다음은 집합을 표현한 예이다.

```
set1 = set([1,2,3])
print(set1)
```

```
{1, 2, 3}
```

리스트를 집합으로 변환하여 출력한 결과 집합 {1, 2, 3}이 출력된 것을 확인할 수 있다.

다음은 set()을 이용하여 집합을 생성한 예이다.

```
set1 = set("Hello")
print(set1)
```

```
{'o', 'l', 'H', 'e'}
```

집합은 중복이 허용되지 않으므로 'l'이 하나만 포함된 것을 확인할 수 있다. 집합은 순서가 없는 자료형이라 인덱스를 이용하여 자료를 지정할 수 없다. 이와 같이 중복을 허용하지 않는 집합의 특징으로 인해 자료형의 중복을 제거하기 위한 필터로 집합을 사용하는 경우가 많다.

다음은 집합을 리스트로 변환한 예이다.

```
set1 = set([1,2,3])
list1 = list(set1)
print(list1)
```

```
{1, 2, 3}
```

집합이 리스트로 변환되어 출력되는 것을 확인할 수 있다

집합의 연산에는 교집합, 합집합, 차집합이 있고 합집합, 교집합, 차집합을 구할 필요가 있을 경우 집합 자료형을 사용한다.

합집합은 "|" 기호를 사용하거나 union() 메서드를 사용하여 구한다.

```
set1 = set([1, 2, 3, 4, 5, 6])
set2 = set([4, 5, 6, 7, 8, 9])
print(set1 | set2)
print(set1.union(set2))
```

```
{1, 2, 3, 4, 5, 6, 7, 8, 9}
```

set1과 set2의 합집합 {1, 2, 3, 4, 5, 6, 7, 8, 9}가 반환되는 것을 확인할 수 있다.

교집합은 "&" 기호를 사용하거나 intersection() 메서드를 사용하여 구한다.

```
set1 = set([1, 2, 3, 4, 5, 6])
set2 = set([4, 5, 6, 7, 8, 9])
print(set1 & set2)
print(set1.intersection(set2))
```

```
{4, 5, 6}
```

set1과 set2의 교집합 {4, 5, 6}이 반환되는 것을 확인할 수 있다.

차집합은 "-" 기호를 사용하거나 difference() 메서드를 사용하여 구한다.

```
set1 = set([1, 2, 3, 4, 5, 6])
set2 = set([4, 5, 6, 7, 8, 9])
print(set1 - set2)
print(set1.difference(set2))
```

```
{1, 2, 3}
```

set1과 set2의 차집합 {1, 2, 3}이 반환되는 것을 확인할 수 있다.

다음은 set 메서드의 사용 예다.

이미 만들어진 set 자료형에 요소 하나인 값을 추가할 경우에는 add() 메서드를 사용한다.

```
set1 = set([1, 2, 3, 4, 5])
set1.add(6)
print(set1)C
```

```
{1, 2, 3, 4, 5, 6}
```

add() 메서드를 사용하여 집합에 6이 추가된 것을 확인할 수 있다.

set 자료형에 값을 여러 개 추가할 경우에는 update() 메서드를 사용한다.

```
set1 = set([1, 2, 3])
set1.update([4, 5, 6])
print(set1)
```

```
{1, 2, 3, 4, 5, 6}
```

update() 메서드를 사용하여 집합 {1, 2, 3}에 집합 {4, 5, 6}이 추가되어 집합 {1, 2, 3, 4, 5, 6}이 반환되는 것을 확인할 수 있다.

특정 값을 제거할 경우에는 remove() 메서드를 사용한다.

```
set1 = set([1, 2, 3, 4, 5])
set1.remove(3)
print(set1)
```

```
{1, 2, 4, 5}
```

remove() 메서드를 사용하여 집합에서 3이 제거된 것을 확인할 수 있다.

CHAPTER 06

함수

6.1. 함수

6.1.1. 함수 정의하기

프로그래밍을 할 때 동일한 내용을 반복해서 코딩해야 한다면 함수를 만들어 사용하는 것이 좋다. 또한, 객체지향 프로그래밍에서는 클래스를 만들어 객체를 생성하는 식으로 프로그래밍이 이루어지는데, 클래스의 메서드가 함수이므로, 클래스를 만드는 작업의 대부분이 함수를 작성하는 작업이라 할 수 있다. 파이썬에서 사용하는 함수의 구조는 다음과 같다.

```
def 함수명(매개변수):
    <수행할 문장1>
    <수행할 문장2>
    ...
```

def는 함수를 만들 때 사용하는 예약어이며, 함수명은 식별자이므로, 함수 이름을 만드는 방법은 식별자를 만드는 규칙과 동일하다. 함수 이름 뒤에 있는 괄호 안에는 매개변수(parameter), 또는 인수(arguments)를 지정하는데 매개변수는 함수를 호출할 때 전달해 주거나 전달받는 변수를 일컫는 용어이다.

함수 이름과 매개변수를 정의한 다음에 if, while, for문 등과 마찬가지로 콜론(:)을 입력하고, 함수 몸체(body)에 함수에서 수행할 문장들을 코딩한다.

다음은 두 수를 매개변수로 입력받아 두 수의 합을 반환하는 함수를 정의한 예이다.

```
def sum(arg1, arg2):
    return arg1+arg2
```

함수의 이름은 sum이고 2개의 매개변수 arg1, arg2를 이용해 데이터를 전달받아, 전달받은 두 수를 더하여 값을 반환하는 함수이다. 이렇게 함수를 정의할 때 사용하는 매개변수 arg1과 arg2를 형식매개변수(formal parameter) 또는 형식 인수(formal argument)라 한다. C++이나 자바 등의 다른 프로그래밍 언어와 달리 파이썬에서는 변수를 선언할 때 변수의 타입을 선언하지 않기 때문에 반환하는 함수의 값 역시 타입이 없다. 따라서 다른 프로그래밍 언어에서와 같이 함수의 이름에 함수의 리턴 타입을 정의하지 않는다.

6.1.2. 함수 호출하기

다음은 위에서 정의한 함수 sum()을 호출한 예이다.

```
i=5
j=10
k=sum(i, j)
print(k)
15
```

함수 sum()의 매개변수 i와 j는 형식매개변수 arg1과 arg2에 전달된다. 전달된 값 arg1은 i의 값 5를, arg2는 j의 값 10을 전달받으므로, arg1과 arg2의 합 15를 계산하여 함수의 값 15를 반환한다. 따라서 k는 정수 객체 15를 가리키게 된다. 이렇게 함수를 호출할 때 사용하는 매개변수 i와 j를 실매개변수(actual parameter) 또는 실인수(actual argument)라 한다. 물론 print(k)와 같이 파이썬 내장함수 print()에 전달하는 k 역시 실매개변수이다.

이렇게 함수는 실매개변수의 값을 형식매개변수의 값으로 전달하여 계산을 수행하기 때문에 함수 sum()과 같이 두 수를 전달받아 덧셈을 해주는 기능이 여러 프로그램에서 필요하다면 함수 sum()을 만들어 사용하는 것은 매우 유용하다.

다음은 매개변수가 없고 반환 값도 없는 함수의 예다.

```
def hello():
    print('안녕하세요!!')
hello()
```

```
안녕하세요!!
```

hello()를 정의하여 hello()를 호출한 결과 '안녕하세요!!'를 출력한 것을 확인할 수 있다.

다음은 매개변수는 있지만 반환 값이 없는 함수의 예다.

```
def hello(name):
    print(f'안녕하세요!! {name}님!')
hello('홍길동')
```

```
안녕하세요!! 홍길동님!
```

형식매개변수 name에 실매개변수 문자열 '홍길동'을 전달하여 함수를 호출한 결과 '안녕하세요!! 홍길동님!' 을 출력한 것을 확인할 수 있다.

다음은 반환 값이 없는 함수를 콘솔 창에 출력한 예다.

```
returnValue = hello('홍길동')
print(returnValue)
```

```
None
```

형식매개변수 name에 실매개변수 문자열 '홍길동'을 전달하여 함수를 호출하였지만 함수의 반환값이 없어 변수 returnValue가 아무것도 가리키지 않는다. 즉, returnValue의 값이 None이다. None은 거짓(False)을 나타내는 자료형으로, hello() 함수처럼 반환값이 없을 경우 None을 반환한다.

다음은 두 수를 입력받아 두 수의 값을 교환하는 함수이다.

```
def swap(x,y):
temp=x
    x=y
    y=temp
    print(f'x = {x}, y = {y}')

i=10
j=5
swap(i,j)
print(f'i = {i}, j = {j}')
```

```
x = 10, y = 5
i = 5, j = 10
```

실행 결과 프로그램에서 x와 y값은 교환되지만 i와 j 값은 변하지 않음을 확인할 수 있다. 즉, 실매개변수를 형식매개변수로 전달하는 방법은 실매개변수의 값을 형식매개변수의 값으로 복사해 주는 방식이다. 이렇게 매개변수를 전달하는 방식을 값 인수호출(call by value)이라 한다.

다음 프로그램은 리스트의 첫 번째 원소를 교환하는 swap() 함수를 작성한 예다. 함수의 호출 역시 리스트를 이용하여야 한다.

```
def swap(x,y):
    temp=x[0]
    x[0]=y[0]
    y[0]=temp
    print(f'x = {x}, y = {y}')

i=[10]
j=[20]
swap(i,j)
print(f'i = {i}, j = {j}')
```

```
x = [10], y = [5]
i = [10], j = [5]
```

프로그램을 실행한 결과 x와 y값과 마찬가지로 i와 j값 역시 교환되었음을 알 수 있다. 이 경우 실매개변수를 형식매개변수로 전달하는 방법은 실매개변수의 주소가 형식매개변수의 주소로 전달되었음을 알 수 있다. 이렇게 매개변수를 전달하는 방식을 주소인수호출(call by address, call by reference)이라 한다.

매개변수를 전달받지 않고 함수 밖에 선언한 변수를 사용하려면 레퍼런스 앞에 global로 선언하면 된다.

```
i=10
j=20
print(f'i = {i}, j = {j}')
def swap():
    global i,j
    temp=i
    i=j
    j=temp
swap()
print(f'i = {i}, j = {j}')
```

```
i = 10, j = 20
i = 20, j = 10
```

global 명령어는 함수 외부에 선언한 변수를 함수 안에서 직접 사용하겠다는 의미이다. 따라서 함수 안에서 함수 밖의 변수를 다룰 수 있게 되어 사용이 편리한 것 같지만 이것은 변수를 여기 저기에서 다룸에 따라 프로그램이 어려워지고 오류가 발생하면 수정하기 힘들어진다. 따라서, 프로그래밍 할 때 global 명령어는 가능하면 사용하지 말아야 한다. 함수가 독립적으로 존재하기 위해서는 함수 외부의 변수와는 단절되어야 하는데, global 명령어는 함수 외부의 변수를 사용하기 때문에 함수의 독립성을 훼손한다. 이렇게 함수를 정의할 때 함수 외부와 연관 관계를 결합도(coupling)라 하는데 결합도는 약하면 약할수록 좋다.

파이썬에서는 함수를 이용하지 않고도 다음과 같이 손쉽게 두 수를 교환할 수 있다.

```
i=10
j=20
i, j = j, i
print(f'i = {i}, j = {j}')
```

```
i = 20, j = 10
```

출력 결과 두 수가 교환된 것을 확인할 수 있다. 이것은 튜플을 이용한 결과로, 앞에서 살펴보았듯이 튜플은 괄호를 생략할 수 있다.

다음과 같이 리스트 역시 함수를 만들지 않고 간단히 리스트를 교환할 수도 있다.

```
list1=[1,2,3]
list2=[3,2,1]
list1, list2=list2, list1
print(f'list1 = {list1}, list2 = {list2}')
```

```
list1 = [3, 2, 1], list2 = [1, 2, 3]
```

일반적으로 함수 호출은 함수를 정의한 곳의 형식매개변수와 함수를 호출하는 실매개변수의 위치에 의해 전달된다. 다음은 From과 To를 전달받아 From에서 To까지의 합을 계산하는 프로그램이다.

```
def sum(From,To):
    sum=0
    for i in range(From, To+1):
        sum+=i
    return sum

result = sum(1,100)
print(f'1부터 100까지의 누계는 {result}입니다.')
```

```
1부터 100까지의 누계는 5050입니다.
```

첫 번째 형식매개변수 From에는 첫 번째 실매개변수 1이, 첫 번째 형식매개변수 To에는 두 번째 실매개변수 100이 전달되었음을 확인할 수 있다. 이렇게 매개변수는 위치에 의해 전달되지만 이름으로 매개변수를 전달할 수도 있다.

이름으로 매개변수를 전달하는 방법을 이름인수호출(call by name)이라고 한다.

다음은 위치가 아니라 이름으로 매개변수를 전달한 프로그램의 예다.

```
result = sum(From=10, To=20)
print(f'10부터 20까지의 누계는 {result}입니다.')
```

```
10부터 20까지의 누계는 165입니다.
```

형식매개변수와 실매개변수의 이름과 위치가 모두 일치하는 경우이다.

```
result = sum(To=50, From=10)
print(f'10부터 50까지의 누계는 {result}입니다.')
```

```
10부터 50까지의 누계는 1230입니다.
```

형식매개변수와 실매개변수의 위치가 바뀌었지만 이름에 의해 인수가 전달되어 형식매개변수 From에는 두 번째 위치의 10이, 형식매개변수 To에는 첫 번째 실매개변수 50이 전달되었음을 확인할 수 있다.

6.1.3. 함수 응용 프로그램 예

(1) 더하기 함수 프로그램

다음은 두 수를 입력받아 사칙 연산을 하는 프로그램이다.

Plus() 함수는 두 개의 매개변수를 이용하여 두 수의 덧셈을 출력하며, getOperand1()과 getOperand2() 함수는 피연산자를 입력받는 함수이다. 따라서 Plus(operand1, operand2)와 같이 호출하면 두 수의 더하기 결과를 출력한다.

```
def Plus(i,j):
    print(f'{i} + {j} = {i+j}')
def getOperand1():
    return(int(input('첫 번째 숫자를 입력하세요 : ')))
def getOperand2():
    return(int(input('두 번째 숫자를 입력하세요 : ')))

operand1=getOperand1()
operand2=getOperand2()
Plus(operand1,operand2)
```

```
첫 번째 숫자를 입력하세요 : 10
두 번째 숫자를 입력하세요 : 20
10 + 20 = 30
```

그러나 함수를 만들 때 하나의 기능만을 수행하지 않고, Plus() 함수와 같이 두 수를 더하는 기능과 출력하는 기능의 두 가지 기능을 하나의 함수로 만드는 것은 좋은 방법이 아니다.

다음은 두 수를 전달받아 더하기 연산 등 사칙연산을 하는 함수를 정의하고, getOperand1()과 getOperand2()를 통하여 두 수를 입력 받는 함수를 정의한 프로그램이다. 또한 연산 결과를 출력하는 기능을 함수를 호출한 곳에 위치하도록 하였다.

이 프로그램은 정수를 입력할 경우 비교적 잘 계산할 수 있으나, 두 수를 입력 받는 함수 getOperand1()과 getOperand2()가 int() 함수를 이용해 입력받은 숫자를 정수로 변환하므로 실수 계산을 할 수 없다. 즉, '2.1'과 같은 실수를 입력하면 실수 문자열을 정수로 변환할 수 없으므로 프로그램 실행 중에 오류가 발생한다.

```
def Plus(i,j):
    return i+j
def getOperand1():
    return(int(input('첫 번째 숫자를 입력하세요 : ')))
def getOperand2():
    return(int(input('두 번째 숫자를 입력하세요 : ')))

operand2=getOperand2()
result= Plus(operand1,operand2)
print(f'{operand1} + {operand2} = {result}')
```

```
첫 번째 숫자를 입력하세요 : 10
두 번째 숫자를 입력하세요 : 20
10 + 20 = 30
```

이 프로그램의 실행 결과 정수를 입력할 경우 앞의 프로그램과 동일한 결과를 얻을 수 있으나 실수를 입력할 경우 오류가 발생하는 것을 확인할 수 있다.

다음은 프로그램을 실수 계산이 가능한 함수로 수정한 예이다.

함수 getOperand1()과 getOperand2()에서 입력받은 숫자에 소수점이 있으면 float() 함수를 이용해 실수로 변환하고, 소수점이 없으면 int() 함수를 이용해 정수로 변환하여 반환하도록 수정하였다.

```
def getOperand1():
    operand=input('첫 번째 숫자를 입력하세요 : ')
    if '.' in operand:
        return float(operand)
    else:
        return int(operand)
def getOperand2():
    operand=input('두 번째 숫자를 입력하세요 : ')
    if '.' in operand:
        return float(operand)
    else:
        return int(operand)
```

```
첫 번째 숫자를 입력하세요 : 10
두 번째 숫자를 입력하세요 : 20.5
10 + 20.5 = 30.5
```

프로그램을 실행한 결과 정수와 실수 모두 올바른 결과를 출력하는 것을 확인할 수 있다.

이 프로그램은 getOperand1()과 getOperand2()의 기능이 모두 동일하고 입력받을 때 출력하는 메시지의 '첫 번째'와 '두 번째'만 다르기 때문에 다음과 같이 두 함수를 합쳐 getOperand() 함수로 수정하였다. 즉, 매개변수의 값을 이용해 적절한 메시지를 출력하도록 하였다.

```
def getOperand(operandNumber):
    if operandNumber == 1:
        operand=input('첫 번째 숫자를 입력하세요 : ')
    else:
        operand=input('두 번째 숫자를 입력하세요 : ')
    if '.' in operand:
        return float(operand)
    else:
        return int(operand)
```

메시지를 출력한 결과 프로그램이 잘 수행되는 것을 확인할 수 있다.

```
operator=['더하기','빼    기','곱하기','나누기','종료']
def getValidMenuNumber():
    menuMessage = ''
    validNumberString=''
    i=0
    for menuItem in operator:
        i+=1
        validNumberString+=str(i)
        menuMessage+=str(i) + '. ' + menuItem + '   '
    menuNumber= input(menuMessage + ' : ')
    while menuNumber not in validNumberString:
```

```
        print('입력하신 번호가 틀렸습니다. 다시 입력해 주세요.')
        menuNumber= input(menuMessage + ' : ')
    return int(menuNumber)

listFunc=[Plus,Minus,Multiply,Divide]
menuNumber= getValidMenuNumber()
while operator[menuNumber-1] != '종료':
    operand1=getOperand(1)
    operand2=getOperand(2)
    result= listFunc[menuNumber-1](operand1,operand2)
    print(f'{operand1} {operatorSymbol[menuNumber-1]} '
          + '{operand2} = {result}')
    print()
    menuNumber= getValidMenuNumber()

print('안녕히 가세요~~')
```

```
1. 더하기  2. 빼  기  3. 곱하기  4. 나누기  5. 종료   : 3
첫 번째 숫자를 입력하세요 : 3
두 번째 숫자를 입력하세요 : 4
3 * 4 = 12

1. 더하기  2. 빼  기  3. 곱하기  4. 나누기  5. 종료   : 4
첫 번째 숫자를 입력하세요 : 4
두 번째 숫자를 입력하세요 : 5
4 / 5 = 0.8

1. 더하기  2. 빼  기  3. 곱하기  4. 나누기  5. 종료   : 5
안녕히 가세요~~
```

(2) 메뉴 함수 프로그램

다음은 가위바위보를 하기 위해 사용자에게 가위바위보를 입력받아 입력내용을 출력하는 프로그램이다. 이 프로그램은 정수를 입력하지 않거나 범위를 벗어난 숫자를 입력하면 int() 함수를 이용하여 menuNumber를 숫자로 바꿀 때 오류가 발생하여 프로그램이 실행 중에 멈춘다.

```
gameResult=['가위','바위','보','종료']
menuNumber= input('1. 가위 2. 바위 3. 보 4. 종료 :')
while menuNumber != '4':
    result=gameResult[int(menuNumber)-1]
    print(f'입력하신 번호가 {menuNumber}이니까 {result}를 냈습니다. ')
    menuNumber= input('1. 가위 2. 바위 3. 보 4. 종료 :')
```

다음은 getValidNumber() 함수를 정의하여 함수에서 메뉴 번호를 입력받아 입력받은 문자열을 정수로 변환하여 반환하도록 한 프로그램이다. 이 프로그램 역시 정수를 입력하지 않거나 범위를 벗어난 숫자를 입력하면 오류가 발생하여 프로그램이 실행 중에 멈춘다.

```
def getValidNumber():
    menuNumber= input('1. 가위 2. 바위 3. 보 4. 종료 :')
    return int(menuNumber)

gameResult=['가위','바위','보','종료']
menuNumber= input('1. 가위 2. 바위 3. 보 4. 종료 :')
while int(menuNumber) != 4:
    result=gameResult[int(menuNumber)-1]
    print(f'입력하신 번호가 {menuNumber}이니까 {result}를 냈습니다. ')
    menuNumber= input('1. 가위 2. 바위 3. 보 4. 종료 :')
```

이 프로그램을 실행하면 정상적인 메뉴번호를 입력할 경우 잘 작동하는 것을 확인할 수 있다. 그러나 이 프로그램은 영문자를 입력하거나 6과 같이 메뉴 번호가 아닌 숫자를 입력하면 오류가 발생한다.

다음은 getValidNumber() 함수를 올바른 메뉴번호를 입력하도록 수정한 프로그램이다. 즉, 함수에서 메뉴 번호를 입력받아 입력받은 문자열이 메뉴번호가 아니면 다시 메뉴를 입력받도록 함수를 수정한 프로그램이다.

```
def getValidNumber():
    menuNumber= input('1. 가위 2. 바위 3. 보 4. 종료 :')
    while menuNumber not in "1234":
        print('입력하신 번호가 틀렸습니다. 다시 입력해 주세요.')
        menuNumber= input('1. 가위 2. 바위 3. 보 4. 종료 :')
    return int(menuNumber)

gameResult=['가위','바위','보','종료']
menuNumber=getValidNumber()
while menuNumber != 4:
    result=gameResult[menuNumber-1]
    print(f'입력하신 번호가 {menuNumber}이니까 {result}를 냈습니다. ')
    menuNumber=getValidNumber()
```

```
1. 가위 2. 바위 3. 보 4. 종료 :a
입력하신 번호가 틀렸습니다. 다시 입력해 주세요.
1. 가위 2. 바위 3. 보 4. 종료 :6
입력하신 번호가 틀렸습니다. 다시 입력해 주세요.
1. 가위 2. 바위 3. 보 4. 종료 :1
입력하신 번호가 1이니까 가위를 냈습니다.
1. 가위 2. 바위 3. 보 4. 종료 :4
```

프로그램을 실행한 결과 입력받은 문자가 문자열 "a"이거나 메뉴번호를 벗어난 "6"을 입력할 경우 "입력하신 번호가 틀렸습니다. 다시 입력해 주세요."란 오류 메시지를 출력하여 다시 올바른 메뉴번호를 메뉴번호를 입력받는 것을 확인할 수 있다.

(3) 사칙연산 프로그램

다음은 앞에서의 더하기와 메뉴 함수를 이용하여 사칙연산을 실행하는 예제 프로그램이다. 즉, 더하기와 마찬가지로 사칙연산 결과를 반환하는 사칙연산 함수를 모두 정의하였으며, 피연산자를 입력하기 위한 getOperand() 함수를 정의한 프로그램이다.

```
def Plus(i,j):
    return i+j
def Minus(i,j):
    return i-j
def Multiply(i,j):
    return i*j
def Divide(i,j):
    return i/j
def getOperand(operandNumber):
    if operandNumber == 1:
        operand=input('첫 번째 숫자를 입력하세요 : ')
    else:
        operand=input('두 번째 숫자를 입력하세요 : ')
    if '.' in operand:
        return float(operand)
    else:
        return int(operand)
```

다음은 앞에서 정의한 함수를 이용하여 사칙연산을 실행하는 프로그램으로, 메뉴를 출력하여 메뉴번호를 입력 받은 후 선택한 메뉴번호에 해당하는 사칙연산 함수를 호출한다. 먼저 연산 결과 출력을 위한 사칙 연산자 기호와 operatorSymbol를 리스트로 정의하여 ['+', '-', '*', '/']의 사칙 연산 기호를 정의하고, 메뉴 함수 없이 사칙 연산 에 대한 메뉴를 출력하여 메뉴번호를 입력받으며, 메뉴번호에 따라 함수를 호출하도록 한다. 특히 연산자를 출력하기 위해 int() 함수를 이용하여 메뉴번호를 숫자로 변환한 후 변환된 값에서 1을 뺀 다음 operatorSymbol의 색인으로 연산자를 추출한다.

```
operatorSymbol=['+', '-', '*', '/']
menuNumber= input('1. 더하기  2. 빼  기 3. 곱하기 4. 나누기 5. 종료 :')
while menuNumber != '5':
    operand1=getOperand(1)
    operand2=getOperand(2)
    if menuNumber == '1':
        result= Plus(operand1,operand2)
    elif  menuNumber == '2':
```

```
        result= Minus(operand1,operand2)
    elif  menuNumber == '3':
        result= Multiply(operand1,operand2)
    elif  menuNumber == '4':
        result= Divide(operand1,operand2)

    print(f'{operand1} {operatorSymbol[int(menuNumber)-1]} '
          + '{operand2} = {result}')
    print()
    menuNumber= input('1. 더하기  2. 빼기 3. 곱하기 4. 나누기 5. 종료 :')
print('안녕히 가세요~~')
```

```
1. 더하기  2. 빼   기 3. 곱하기 4. 나누기 5. 종료 :1
첫 번째 숫자를 입력하세요 : 2
두 번째 숫자를 입력하세요 : 3
2 + 3 = 5
```

프로그램을 실행한 결과 정수와 실수 모두 올바른 결과를 출력하는 것을 확인할 수 있다.

다음은 메뉴함수를 이용하여 올바른 메뉴번호가 입력되지 않으면 오류메시지를 출력하는 프로그램이다. getValidMenuNumber() 함수를 이용하여 입력한 문자가 "12345"의 원소가 아니면 오류를 출력하여 다시 메뉴번호를 입력받도록 한다.

또한 getValidMenuNumber() 함수는 메뉴번호를 정수로 변환하여 반환하므로 메뉴 번호를 다루는 부분의 프로그램에서 모두 정수로 처리한다.

```
def getValidMenuNumber():
    menuNumber= input('1. 더하기 2. 빼기 3. 곱하기 4. 나누기 5. 종료 :')
    while menuNumber not in "12345":
        print('입력하신 번호가 틀렸습니다. 다시 입력해 주세요.')
        menuNumber=input('1. 더하기 2. 빼기 3. 곱하기 4. 나누기 5. 종료 :')
    return int(menuNumber)

operatorSymbol=['+', '-', '*', '/']
```

```
operator=['더하기','빼   기','곱하기','나누기','종료']
menuNumber= getValidMenuNumber()
while menuNumber != 5:
    operand1=getOperand(1)
    operand2=getOperand(2)
    if menuNumber == 1:
        result= Plus(operand1,operand2)
    elif  menuNumber == 2:
        result= Minus(operand1,operand2)
    elif  menuNumber == 3:
        result= Multiply(operand1,operand2)
    elif  menuNumber == 4:
        result= Divide(operand1,operand2)
        print(f'{operand1} {operatorSymbol[menuNumber-1]} '
           + '{operand2} = {result}')
    print()
    menuNumber= getValidMenuNumber()
print('안녕히 가세요~~')
```

```
1. 더하기  2. 빼   기  3. 곱하기  4. 나누기  5. 종료 :a
입력하신 번호가 틀렸습니다. 다시 입력해 주세요.
1. 더하기  2. 빼   기 3. 곱하기 4. 나누기 5. 종료 :7
입력하신 번호가 틀렸습니다. 다시 입력해 주세요.
1. 더하기  2. 빼   기 3. 곱하기 4. 나누기 5. 종료 :2
첫 번째 숫자를 입력하세요 : 20
두 번째 숫자를 입력하세요 : 10
20 - 10 = 10
```

프로그램을 실행한 결과 메뉴번호의 오류 입력에 대하여 오류메시지를 출력하고, 정수와 실수 모두 올바른 결과를 출력하는 것을 확인할 수 있다.

다음은 메뉴함수를 수정하여 프로그램에서 타당한 메뉴번호의 문자열을 구하고, operator 리스트를 이용하여 메뉴를 출력하는 문자열을 자동으로 생성하도록 함수를 수정한 프로그램이다. 또한, 사칙연산을 위한 함수를 리스트로 구성하여 if 문으로 메뉴번호에 따라 함수를 호출하지 않고 리스트의 색인을 이용하여 함수를 호출하도록 한다.

즉, if 문 없이 listFun에 사칙연산의 함수를 리스트로 정의하고, 색인을 메뉴번호에서 1을 뺀 값으로 설정하여, 매개변수 operand1, operand2를 이용하여 사칙연산 함수를 호출한다.

```
operatorSymbol=['+', '-', '*', '/']
operator=['더하기','빼  기','곱하기','나누기','종료']
def getValidMenuNumber():
    menuMessage = ''
    validNumberString=''
    i=0
    for menuItem in operator:
        i+=1
        validNumberString+=str(i)
        menuMessage+=str(i) + '. ' + menuItem + '  '
    menuNumber= input(menuMessage + ' : ')
    while menuNumber not in validNumberString:
        print('입력하신 번호가 틀렸습니다. 다시 입력해 주세요.')
        menuNumber= input(menuMessage + ' : ')
    return int(menuNumber)

listFunc=[Plus,Minus,Multiply,Divide]
menuNumber= getValidMenuNumber()
while operator[menuNumber-1] != '종료':
    operand1=getOperand(1)
    operand2=getOperand(2)
    result= listFunc[menuNumber-1](operand1,operand2)
    print(f'{operand1} {operatorSymbol[menuNumber-1]} '
        + f'{operand2} = {result}')
    print()
    menuNumber= getValidMenuNumber()

print('안녕히 가세요~~')
```

```
1. 더하기  2. 빼  기 3. 곱하기 4. 나누기 5. 종료 :3
첫 번째 숫자를 입력하세요 : 2
두 번째 숫자를 입력하세요 : 3
2 * 3 = 6
```

```
1. 더하기  2. 빼  기 3. 곱하기 4. 나누기 5. 종료 :4
첫 번째 숫자를 입력하세요 : 2
두 번째 숫자를 입력하세요 : 3
2 / 3 = 0.6666666666666666
```

프로그램을 실행한 결과 정수와 실수 모두 올바른 결과를 출력하는 것을 확인할 수 있다.

(4) 가위바위보 게임 프로그램

다음은 가위바위보 게임을 함수를 이용하여 작성한 프로그램의 예이다.

먼저 변수 PlayList를 이용하여 리스트 ['가위', '바위', '보', '종료']를 정의한다. 그리고 게임 결과를 콘솔 창에 출력하는 printPlayResult() 함수를 정의하였는데 매개변수로 컴퓨터가 낸 것(computerPlayResult), 사용자의 이름(userName), 사용자가 낸 것(userPlayResult)을 매개변수로 전달받는다. 먼저 컴퓨터와 사용자의 낸 것을 콘솔 창에 출력하며, if 문 2개를 이용하여 누가 이겼는지 판별한 다음 승패 결과를 출력한다.

getUserResult() 함수는 사용자에게 가위바위보를 숫자로 입력 받으며, 올바른 사용자의 입력 값을 얻어 PlayList의 문자열을 반환한다.

PlayList[int(inputNumber)-1]에서 inputNumber를 정수로 바꾸어 1을 뺀 값을 색인으로 한 것은 입력받는 번호는 1부터 시작하나 색인은 0부터 시작하기 때문이다.

또한 while 문을 이용하여 입력 값이 1, 2, 3, 4 가 아니면 다시 입력받도록 함으로써 잘못 입력하는 경우를 대비한다.

프로그램은 먼저 사용자 이름을 입력 받은 후 난수를 이용하여 "종료"를 제외한 PlayList의 문자열 중 하나를 선택하도록 함으로써 컴퓨터가 가위바위보를 내도록 한다. 그리고 getUserResult() 함수를 이용하여 사용자에게 가위바위보를 입력 받은 후 압력 값이 "종료"가 아닌 동안 다음을 반복한다. 결과를 출력한다, 컴퓨터가 가위바위보를 낸다. 사용자에게 가위바위보를 입력받는다.

```
import random
PlayList=['가위','바위','보', '종료']
def printPlayResult(computerPlayResult, userName, userPlayResult):
    print(f"{userName}님 : {userPlayResult}, 컴퓨터 : {computerPlayResult}")
    if computerPlayResult == '가위':
        if userPlayResult == '가위':
            print("{0}님이 컴퓨터와 비겼습니다.".format(userName))
        elif userPlayResult == '바위':
            print("{0}님이 컴퓨터를 이겼습니다.".format(userName))
        elif userPlayResult == '보':
            print("{0}님이 컴퓨터에게 졌습니다.".format(userName))
    elif computerPlayResult == '바위':
        if userPlayResult == '가위':
            print("{0}님이 컴퓨터에게 졌습니다.".format(userName))
        elif userPlayResult == '바위':
            print("{0}님이 컴퓨터와 비겼습니다.".format(userName))
        elif userPlayResult == '보':
            print("{0}님이 컴퓨터를 이겼습니다.".format(userName))
    elif computerPlayResult == '보':
        if userPlayResult == '가위':
            print("{0}님이 컴퓨터를 이겼습니다.".format(userName))
        elif userPlayResult == '바위':
            print("{0}님이 컴퓨터에게 졌습니다.".format(userName))
        elif userPlayResult == '보':
            print("{0}님이 컴퓨터와 비겼습니다.".format(userName))
def getUserResult():
    print()
    inputNumber = input("가위바위보 - 1. 가위, 2. 바위, 3. 보, 4. 종료 : ")
    while inputNumber not in "1234":
        print("잘못 냈습니다.1, 2, 3, 4 만 낼 수 있어요~~~")
        inputNumber = input("가위바위보 - 1. 가위, 2. 바위, 3. 보, 4. 종료 : ")
    return PlayList[int(inputNumber)-1]
userName=input("이름을 입력하세요 : ")
computerPlayResult = random.choice(PlayList[:-1])
userPlayResult=getUserResult()
while userPlayResult != "종료":
    printPlayResult(computerPlayResult, userName, userPlayResult)
```

```
computerPlayResult = random.choice(PlayList[:-1])
userPlayResult=getUserResult()
```

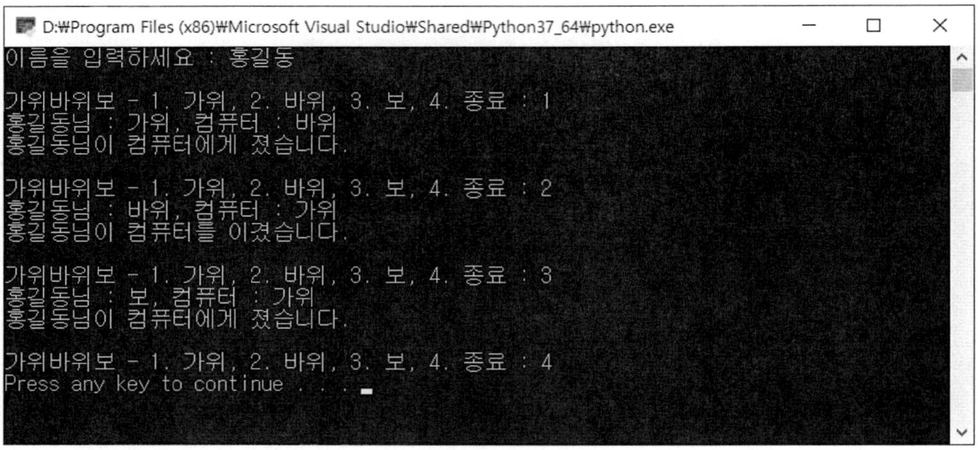

프로그램을 실행한 결과 가위바위보 게임이 올바른 결과를 출력하는 것을 확인할 수 있다.

6.1.4. 재귀 함수

함수 안에서 함수 자기자신을 호출하는 것을 재귀호출(recursive call)이라고 한다. 재귀호출은 잘 사용하지는 않지만 어떤 응용분야에서는 알고리즘을 구현할 때 매우 유용하게 사용할 수 있다.

다음은 재귀 호출을 테스트하기 위한 프로그램의 예이다.

즉, 재귀함수 recursiveCall()은 매개변수 count의 수만큼 자기자신을 다시 호출하는 프로그램이다.

recursiveCall(3)을 통하여 함수를 호출하면 count의 값은 3이므로 "3번 더 호출할 것입니다."를 출력하고, count 값을 1 감소하여 매개변수 값을 2로 다시 자기자신을 호출한다. 따라서 "2번 더 호출할 것입니다."를 출력하고, count 값을 1 감소하여 매개변수 값을 1로 다시 자기자신을 호출하면 "1번 더 호출할 것입니다."를 출력하고, 매개변수 값을 0으로 다시 자기자신을 호출한다.

이제 count 값이 0이므로 '마지막 호출입니다.'를 출력한 후 return하면 자기자신을 호출한 문장으로 제어가 반환되어 자기자신을 호출한 문장 다음문장을 실행한다.

따라서 "3번째 호출을 마칩니다."를 출력하고, 함수가 끝나 return하게 되며, 자기자신을 호출한 문장 다음문장을 실행하여 "2번째 호출을 마칩니다."를 출력한다. 이렇게 함수가 끝나 "1번째 호출을 마칩니다."를 출력하고, 함수가 끝나게 되면 함수호출이 종료된다.

이 때 주의할 점은 함수호출 전과 함수 호출 후의 실행 순서를 잘 이해하여야 한다는 점이며, 몇 번째 호출을 마치는지 출력하기 위해서는 3에서 count 값을 빼주어야 한다.

```
def recursiveCall(count):
    if count == 0:
        print(f'마지막 호출입니다.')
        return
    print(f'{count}번 더 호출할 것입니다.')
    count -= 1
    recursiveCall(count)
    print(f'{3-count}번째 호출을 마칩니다.')

recursiveCall(3)
```

```
3번 더 호출할 것입니다.
2번 더 호출할 것입니다.
1번 더 호출할 것입니다.
마지막 호출입니다.
3번째 호출을 마칩니다.
2번째 호출을 마칩니다.
1번째 호출을 마칩니다.
```

다음은 재귀호출을 이용하여 팩토리얼을 구하는 프로그램의 예이다.

팩토리얼은 1부터 n까지 양의 정수를 차례대로 곱한 값으로 느낌표(!) 기호로 표기하는데, 예를 들어 5!은 5 * 4 * 3 * 2 * 1로 결과 값은 120이다.

factorial 함수는 매개변수 n의 값을 하나씩 감소해 나가며 곱하여 주다가 n의 값이 1이면 1을 반환하여 1을 곱하도록 하면 된다.

따라서 계산 결과가 즉시 구해지는 것이 아니라 재귀호출로 n-1을 계속 전달해 나가다가 n이 1일 때 비로소 1을 반환하면서 n의 값과 곱하게 되고 계산 결과를 반환하여 다시 n의 값과 곱함으로써 계산되는 방식이다.

예를 들어 factorial(3)은 3 * factorial(2)를 계산하여 값을 반환하고, factorial(2)는 2 * factorial(1)를 계산하여 값을 반환한다. factorial(1)은 1을 반환하므로 2 * factorial(1)의 계산이 가능해져서 2 곱하기 1의 값 2를 반환하며, 3 * factorial(2)는 3 곱하기 2가 되어 6을 반환한다.

```
def factorial(n):
    if n == 1:
        return 1
    return n * factorial(n - 1)

print(factorial(5))
```

```
120
```

프로그램의 실행 결과 5!의 결과값 120이 출력되는 것을 확인할 수 있다.

다음 문제는 하노이 탑 문제이다. 하노이의 탑(Tower of Hanoi)은 퍼즐의 일종이다. 3개의 기둥과 이 기둥에 꽂을 수 있는 크기가 다양한 원판들이 있고, 퍼즐을 시작하기 전에는 한 기둥에 원판들이 작은 것이 위에 있도록 순서대로 쌓여 있다.

하노이 탑은 한 번에 한 층씩 탑을 옮길 수 있으며, 작은 탑 위에 큰 탑을 올려놓을 수 없다. 이러한 두 가지 조건을 만족시키면서, 한 기둥에 꽂힌 원판들을 그 순서 그대로 다른 기둥으로 옮겨서 다시 쌓는 것이다.

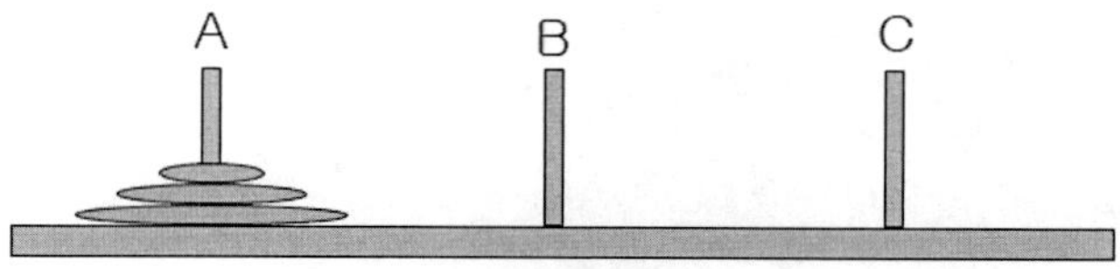

초기상태

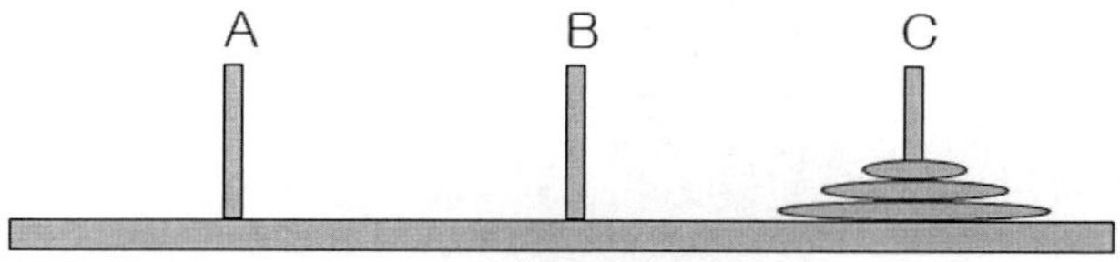

목표상태

이 문제는 전체 문제를 세 부분으로 분할하여 해결하면 되는데 알고리즘에서 주로 사용하는 divide-and-conquer 알고리즘을 사용하면 쉽게 해결할 수 있다.

즉 초기 상태의 A에 있는 원판 n-1(2)개를 목표 상태의 B로 이동한 다음, A에 있는 원판 한 개를 목표 상태의 C로 이동하고, B에 있는 원판 n-1(2)개를 C로 옮긴다. 이렇게 문제를 더 작은 문제로 나누어 해결하는 방식이 divide-and-conquer 알고리즘이다. 즉, 3개의 원판을 옮기는 문제보다 2개의 원판을 옮기는 문제가 더 쉬운 것이다.

다음은 재귀함수를 이용하여 하노이 탑 문제를 해결한 프로그램이다.

함수 hanoi()는 매개변수 height, left, middle, right를 이용하여 height 높이의 탑을 가운데(middle)를 매개로 하여 왼쪽(left)의 탑을 오른쪽(right)으로 옮기는 함수다.

height가 0이면 0을 return하고, 그렇지 않으면 다음을 수행한다. 먼저 height -1개의 탑을 오른쪽을 매개로 왼쪽의 탑을 가운데로 옮긴다. move() 함수를 이용해 왼쪽의 원판을 오른쪽으로 옮긴다. height -1개의 탑을 왼쪽을 매개로 가운데의 탑을 오른쪽으로 옮긴다. move() 함수는 매개변수 source를 target으로 옮긴다는 내용을 출력한다.

```
def hanoi(height, left, middle, right):
    if height == 0:
        return 0
    hanoi(height -1, left, right, middle)
    move(left, right)
    hanoi(height -1, middle, left, right)
def move(source, target):
    print(f"{source}의 탑 한층을 {target}으로 옮깁니다.")

hanoi(3,"왼쪽","가운데","오른쪽")
```

```
왼쪽의 탑 한층을 오른쪽으로 옮깁니다.
왼쪽의 탑 한층을 가운데으로 옮깁니다.
오른쪽의 탑 한층을 가운데으로 옮깁니다.
왼쪽의 탑 한층을 오른쪽으로 옮깁니다.
가운데의 탑 한층을 왼쪽으로 옮깁니다.
가운데의 탑 한층을 오른쪽으로 옮깁니다.
왼쪽의 탑 한층을 오른쪽으로 옮깁니다.
```

프로그램의 실행 결과 3개의 탑을 옮기도록 한 결과 올바른 답이 출력되는 것을 확인할 수 있다.

그러나 많은 탑을 옮기게 되면 프로그램의 실행이 이어지다가 에러가 발생할 수 있다. 파이썬에서 최대 재귀 깊이(maximum recursion depth)는 1,000이므로, 자기자신을 계속 호출하다가 최대 재귀 깊이를 초과하면 RecursionError가 발생한다.

6.2. 매개변수와 반환값 응용

6.2.1. 여러 개의 매개변수

다음은 매개변수의 수를 정할 수 없을 때 함수를 정의하는 형식이다.

```
def 함수이름(*매개변수):
    <수행할 문장>
    ...
```

매개변수의 수를 정할 수 없을 때 괄호 안의 매개변수 이름 앞에 *를 붙여 형식매개변수를 지정한다. 다음은 매개변수를 모두 더해서 반환하는 함수를 정의한 프로그램이다.

```
def sum(*args):
    sum=0
    for i in args:
        sum+=i
    return sum

>>> result=sum(10,20)
>>> print(f'sum(10,20) 합계는 {result}입니다.')
sum(10,20) 합계는 30입니다.

>>> result=sum(10,20,30)
>>> print(f'sum(10,20,30) 합계는 {result}입니다.')
sum(10,20,30) 합계는 60입니다.

>>> result=sum(10,20,30,40,50)
>>> print(f'sum(10,20,30,40,50) 합계는 {result}입니다.')
sum(10,20,30,40,50) 합계는 150입니다.
```

매개변수로 10과 20을 전달해 주면 30을, 10, 20, 30을 전달해 주면 60을, 10, 20, 30, 40, 50을 전달해 주면 150을 반환하는 것을 확인할 수 있다.

sum() 함수에 매개변수가 몇 개이든지 상관없는 것은 *args처럼 매개변수 이름 앞에 *을 붙이면 매개변수로 전달되는 입력값을 모두 모아 튜플로 만들어 주기 때문이다.

```
def sum(*args):
    print(f'args = {args}')
    sum=0
    for i in args:
        sum+=i
    return sum

result=sum(10,20,30,40,50)
print(f'sum(10,20,30,40,50) 합계는 {result}입니다.')
args = (10, 20, 30, 40, 50)
```

```
sum(10,20,30,40,50) 합계는 150입니다.
```

args를 출력한 결과 튜플 (10, 20, 30, 40, 50)이 출력됨을 확인할 수 있다. 프로그램에서 args는 arguments의 줄임말로 관례적으로 매개변수의 이름으로 많이 사용한다. 주의할 점은 매개변수 이름 앞에 *을 붙이면 입력값을 모두 튜플로 만들어 주기 때문에 *를 붙인 매개변수 뒤에 매개변수를 지정할 수 없다는 사실이다. 물론 *args와 같이 *를 붙인 매개변수 앞에는 매개변수를 지정할 수 있다.

다음은 *를 붙인 매개변수 앞에 매개변수를 지정한 프로그램이다. 연산자를 형식매개변수로 전달받아 '+' 면 덧셈을, '*'이면 곱셈을 수행하는 함수다.

```
def compute(operator, *args):
    if operator=='+':
        sum=0
        for i in args:
            sum+=i
    elif operator=='*':
        sum=1
        for i in args:
            sum *= i
    return sum
```

다음은 덧셈을 호출한 예다.

```
result=compute('+', 10, 20, 30, 40, 50)
print(f'compute(',10,20,30,40,50) 결과는 {result}입니다.')
```

```
compute('+',10,20,30,40,50) 결과는 150입니다.
```

매개변수로 전달된 모든 숫자가 더해져 'compute('+',10,20,30,40,50) 결과는 150입니다.'를 출력하는 것을 확인할 수 있다.

```
result=compute('*', 10, 20, 30, 40, 50)
print(f'compute(',10,20,30,40,50) 결과는 {result}입니다.')
```

```
compute('*',10,20,30,40,50) 결과는 12000000입니다.
```

매개변수로 전달된 모든 숫자가 더해져 'compute('*',10,20,30,40,50) 결과는 12000000입니다.'를 출력하는 것을 확인할 수 있다.

파이썬에는 형식매개변수 앞에 * 2개를 사용하여 딕셔너리 데이터를 매개변수로 전달할 수 있다. 딕셔너리는 중괄호를 이용하여 키와 값의 쌍으로 데이터를 정의하는 클래스다.

다음은 딕셔너리 데이터를 매개변수로 전달하기 위해 * 2개를 이용하여 형식매개변수를 정의한 함수의 예이다.

```
def printDict(**argDicts):
    print(argDicts)

printDict(Key = 'value')
printDict(name='홍길동', 나이 = 22)
```

```
{'Key': 'value'}
{'name': '홍길동', '나이': 22}
```

프로그램 실행 결과 매개변수로 전달받은 데이터가 딕셔너리로 출력되는 것을 확인할 수 있다.

이렇게 매개변수 앞에 * 하나를 붙이면 전달된 여러 개의 매개변수를 튜플 자료형으로 변환하여 처리하고, 매개변수 앞에 * 2개를 붙이면 전달받은 매개변수를 딕셔너리로 처리한다.

6.2.2. 여러 개의 함수값 반환

다음은 두 수를 입력 받아 함수값의 결과로 몫과 나머지를 반환하는 프로그램의 예이다.

```
def divide(x,y):
    return x//y, x%y
```

이 프로그램은 반환하는 값이 몫 x//y와 나머지 x%y 2개이므로 2개의 값을 반환하는 것처럼 보이지만 사실 이것은 튜플 자료형으로 반환하는 것이기 때문에 하나의 값을 반환한다. 즉 튜플 (x//y, x%y) 데이터로 반환되기 때문에 quotient, remainder 2개의 변수에 할당 받을 수 있는 것이다. 이것은 두수를 교환하는 식 i, j = j, i 과 같은 원리이다.

따라서 파이썬에서도 함수가 반환하는 값은 항상 하나이다.

```
i=10
j=7
quotient, remainder=divide(i,j)
result=divide(i,j)
print(f'i = {i}, j = {j}, 몫 = {quotient}, 나머지 = {remainder}')
```

```
i = 10, j = 7, 몫 = 1, 나머지 = 3
```

divide() 함수를 이용하여 몫과 나머지를 변수 quotient과 remainder에 반환받아 'i = 10, j = 7, 몫 = 1, 나머지 = 3'를 출력하는 것을 확인할 수 있다.

다음은 함수 divide()의 결과 값을 하나의 변수로 돌려받은 예다.

```
i=10
j=7
result=divide(i,j)
print(f'i = {i}, j = {j}, result = {result}')
```

```
i = 10, j = 7, result = (1, 3)
```

실행 결과 튜플 (1, 3)이 변수 result에 하나의 값으로 반환받는 것을 확인할 수 있다.

함수의 값을 반환하는 return 문은 반복문의 break가 반복문을 빠져 나가듯 return을 만나면 언제나 함수를 빠져나간다.

6.2.3. 매개변수의 기본값 지정

프로그래밍에서 매개변수가 전달되지 않을 때 매개변수의 값을 기본값으로 설정할 필요가 있을 수 있다. 다음은 함수를 정의할 때 형식매개변수에 초기값을 설정해 준 프로그램의 예다. 호출하는 실매개변수에 성별 sex를 지정해 주지 않으면 성별 sex의 값은 기본값으로 'female'을 지정하라는 의미이다.

```
def WhoAreYou(name, age, sex='female'):
    if sex=='female':
        print(f'나는 미즈 {name}이고요, 나이는 {age-10}살 정도..., 숙녀의 나이는 비밀입니다. ')
    elif sex=='male':
        print(f'나는 미스터 {name}이고요, 나이는 {age}살입니다. 아주 잘생긴 남자이고요... ')
    else:
        print(f'내 이름은 {name}이고요, 나이는 {age}살인데, 성별은 {sex}입니다. ')

>>> WhoAreYou("홍길동", 20, 'male')
나는 미스터 홍길동이고요, 나이는 20살입니다. 아주 잘생긴 남자이고요...
>>> WhoAreYou("파이썬", 30, 'Molla')
내 이름은 파이썬이고요, 나이는 30살인데, 성별은 Molla입니다.
```

실매개변수로 "홍길동", 20, 'male'를 전달하기 때문에, 형식매개변수 name에는 "홍길동", age에는 10, sex에는 'male'이 전달되었다. 매개변수가 모두 잘 전달되었음을 확인할 수 있다. 실매개변수로 "파이썬", 30, 'Molla'를 전달한 두 번째 호출의 매개변수 전달도 동일하다. 매개변수가 모두 잘 전달되었음을 확인할 수 있다.

```
>>> WhoAreYou("김영희", 28, 'female')
나는 미즈 김영희이고요, 나이는 18살 정도..., 숙녀의 나이는 비밀입니다.
>>> WhoAreYou("김영희", 28)
나는 미즈 김영희이고요, 나이는 18살 정도..., 숙녀의 나이는 비밀입니다.
```

실매개변수로 "김영희", 28, 'female'를 전달하기 때문에, 형식매개변수 name에는 "김영희", age에는 28, sex에는 'female'이 전달되었다. 매개변수가 모두 잘 전달되었음을 확인할 수 있다. 두 번째 호출에서는 name에는 "김영희", age에는 28 이렇게 2개의 실매개변수만 전달되었다. 하지만 sex에는 'female'이 기본값으로 할당되기 때문에 위의 프로그램 코드와 동일한 결과가 출력됨을 확인할 수 있다.

주의할 점은 매개변수의 기본값 지정은 형식매개변수의 뒤에서부터 지정되어야 한다는 것이다. 다음에 정의한 함수는 age와 sex에 실매개변수가 지정되지 않으면 age에 기본값 18을, sex에 기본값 'female'을 지정하라는 의미다.

```
def WhoAreYou(name, age=18, sex='female'):
```

다음에 정의한 함수는 sex에 기본값을 지정하지 않고 age에 기본값 18을 지정하였기 때문에 오류가 발생한다. 형식매개변수의 기본값 지정은 반드시 형식매개변수의 뒤에서부터 차례로 지정되어야 한다는 것이다.

```
def WhoAreYou(name, age=18, sex):
```

```
SyntaxError: non-default argument follows default argument
```

즉, 기본값을 설정해 놓은 매개변수 뒤에 기본값을 설정해 놓지 않은 매개변수는 사용할 수 없다는 것이다. 기본값을 설정하기 위해서는 기본값을 설정하려는 매개변수를 항상 뒤쪽에서부터 설정하여야 한다는 것을 명심하여야 한다.

6.3. 함수 고급 기능

6.3.1. 람다(lambda)

프로그램을 개발하다 보면 함수를 간단히 정의하여 바로 사용하는 것이 편리할 때가 있다. 이 때 사용하는 것이 람다이다. 람다는 함수를 생성할 때 사용하는 예약어로 def와 동일한 역할을 한다. 람다는 보통 함수를 한 줄로 간결하게 만들 때 사용하는데, 람다의 사용법은 다음과 같다.

```
lambda 매개변수1, 매개변수2, ... : 매개변수를 이용한 표현식
```

다음은 두 수를 더하는 함수를 람다를 이용해 구현한 예이다.

```
sum=lambda x, y: x + y
i=10
j=20
result= sum(i,j)
print(f'i = {i}, j = {j}, i+j={result}')
```

```
i = 10, j = 20, i+j=30
```

람다를 이용해 한 줄짜리 sum = lambda x, y: x + y 함수를 만들어 사용한 예로, 수행결과 'i = 10, j = 20, i + j = 30'으로 함수가 잘 수행되는 것을 확인할 수 있다.

다음은 두 수를 교환하는 함수를 람다로 정의하여 사용한 프로그램의 예이다.

```
swap=lambda x, y:(y,x)
i=10
j=20
print(f'i = {i}, j = {j}')
i,j=swap(i,j)
print(f'i = {i}, j = {j}')
```

```
i = 10, j = 20
i = 20, j = 10
```

람다를 이용해 한 줄짜리 swap() 함수를 만들어 사용한 결과, 함수가 문제없이 잘 수행됨을 확인할 수 있다.

6.3.2. 표준 모듈(module)

모듈은 수학 함수와 같이 많은 프로그래머들이 함께 사용할 수 있도록 모아놓은 단위 프로그램들을 의미한다. 이러한 모듈들은 파이썬에서 사용자들을 위해 기본적으로 만들어 놓은 표준 모듈과 외부에서 프로그래머들이 만들어 공개해 놓은 외부 모듈로 구분할 수 있다. 이러한 모듈을 사용하려면 해당 모듈을 사용하기 전에 import 하여야 한다. import를 사용하면 모듈을 불러올 수 있는데, import는 다른 프로그램으로부터 모아놓은 모듈들을 가져오라는 의미이다.

import 구문은 다음과 같다.

```
import  모듈 이름
```

즉, import를 쓰고 import할 모듈 이름을 코딩하면 된다.

import 할 모듈에서 사용하고자 하는 단위 모듈을 지정하여 가져올 수도 있는데 이 경우의 import 구문은 다음과 같다.

```
from 모듈 import 이름
```

예를 들어 수학 관련 함수를 사용하기 위해 import math와 같이 모듈을 가져올 수 있고, 수학 관련 모듈 가운데 삼각함수 sin(), cos(), tan()만을 가져 오려면 from math import sin,cos,tan 라고 지정하면 된다. 또한, 수학 관련 모듈의 모든 함수를 가져올 경우 from math import * 로 지정할 수 있다.

다음은 가져온 모듈을 다른 이름으로 사용하고자 할 경우 모듈을 import하는 방법이다.

```
import 모듈 as 사용할 식별자
```

예를 들어 import math as mathmatics로 지정하면 math.sin() 대신 mathmatics.sin()으로 모듈 이름을 변경하여 사용할 수 있다.

또한, 프로그래밍을 하다 보면 가져온 모듈을 사용하지 말아야 할 경우가 생길 수 있는데, 이 경우에는 다음과 같이 모듈을 삭제하면 된다.

```
del 모듈
```

예를 들어 del math와 같이 쓸 수 있다.

다음은 한 번 불러온 모듈을 다시 불러올 필요가 있을 때 다음과 같이 다시 로드하면 된다.

```
from importlib import reload
reload(모듈)
```

(1) math 모듈

math 모듈은 수학과 관련된 계산기능을 모아놓은 모듈이다. math 모듈에는 수학과 관련된 여러 가지 상수와 함수들이 있다.

math에 포함된 함수의 사용 예이다.

함수를 사용하기 전에 math 모듈을 import 해 주어야 한다.

```
import math
print(math.sin(1))
print(math.cos(1))
print(math.tan(1))
print(math.log(2))
```

```
0.8414709848078965
0.5403023058681397
1.5574077246549023
0.6931471805599453
```

함수 sin(1), cos(1), tan(1), log(2)를 수행한 결과 값이 반환되는 것을 확인할 수 있다.

```
print(math.floor(3.5))
print(math.floor(-3.5))
```

```
3
-4
```

floor() 함수는 소수점 이하를 무조건 잘라버리는 함수로 math.floor(3.5)는 3을 반환하고 math.floor(-3.5)는 -4를 반환한다.

```
print(math.ceil(3.4))
print(math.ceil(-3.4))
```

```
4
-3
```

ceil() 함수는 소수점 자리의 숫자를 무조건 올리는 함수로, math.ceil(3.4)는 4를, math.ceil(-3.4)은 -3을 반환한다.

다음은 math 모듈에서 sin(), cos(), tan(), log(), floor(), ceil() 함수 만을 import 하는 경우이다.

```
from math import sin,cos,tan,log,floor,ceil
```

(2) random 모듈

random 모듈은 함수는 난수와 관련된 모듈로 게임 프로그램 등 수많은 응용 프로그램에서 난수를 이용한다.

예를 들어 테트리스 게임에서 무작위로 모양을 만들어 나타나게 한다든가, 가위바위보 게임을 하기 위해 컴퓨터가 무작위로 가위바위보를 선택하도록 하는 것은 모두 난수를 이용한다.

이러한 난수와 관련된 프로그램 역시 수학 함수이기 때문에 함수가 언제나 동일한 값을 동일한 순서로 반환할 것 같지만, 컴퓨터의 항상 변하는 시계를 이용하여 난수를 생성하기 때문에 함수를 수행하는 시점에 따라 언제나 다른 값이 다른 순서로 만들어진다.

따라서 프로그램을 실행할 때마다 다른 결과를 출력한다. 난수와 관련된 함수를 이용하는 프로그램을 수행하려면 함수를 사용하기 전에 random을 import 해 주어야 한다.

```
import random
for i in range(3):
    print(random.random())
    print(random.uniform(10,20))
    print(random.randrange(10))
    print()
```

```
0.4258233871100495
18.238795482520306
7
1
0.08388000168490406
19.657458151320053
1
3
0.007456029909582829
19.23540130126095
1
2
```

random.random()은 0.0부터 1.0 미만의 난수를 발생시킨다. 세 번의 반복을 통해 실수 0.4258233871100495, 0.08388000168490406, 0.007456029909582829가 생성된 것을 확인할 수 있다.

random.uniform(10,20)은 10에서 20 사이의 실수를 반환한다. 세 번의 반복을 통해 18.238795482520306, 19.657458151320053, 19.23540130126095가 생성되는 것을 확인할 수 있다.

randrange()는 지정된 범위의 정수 값을 반환하는데, randrange(3)은 0부터 3 미만의 정수를 반환하고, randrange(3, 7)은 3부터 6까지의 정수를 반환한다. randrange(10)은 세 번의 반복을 통해, 0부터 9까지의 수 7, 1, 1을 생성하는 것을 확인할 수 있다.

random.choice([1,2,3])은 리스트 내부의 요소를 선택하는 함수로 세 번의 반복을 통하여 1, 3, 2가 생성되는 것을 확인할 수 있다.

```
import random
for i in range(3):
    list1=[1,2,3,4,5]
    print(list1)
    random.shuffle(list1)
    print(list1)
    print(random.sample([1,2,3],k=2))
```

```
[1, 2, 3, 4, 5]
[3, 1, 2, 5, 4]
[1, 3]
[1, 2, 3, 4, 5]
[4, 2, 5, 3, 1]
[2, 1]
[1, 2, 3, 4, 5]
[5, 4, 2, 1, 3]
[1, 3]
```

random.shuffle(list1)을 세 번 수행한 결과 리스트의 요소가 [3, 1, 2, 5, 4], [4, 2, 5, 3, 1], [5, 4, 2, 1, 3]과 같이 무작위로 섞이는 것을 확인할 수 있다.

random.sample([1,2,3],k=2)는 세 번 수행한 결과 리스트에서 두 개의 요소 [1, 3], [2, 1], [1, 3]을 선택하는 것을 확인할 수 있다.

(3) sys 모듈

sys 모듈은 시스템과 관련된 정보를 가진 모듈이다.

```
import sys
print(f'sys.argv : {sys.argv}')
```

```
sys.argv : ['C: \\ Users \\ ... \\ function2.py']
```

sys.argv는 명령행 매개변수를 출력한다. 즉, function2.py를 명령어 창에서 실행할 경우 인수를 출력해 준다. 이 프로그램에서는 인수 없이 프로그램을 실행했으므로 프로그램의 이름인 'C:\\Users\\...\\function2.py'만 출력 하였다.

```
print(f'sys.getwindowsversion() : {sys.getwindowsversion()}')
```

```
sys.getwindowsversion() : sys.getwindowsversion(major=10, minor=0, build=18363,
platform=2, service_pack='')
```

sys.getwindowsversion() 함수는 윈도우즈 버전을 가져오는 함수이다. 이 컴퓨터의 윈도우즈 버전을 출력한 결과를 확인할 수 있다.

```
print(f'sys.copyright : {sys.copyright}')
```

```
sys.copyright : Copyright (c) 2001-2019 Python Software Foundation.
All Rights Reserved.

Copyright (c) 2000 BeOpen.com.
All Rights Reserved.

Copyright (c) 1995-2001 Corporation for National Research Initiatives.
All Rights Reserved.

Copyright (c) 1991-1995 Stichting Mathematisch Centrum, Amsterdam.
All Rights Reserved.
```

sys.copyright는 시스템의 copyright를 가져온다. 출력된 시스템의 copyright를 확인할 수 있다.

```
print(f'sys.version : {sys.version}')
```

```
sys.version : 3.7.5 (tags/v3.7.5:5c02a39a0b, Oct 15 2019, 00:11:34) [MSC v.1916 64 bit (AMD64)]
```

sys.version은 시스템의 버전을 가져온다. 출력된 시스템 버전을 확인할 수 있다.

(4) os 모듈

운영체제와 관련된 기능을 가진 모듈이다. 새로운 폴더를 만들거나 폴더의 내부 목록을 가져올 수 있다.

```
import os
import timeit
print(f'os.name : {os.name}')
print(f'os.getcwd() : {os.getcwd()}')
print(f'os.listdir() : {os.listdir()}')
```

```
os.name : nt
os.getcwd() : C:₩Users₩bgsung₩source₩repos₩function2₩function2
os.listdir() : ['function2.py', 'function2.pyproj', 'mytestfile.txt', 'testfile.txt']
```

os.name은 운영체제의 이름 nt를 반환하고, os.getcwd()는 현재의 작업 폴더 C:\Users\......\function2를 반환한다. os.listdir()은 현재 작업폴더의 파일이나 폴더인 'function2.py', 'function2.pyproj', 'mytestfile.txt', 'testfile.txt' 등을 보여 준다.

```
if os._exists('myTest'):
    os.rmdir('myTest')
os.mkdir('myTest')
with open('testfile.txt','w') as myFile:
    myFile.write('안녕하세요 \ n'*3)
```

os._exists('myTest')는 'myTest' 폴더가 존재하면 os.rmdir('myTest')를 실행하여 'myTest' 폴더를 삭제하라는 의미이다. os.mkdir('myTest')은 myTest' 폴더를 생성하는 명령어이고, with open('testfile.txt','w') as myFile은 testfile.txt 파일을 쓰기 모드로 open하여 myFile.write('안녕하세요\n'*3)를 통해 '안녕하세요\n' 문자열을 3번 write하라는 의미이다.

```
os.remove('mytestfile.txt')
print(f'os.listdir() : {os.listdir()}')
os.listdir() : ['function2.py', 'function2.pyproj']
```

remove('mytestfile.txt')는 'mytestfile.txt' 파일을 삭제하라는 명령이고, os.listdir()의 결과를 출력하면 'function2.py', 'function2.pyproj'가 출력됨을 확인할 수 있다.

```
os.rename('testfile.txt', 'mytestfile.txt')
print(f'os.listdir() : {os.listdir()}')
os.listdir() : ['function2.py', 'function2.pyproj', 'myTest', 'mytestfile.txt']
```

os.rename('testfile.txt', 'mytestfile.txt')은 'testfile.txt'을 'mytestfile.txt'로 이름을 변경하라는 명령어이다.

os.listdir()의 결과를 출력하면 'function2.py', 'function2.pyproj', 'myTest', 'mytestfile.txt'이 출력되어 폴더와 파일 이름의 삭제와 이름 변경이 잘 수행되었음을 확인할 수 있다.

```
with open('mytestfile.txt','r') as myFile:
    myText = myFile.readlines()
    for line in myText:
        print(line)
```

```
안녕하세요
안녕하세요
안녕하세요
```

위 프로그램은 다시 파일을 읽기모드로 열어 읽기를 수행한 다음, 한 줄씩 출력하는 프로그램이다. 안녕하세요가 세 번 출력되는 것을 확인할 수 있다.

(4) datetime 모듈

날짜와 시간에 관련된 모듈로 날짜나 시간을 얻을 때 자주 사용한다.

다음은 날짜와 시간을 1초에 한 번씩 출력하는 프로그램이다.

```
import timeit
import datetime

while True:
    now=datetime.datetime.now()
    print(f'{now.year}:{now.month}:{now.day}'
          + f':{now.hour}:{now.minute}:{now.second}')
    timeit.time.sleep(1)
```

실행 결과 날짜와 시간이 1초에 한 번씩 출력하는 것을 확인할 수 있다.

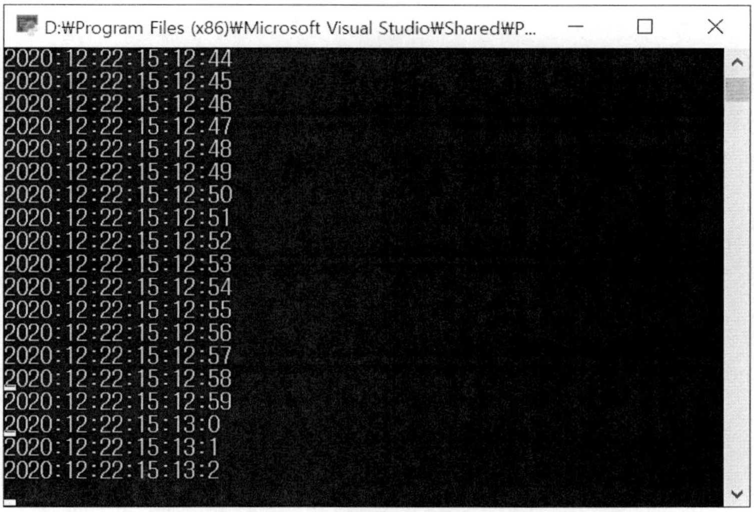

6.3.3. __name__과 __main__

프로그래밍을 하다 보면 어떤 파일에 있는 함수를 다른 프로그램에서 호출할 필요가 있을 수 있다. 다음은 module1.py 파일에 모듈을 정의한 다음 다른 프로그램에서 이 모듈의 함수를 사용하는 프로그램의 예이다. 즉, hello() 함수를 정의하여 "\t안녕하세요!!!"를 출력하고 출력 위치와 프로그램의 시작과 종료, 그리고 __name__ 값을 출력하였다.

```
def hello():
    print(" \ t안녕하세요!!!")
    print(" \ t여기는 hello() 함수 안입니다. 함수를 실행하고 있는 중입니다.")
print(f" \ t여기는 {__name__} 프로그램의 시작 지점입니다.")
print(f" \ t모듈 이름(__name__) : {__name__}")
print(f" \ t여기는 {__name__} 프로그램의 종료 지점입니다.")
```

```
        여기는 __main__ 프로그램의 시작 지점입니다.
        모듈 이름(__name__) : __main__
        여기는 __main__ 프로그램의 종료 지점입니다.
```

프로그램을 단독으로 실행한 결과 모듈 이름(__name__)이 __main__으로 출력되는 것을 확인할 수 있다.

이제 이 프로그램을 다른 파일 nameNmain.py에서 module1.py를 import한 후, hello() 함수를 호출하려고 한다. 즉, 프로그램의 시작과 종료, 함수호출의 전과 후에 위치를 출력하고 module1.py를 import한 후 module.hello() 함수를 호출한다.

```
import module1 as module
print()
print(f"여기는 {__name__} 프로그램입니다.")
print("import한 module의 hello() 함수를 호출합니다.")
print()
module.hello()
print()
print("import한 module의 hello() 함수 호출이 끝났습니다.")
print(f"모듈 이름(__name__) : {__name__}")
print()
```

```
        여기는 module1 프로그램의 시작 지점입니다.
        모듈 이름(__name__) : module1
        여기는 module1 프로그램의 종료 지점입니다.

여기는 __main__ 프로그램입니다.
import한 module의 hello() 함수를 호출합니다.

        안녕하세요!!!
        여기는 hello() 함수 안입니다. 함수를 실행하고 있는 중입니다.

import한 module의 hello() 함수 호출이 끝났습니다.
모듈 이름(__name__) : __main__
```

프로그램을 실행한 결과 import한 module1.py 프로그램이 먼저 살행되고 난 다음 nameNmain.py 프로그램이 실행되는 것을 확인할 수 있다. 또한, import한 module1.py의 모듈 이름(__name__)이 __main__이 아니라 module1으로 출력되는 것을 확인할 수 있다.

따라서, import한 module1.py가 순수한 함수나 클래스로 이루어져 있지 않고 모듈 속에 실행 프로그램이 존재할 경우에는 import한 프로그램을 실행할 때는 실행되지 않도록 하여야 한다.

다음은 import한 프로그램에서 실행할 때는 프로그램이 실행되지 않도록 module1.py를 수정한 프로그램의 예이다. 프로그램이 실행될 때 __name__의 값이 "__main__"일 경우에만 실행되도록 수정하였다.

```
def hello():
    print("\t안녕하세요!!!")
    print("\t여기는 hello() 함수 안입니다. 함수를 실행하고 있는 중입니다.")
if __name__ == "__main__":
    print(f"\t여기는 {__name__} 프로그램의 시작 지점입니다.")
    print(f"\t모듈 이름(__name__) : {__name__}")
    print(f"\t여기는 {__name__} 프로그램의 종료 지점입니다.")
```

```
여기는 __main__ 프로그램입니다.
import한 module의 hello() 함수를 호출합니다.

          안녕하세요!!!
          여기는 hello() 함수 안입니다. 함수를 실행하고 있는 중입니다.

import한 module의 hello() 함수 호출이 끝났습니다.
모듈 이름(__name__) : __main__
```

프로그램을 실행한 결과 import한 module1.py 프로그램은 실행되지 않고 module1.py에 있는 hello() 함수만 호출되는 것을 확인할 수 있다. 이렇게 import되는 모듈의 프로그램에서는 __name__이 "__main__"인지를 체크하여 실행함으로써 import하는 프로그램의 실행을 보증할 수 있다.

CHAPTER 07

예외처리

7.1. 오류와 예외

프로그래밍을 하다 보면 많은 오류를 겪게 되는데 일반적으로 문법이 틀려 발생하는 오류를 구문 오류(syntax error)라 하고 실행 시에 발생하는 오류를 런타임 오류(runtime error)라 한다. 인터프리터가 아닌 컴파일러 방식의 언어에서는 정의하지 않은 변수나 함수를 링크할 때 발생하는 오류(linkage time error)가 있다. 그러나 파이썬은 인터프리터 방식이기 때문에 존재하지 않는 변수나 함수에 대한 참조가 모두 런타임시에 이루어지므로 런타임 오류(runtime error)로 분류할 수 있다.

이렇게 프로그램 실행 중에 발생하는 오류를 런타임 오류라 하며 런타임 오류를 예외(exception)라고도 한다. 프로그래머는 프로그램을 실행하다가 예외가 발생해 프로그램이 멈추는 것을 방지하여야 한다. 즉, 프로그래머는 프로그램 안에 예외처리를 위한 로직을 코딩하여야 한다.

7.1.1. 문법 오류

문법 오류(syntax error)는 프로그램을 실행하기 전에 발생하는 오류다.

문법 오류는 구문 오류 또는 파싱 오류라고도 하는데 문법이 틀려 발생하는 오류로, 요즘은 편집기가 스마트해져서 프로그램을 편집하는 도중에 스마트 편집기가 문법 오류를 알려주기도 한다.

다음은 문법 오류의 예이다.

(1) 들여쓰기 오류

```
>>>       print("당신을 사랑합니다.")

  File "<stdin>", line 1
    print("당신을 사랑합니다.")
IndentationError: unexpected indent
```

들여쓰기를 하지 말아야 할 곳에 들여쓰기를 해서 발생한 오류다.

(2) 문자열 닫기 오류

```
>>> print("당신을 사랑합니다.)
  File "<stdin>", line 1
    print("당신을 사랑합니다.)
                          ^
SyntaxError: EOL while scanning string literal
```

"당신을 사랑합니다."란 문자열을 쌍따옴표로 닫지 않아 발생한 오류다.

(3) 콜론(":") 누락 오류

```
>>> while True print('Hello world')
  File "<stdin>", line 1
    while True print('Hello world')
                   ^
SyntaxError: invalid syntax
```

while True 다음에 콜론(":")을 쓰지 않아서 발생한 구문 오류다.

문법 오류가 발생하면 프로그램의 소스코드를 분석해서 문법적으로 맞는지 체크하는 프로그램인 파서는 오류가 발생한 위치를 보여준다, 즉, 오류가 감지된 가장 앞의 위치를 가리키는 작은 화살표^를 오류가 발생한 줄에 표시한다. 문법 에러가 발생하면 오류가 표시된 곳의 오류 메시지를 보고 프로그램을 수정하면 된다.

7.1.2. 런타임 오류(Runtime error)

문장이나 표현식이 문법적으로 올바르더라도 실행할 때 오류(런타임 오류 예외(exception))가 발생할 수 있다. 이렇게 프로그램 실행 중에 발생하는 오류를 예외라고 부르는데 예외가 발생하면 오류 메시지를 출력하고 프로그램의 실행을 멈춘다.

따라서 예외는 실행 도중 오류가 나기 때문에 보통 'Traceback'이라고 하는 정보를 제공한다. Traceback은 어느 함수가 무엇을 실행하다가 이 예외가 발생했는지 알려주는 함수의 콜 체인(call chain)이다. 파이썬에서의 예외 즉, 런타임 오류에는 NameError, TypeError, ZeroDivisionError 등 다양한 유형의 예외가 있다.

이러한 예외가 발생하면 프로그램이 실행을 멈추기 때문에 프로그래머는 예외를 처리함으로써, 프로그램이 실행 도중에 예기치 못한 오류로 인해 실행을 멈추는 일을 방지하여야 한다.

7.1.3. 로직 오류(Logic error)

컴파일도 성공했고 실행에도 문제가 없지만 의도했던 결과가 나오지 않는 경우에 발생하는 오류가 로직 오류다. 즉, 어떤 알고리즘을 통해 원하는 결과를 도출하지 못하고 예기치 못한 잘못된 결과를 도출하는 경우를 말한다. 이러한 로직 오류의 경우에는 구문 오류나 런타임 오류처럼 시스템이 오류 메시지가 출력하지 않기 때문에 로직 오류를 찾아내고 고치는 것은 매우 어려운 작업이다.

다음은 두 수를 입력받아 더하는 프로그램인데 다음과 같이 코딩을 잘못했을 때 발생하는 로직 오류의 예이다.

```
i=int(input('첫 번째 숫자를 입력하세요 : '))
j=int(input('두 번째 숫자를 입력하세요 : '))
print(f'두 수의 합은 {i*j}입니다.')
```

```
첫 번째 숫자를 입력하세요 : 2
두 번째 숫자를 입력하세요 : 2
두 수의 합은 4입니다.

첫 번째 숫자를 입력하세요 : 2
두 번째 숫자를 입력하세요 : 3
두 수의 합은 6입니다.
```

첫 번째 실행에서 2 더하기 2는 4이므로 프로그램이 잘 수행하는 것 같이 보인다. 그러나 다른 데이터 2와 3을 입력하면 5가 아니라 6이 나온다. 이것은 더하기를 곱하기로 잘못 코딩하였기 때문에 발생하는 오류로 이러한 오류를 찾아 고치는 것은 매우 어려운 일이다. 많은 개발환경에서 이러한 오류를 디버깅하기 위해 디버거를 제공하고 있다. 디버거는 프로그램의 실행을 원하는 장소에서 멈추어 보기도 하고 한 줄 한 줄 실행하면서 변수의 값을 추적해 보거나 수정하여 실행해 볼 수도 있는 매우 유용한 프로그램이다.

7.2. 예외의 종류

프로그래머는 프로그램이 실행 중에 예기치 못한 오류로 멈추는 일을 방지하여야 한다. 파이썬에서 예외 즉, 런타임 오류는 오류 메시지의 마지막 줄에 Traceback을 통해 어떤 오류가 발생했는지 알려준다.

다음 장에서 NameError, TypeError, ZeroDivisionError 등의 예외가 발생하면 어떻게 프로그램이 오류 메시지를 출력하고 중지하는지를 보여준다. 이러한 예외의 이름은 파이썬에 내장된 예외의 종류로써 키워드는 아니지만 표준화된 예외 이름으로서 파이썬의 내장 식별자이다.

(1) 이름 오류(NameError)

정의하지 않은 변수나 함수를 사용할 때 발생하는 오류이다. 예를 들어 print() 함수를 Print()라 코딩한다든가 정의하지 않은 변수의 이름을 사용할 때 발생하는 오류다.

```
>>> if 10 == 10 : Print()

Traceback (most recent call last):
  File "<pyshell#2>", line 1, in <module>
    if 10 == 10 : Print()
NameError: name 'Print' is not defined
```

에러 메시지의 앞부분은 스택 트레이스의 형태로 예외가 일어난 위치의 내용을 보여준다. 표준 입력에서 읽어 들인 줄들은 표시하지 않을 수 있지만, 일반적으로 소스의 줄들을 나열하는 스택 트레이스를 포함한다. 보통 이러한 이름 오류는 컴파일러 계열의 언어에서는 런타임 오류가 아니라 링크할 때(linkage time error) 발생하는 오류로 프로그램을 실행하기 전에 발생하는데, 이름을 고쳐주거나 해당 이름의 변수나 함수를 만들어 주면 해결된다.

(2) 타입 오류(TypeError)

사칙연산의 경우 피연산자의 타입은 숫자이어야 한다. 다음 예와 같이 숫자와 문자를 더하는 경우와 같이 타입이 틀렸을 때 때 발생하는 오류이다.

이 경우 input()을 통하여 입력된 문자는 모두 문자열이기 때문에 비록 5를 입력하였지만 5는 숫자 5가 아니라 문자열 5가 된다.

```
>>> i=10
>>> j=input()
5
>>> k=i/j

Traceback (most recent call last):
  File "<stdin>", line 1, in <module>
TypeError: unsupported operand type(s) for +: 'int' and 'str'
```

이러한 예외는 입력받은 문자열을 int()나 float() 함수를 이용하여 숫자로 바꾸어 주면 해결된다.

```
>>> i=10
>>> j=int(input())
5
>>> k=i/j
```

(3) 0나눔 오류(ZeroDivisionError)

0나눔 오류는 어떤 수를 0으로 나눌 때 발생한다. 위의 프로그램에서 0을 입력하면 0나눔 오류가 발생한다.

```
>>> i=10
>>> j=int(input())
0
>>> k=i/j
Traceback (most recent call last):
  File "<pyshell#6>", line 1, in <module>
    i/j
ZeroDivisionError: division by zero
```

이러한 예외는 if 문을 이용하여 피젯수가 0인가를 체크해서 0이 아닐 경우에만 나누어 주면 해결된다.

```
>>> i=10
>>> j=int(input())
0
>>> if j != 0: k=i/j
```

(4) 인덱스 오류(IndexError)

인덱스 오류는 인덱스가 주어진 인덱스를 벗어났을 때 발생한다.

```
a = [1, 2, 3]
print(a[3])
```

```
Traceback (most recent call last):
  File "C:/Python39/tryexcept.py", line 2, in <module>
    print(a[3])
IndexError: list index out of range
```

이러한 인덱스 오류는 다른 오류와 달리 try except 문을 이용하여 예외처리를 하기 전에는 프로그램으로 해결하기 어렵다.

7.3. try except 문

대부분의 프로그래밍 언어에서는 프로그래머가 예외를 처리할 수 있도록 함으로써 프로그램 실행 중에 예기치 못한 오류가 발생해서 프로그램이 멈추는 것을 방지해 준다. C++이나 자바의 경우에는 try catch 문을 사용하는데 이와 유사하게 파이썬에서는 try except 문을 사용한다. 파이썬의 try 문은 다음과 같이 사용한다.

```
try:
    예외가 발생할 가능성이 있는 문장
    ......
except:
    에러에 대한 처리 문장
    ......
```

try 문은 먼저 try와 except 사이의 문장들을 실행한다. 이 문장들은 예외가 발생할 가능성이 있는 문장들로 만약에 예외가 발생하지 않으면, except 절을 실행하지 않고 try 문의 실행이 종료된다.

반면에 try 절을 실행하는 동안 예외가 발생하면, 예외가 발생할 가능성이 있는 문장의 다음 문장들은 건너뛰고, except 키워드 뒤의 문장을 실행한다.

```
a = [1, 2, 3]
try:
    print(a[3])
except:
    print("오류가 발생했습니다!!!")
오류가 발생했습니다!!!
```

이 경우 인덱스 오류가 발생하더라도 프로그램이 죽지 않고 except 이후의 문장인 print("오류가 발생했습니다!!!")를 실행한다.

```
try:
    예외가 발생할 가능성이 있는 문장
    ......
except:
    pass
```

프로그램이 강제로 종료하는 것을 막는 것이 목적이라면 except 구문에 pass 키워드를 사용하면 된다. 예외가 발생하면 처리해야 하지만 그리 중요하지 않은 부분이어서 예외처리가 필요 없거나 먼저 중요한 부분을 코딩하고 나중에 예외처리를 보완할 계획이라면 try except 구문과 pass 키워드를 조합하여 프로그램이 강제로 종료하는 것을 막을 수 있다.

또한 try except else 구문을 이용하면 예외가 발생하지 않았을 때 실행할 문장을 지정할 수 있다.

```
try:
    예외가 발생할 가능성이 있는 문장
    ......
except:
    에러에 대한 처리 문장
    ......
else:
    예외가 발생하지 않았을 때 실행할 문장
```

다음은 try except else 구문의 사용 예이다.

```
a = [1, 2, 3]
try:
    print(a[0])
except:
    print("오류가 발생했습니다!!!")
else:
    print("오류가 발생하지 않았습니다!!!")
```

```
1
오류가 발생하지 않았습니다!!!
```

또한 try except 구문에 finally를 추가하면 예외가 발생하거나 발생하지 않거나 반드시 실행하여야 하는 문장을 지정할 수 있다.

```
try:
    예외가 발생할 가능성이 있는 문장
    ......
except:
    에러에 대한 처리 문장
    ......
else:
    예외가 발생하지 않았을 때 실행할 문장
    ......
finally:
    예외가 발생하든 않든 실행할 문장
    ......
```

다음은 오류가 발생하지 않았을 때의 실행 결과를 보여준다.

```
a = [1, 2, 3]
try:
    print(a[0])
except:
    print("오류가 발생했습니다!!!")
else:
    print("오류가 발생하지 않았습니다!!!")
finally:
    print("예외처리를 위한 try 문이 끝났습니다.")
```

```
1
오류가 발생하지 않았습니다!!!"
예외처리를 위한 try 문이 끝났습니다.
```

다음은 오류가 발생했을 때의 실행 결과를 보여준다.

```
a = [1, 2, 3]
try:
    print(a[3])
except:
    print("오류가 발생했습니다!!!")
else:
    print("오류가 발생하지 않았습니다!!!")
finally:
    print("예외처리를 위한 try 문이 끝났습니다.")
    ......
```

```
오류가 발생했습니다!!!
예외처리를 위한 try 문이 끝났습니다.
```

여기서 주의할 점은 finally 문을 사용할 경우 break 문으로 try 문을 빠져 나가도 finally 문은 실행 된다는 점이다. 다음은 오류가 발생하지 않았을 때의 실행 결과를 보여준다.

```
print("프로그램 시작!")
while True:
    try:
        print("try문의 break문 앞")
        break
        print("try문의 break문 뒤")
    except:
        print("except문 시작!")
        break
    finally :
        print("finally문 시작!")
print("프로그램 종료!")
```

```
프로그램 시작!
try문의 break문 앞
finally문 시작!
프로그램 종료!
```

이렇게 finally 문을 사용할 경우 break 문으로 try 문을 빠져 나가는데도 불구하고 finally 문이 실행되는 것을 알 수 있다. 다음은 오류가 발생했을 때의 finally 문의 실행 결과를 보여준다.

```
print("프로그램 시작!")
while True:
    try:
        print("try문의 break문 앞")
        10/0
        #break
        print("try문의 break문 뒤")
    except:
        print("except문 시작!")
        break
    finally :
        print("finally문 시작!")
```

```
print("프로그램 종료!")
```

```
프로그램 시작!
try문의 break문 앞
except문 시작!
finally문 시작!
```

이렇게 예외가 발생하여 break 문을 만났음에도 불구하고 finally 문이 실행되는 것을 알 수 있다.

또한 함수에서 return 문을 만나게 되어도 try 문이 있을 경우에는 finally 문이 실행된다. 다음은 함수 finallyTest()에서 try 문과 finally 문을 사용한 프로그램을 실행한 결과를 보여준다.

```
def finallyTest():
    print("finallyTest()함수 시작!")
    try:
        print("try문의 return문 앞")
        return
        print("try문의 return문 뒤")
    except:
        print("except문 실행!")
        return
    finally :
        print("finally문 실행!")

print("프로그램 시작!")
finallyTest()
print("프로그램 종료!")
```

```
프로그램 시작!
finallyTest()함수 시작!
try문의 return문 앞
finally문 실행!
프로그램 종료!
```

프로그램을 실행한 결과에서 알 수 있듯이 함수에서 return 문이 실행되어도 try 문이 있을 경우에는 finally 문이 실행된 다음 return되는 것을 확인할 수 있다.

7.4. 오류별 예외 처리

다음은 오류가 발생할 경우 오류의 종류에 따라 예외처리를 하기 위한 예외처리 구문이다.

```
try:
    예외가 발생할 가능성이 있는 문장
    ......
except 예외 이름1:
    에러에 대한 처리 문장
    ......
except 예외 이름2
    에러에 대한 처리 문장
    ......
except 예외 이름3:
    에러에 대한 처리 문장
    ......
else:
    예외가 발생하지 않았을 때 실행할 문장
    ......
finally:
    예외가 발생하든 않든 실행할 문장
    ......
```

다음은 오류가 발생하여 오류의 종류에 따라 예외처리를 한 프로그램의 예이다.

```
list1=[0,1,2]
try:
    i=int(input())
    result=list1[i]/i
    print(f'{list1[i]} / {i} = {result}')
except ZeroDivisionError:
    print("0 나눔 오류가 발생했습니다.")
except IndexError:
    print("인덱스를 벗어나는 오류가 발생했습니다.")
except Exception:
    print("잘 모르는 오류가 발생했습니다.")
```

```
2
2 / 2 = 1.0
```

2를 입력했을 때는 오류가 발생하지 않아 2 / 2 = 1.0을 정상적으로 출력한다.

```
0
0 나눔 오류가 발생했습니다.
```

0을 입력하면 list1[0]을 I 값 0으로 나누었기 때문에 except ZeroDivisionError의 문을 수행하여 "0 나눔 오류가 발생했습니다."를 출력한다.

```
3
인덱스를 벗어나는 오류가 발생했습니다.
```

3을 입력하니 식 result=list1[i]/i에서 i값 3의 list1[3]은 없으므로 except IndexError 문을 수행하여 "인덱스를 벗어나는 오류가 발생했습니다."를 출력한다.

```
a
잘 모르는 오류가 발생했습니다.
```

a를 입력하면 ZeroDivisionError와 IndexError가 아닌 오류가 발생하기 때문에, 지정한 오류 이외의 모든 오류를 처리하는 except Exception 문을 수행하여 "잘 모르는 오류가 발생했습니다."를 출력한다.

다음은 오류에 따라 예외를 처리할 때 as를 이용하여 발생한 오류의 종류를 출력한다.

```
list1=[0,1,2]
try:
    i=int(input())
    result=list1[i]/i
    print(f'{list1[i]} / {i} = {result}')
    j=input()
    if j not in "012":
        result/j
    else:
        raise NotImplementedError
except ZeroDivisionError as e:
    print(f"0 나눔 오류가 발생했습니다.:{e}")
except ValueError as e:
    print(f"정수로 바꿀 수 없습니다.:{e}")
except IndexError as e:
    print(f"인덱스를 벗어나는 오류가 발생했습니다.:{e}")
except Exception as e:
    print(f"잘 모르는 오류가 발생했습니다.:{e}")
finally :
    print("파이썬 오류테스트 끝!!!")
```

```
2 / 2 = 1.0
2
잘 모르는 오류가 발생했습니다.:
파이썬 오류테스트 끝!!!
```

2를 입력하면 오류가 발생하지 않아 2 / 2 = 1.0의 계산 결과를 출력하며, 다시 2를 입력하면 문자열 "012"안에 2가 있으므로 else:를 수행하여 raise 문을 통해 NotImplementedError를 발생 시킨다. 따라서 except Exception as e:의 "잘 모르는 오류가 발생했습니다.:"를 출력한다.

```
1
1 / 1 = 1.0
4
잘 모르는 오류가 발생했습니다.:unsupported operand type(s) for /: 'float' and 'str'
```

1을 입력했을 때 1 / 1 = 1.0의 계산 결과를 출력하며, 다시 4를 입력하면 문자열 "012"안에 "4"가 없으므로 if 문의 result/j를 계산한다. 이때 j가 숫자가 아니라 문자열('4')이므로 except Exception as e 문의 "잘 모르는 오류가 발생했습니다.:unsupported operand type(s) for /: 'float' and 'str'"를 출력한다.

```
0
0 나눔 오류가 발생했습니다.:division by zero
파이썬 오류테스트 끝!!!
```

0을 입력하면 식 result=list1[i]/i에서 list1[0]을 i값 0으로 나누었기 때문에 "0 나눔 오류가 발생했습니다.:division by zero"를 출력한다.

```
3
인덱스를 벗어나는 오류가 발생했습니다.:list index out of range
파이썬 오류테스트 끝!!!
```

3을 입력하면 식 result=list1[i]/i에서 i값 3의 list1[3]은 없기 때문에 "인덱스를 벗어나는 오류가 발생했습니다. :list index out of range"를 출력한다.

이렇게 except 뒤에 오류의 종류를 기록해 주면 오류별 오류메시지를 출력할 수 있다. 또한, as를 이용하여 오류의 종류를 출력한다.

7.5. 예외 처리 예제 프로그램

(1) ValueError의 해결

숫자를 입력받아 정수로 바꾸는 프로그램에서 숫자가 아니라 문자를 입력하면 ValueError가 발생한다. 이러한 문제의 간단한 해결 방법은 문자열을 숫자로 바꾸기 전에 문자열 메서드 중 isdigit()을 이용하여 숫자인지를 체크하는 것이다. 다음 예는 if 문을 이용한 isdigit() 메서드 사용 방법이다.

```
inputData=input('문제 수를 입력하세요')
if inputData.isdigit():
    total=int(inputData)
else:
    print('숫자를 입력하지 않았습니다.')
```

다음은 while 문을 이용하여 올바른 숫자를 입력할 때까지 다시 입력받는 프로그램의 예이다.

```
inputData=input('문제 수를 입력하세요')
while not inputData.isdigit():
    print('숫자를 입력하세요')
    inputData=input('문제 수를 다시 입력하세요')
total=int(inputData)
```

(2) 0 나눔 오류 해결

다음 프로그램은 문제의 수를 입력받아 맞춘 수 95가 몇 점인지 계산하는 프로그램이다. 이때 사용자의 실수로 0을 입력하면 프로그램이 0 나눔 오류메시지를 출력하고 끝나게 된다.

```
#0나누기 예외
hit=95
total=int(input('문제 수를 입력하세요'))
score=int(hit/total*100)
print(f'{total}문제 중 {hit}문제를 맞추었으니 {score}점입니다.')
```

이러한 오류의 해결 방법은 if 문을 이용하여 해결한다. 물론 이 오류도 while 문을 이용하여 0이 아닌 숫자를 입력할 때까지 반복하는 것이 좋다.

```
#0나누기 예외
hit=95
total=int(input('문제 수를 입력하세요'))
if(total!=0):
    score=int(hit/total*100)
    print(f'{total}문제 중 {hit}문제를 맞추었으니 {score}점입니다.')
else:
    print('입력된 문제의 수가 0이라서 점수를 계산할 수 없어요.')
```

다음 프로그램은 try except를 사용하여 0 나눔 오류를 해결한 프로그램이다.

```
try:
    hit=95
    total=int(input('문제 수를 입력하세요'))
    score=int(hit/total*100)
    print(f'{total}문제 중 {hit}문제를 맞추었으니 {score}점입니다.')
except:
    print("except:예외(exception)가 발생했어요~~~")
```

(3) try except 문 활용

다음 프로그램은 listData가 문자열과 숫자 데이터로 섞여 있으므로 숫자 데이터만 listScore에 추가한 프로그램이다. 문자열 데이터를 정수로 바꿀 때 오류가 발생하면 except: 구문으로 가서 pass를 실행하여 아무것도 실행하지 않는다.

```
listData=['리눅스','90','파이썬','95','자바','90','디비','88']
listScore=[]
for score in listData:
    try:
        listScore.append(int(score))
    except:
        pass
print(f'listScore:{listScore}')
```

다음 프로그램은 try except else 문을 활용하여 문제의 수를 입력받아 맞춘 수 95가 몇 점인지 계산하는 프로그램이다.

```
#try except else
try:
    hit=95
    total=int(input('문제 수를 입력하세요'))
    score=int(hit/total*100)
    print(f'{total}문제 중 {hit}문제를 맞추었으니 {score}점입니다.')
except:
    print("except:예외(exception)가 발생했어요~~~")
else:
    print("else:참 잘 했어요. 예외(exception)가 발생하지 않았어요~~~")
```

다음 프로그램은 try except else 문에 finally 문을 추가한 프로그램이다.

```
#try except else finally
try:
    hit=95
    total=int(input('문제 수를 입력하세요'))
    score=int(hit/total*100)
    print(f'{total}문제 중 {hit}문제를 맞추었으니 {score}점입니다.')
except:
    print("except:예외(exception)가 발생했어요~~~")
else:
    print("else:참 잘 했어요. 예외(exception)가 발생하지 않았어요~~~")
finally:
    print("finally:예외(exception)가 발생하든 하지않든 수고했어요")
```

(4) 오류별 예외처리

인덱스 오류(IndexError)는 if나 while 문으로 해결할 수 없다. 다음은 가위바위보 게임을 할 때 사용자에게 가위바위보를 입력받는 프로그램이다. 오류 종류에 따라 예외를 처리한다.

```
gameResult=['가위','바위','보','종료']
try:
    menuNumber= int(input('1. 가위 2. 바위 3. 보 4. 종료 :'))
    result=gameResult[menuNumber-1]
    print(f'입력하신 번호가 {menuNumber}이니까요 {result}를 냈습니다. ')
except ValueError as exception:
    print("except ValueError:정수를 입력하세요~")
    print(f"발생한 예외(exception) : {exception}")
except IndexError as exception:
    print("except IndexError:0부터 2까지의 정수를 입력하세요~")
    print(f"발생한 예외(exception) : {exception}")
except NameError as exception:
    print("except NameError:Print()함수가 없습니다~")
    print(f"발생한 예외(exception) : {exception}")
except Exception as exception:
    print("except Exception:모르는 예외예요. 발생한 예외를 확인하세요~")
    print(f"발생한 예외(exception) : {exception}")
```

다음은 함수를 이용하여 가위바위보 게임을 할 때 사용자에게 가위바위보를 입력받는 프로그램이다. 오류 종류에 따라 예외를 처리한다.

```
def getMenuNumber1():
    gameResult=['가위','바위','보','종료']
    try:
        menuNumber= int(input('1. 가위 2. 바위 3. 보 4. 종료 :'))
        result=gameResult[menuNumber-1]
        print(f'입력하신 번호가 {menuNumber}이니까요 {result}를 냈습니다. ')
        return
        Print('print()함수 이름을 Print()라고 잘못 썼어요~')
        raise NotImplementedError
```

```
    except ValueError as exception:
        print("except ValueError:정수를 입력하세요~")
        print(f"발생한 예외(exception) : {exception}")
    except IndexError as exception:
        print("except IndexError:0부터 2까지의 정수를 입력하세요~")
        print(f"발생한 예외(exception) : {exception}")
    except NameError as exception:
        print("except NameError:Print()함수가 없습니다~")
        print(f"발생한 예외(exception) : {exception}")
    except Exception as exception:
        print("except Exception:모르는 예외예요. 발생한 예외를 확인하세요~")
        print(f"발생한 예외(exception) : {exception}")
    finally:
        print("finally:예외(exception)가 발생하든 하지않든 수고했어요")
    return
```

다음은 getMenuNumber() 함수를 이용하여 사용자에게 가위바위보를 입력받는 프로그램으로 오류 종류에 따라 예외를 처리하는데, getValidNumber() 함수에서 올바른 메뉴번호를 입력받을 때까지 반복하여 사용자에게 번호를 입력받는다.

```
gameResult=['가위','바위','보','종료']
def getMenuNumber():
    try:
        menuNumber= int(input('1. 가위 2. 바위 3. 보 4. 종료 :'))
        result=gameResult[menuNumber-1]
        return menuNumber
    except ValueError as exception:
        print("except ValueError:정수를 입력하세요~")
        print(f"발생한 예외(exception) : {exception}")
        return -1
```

```
    except IndexError as exception:
        print("except IndexError:0부터 2까지의 정수를 입력하세요~")
        print(f"발생한 예외(exception) : {exception}")
        return -1
    except NameError as exception:
        print("except NameError:Print()함수가 없습니다~")
        print(f"발생한 예외(exception) : {exception}")
        return -1
    except Exception as exception:
        print("except Exception:모르는 예외예요. 발생한 예외를 확인하세요~")
        print(f"발생한 예외(exception) : {exception}")
        return –1
def getValidNumber():
    menuNumber=getMenuNumber()
    while menuNumber < 0 :
        menuNumber=getMenuNumber()
    return menuNumber
```

다음은 getValidNumber() 함수를 이용하여 메뉴번호를 입력받아 입력받은 값이 무엇인지 출력해 주는 프로그램이다.

```
gameResult=['가위','바위','보','종료']
menuNumber=getValidNumber()
while menuNumber != 4:
    result=gameResult[menuNumber-1]
    print(f'입력하신 번호가 {menuNumber}이니까요 {result}를 냈습니다. ')
    menuNumber=getValidNumber()
```

CHAPTER 08

객체와 클래스

컴퓨팅 환경의 급속한 변화에 따라 소프트웨어 수요는 급격히 증가되고 있으나 그 공급은 수요를 따라가기 힘든 실정이다. 소프트웨어의 사용 분야가 많아지고, 소프트웨어의 규모가 증가하고 있는 것에 비해 소프트웨어 개발을 자동화하는 것이 어렵기 때문에 소프트웨어를 개발하는데 많은 인력과 기간이 소요되고 있다.

소프트웨어 개발 기술이 하드웨어 개발 기술의 발전에 비해 매우 미흡한 수준을 일컬어 소프트웨어 위기라고 한다. 이러한 소프트웨어 위기 현상은 1960년대 후반부터 대두된 문제로서, 이러한 소프트웨어 위기를 해결하기 위하여 소프트웨어 개발의 생산성과 소프트웨어의 품질을 높이기 위한 많은 노력이 있었다. 객체지향 기술(Object-Oriented Technology)은 소프트웨어 위기를 해결할 수 있는 가장 강력한 대안으로써, 추상화, 캡슐화, 상속성 등의 개념을 기반으로 소프트웨어의 재사용성을 높이는 핵심 기술로 부상되고 있다.

특히, 추상화(abstraction)는 복잡한 문제를 다루는 가장 기본적인 메커니즘으로서 현실 세계의 물체를 객체로 사상(mapping)할 때 현실 세계의 모든 물체를 객체로 표현하는 것이 아니라 중요한 측면만을 강조하여 표현하는 매커니즘이다. 즉, 문제에서 반드시 필요한 근본적인 특성에만 집중하고, 중요하지 않은 부분이나 상세 내역들은 제거한다.

8.1. 객체지향 개념

다음은 turtle 클래스로부터 객체를 생성해 객체에 메시지를 보내 사각형을 그리는 프로그램의 예이다.

```
import turtle
from turtle import *

myTurtle= Turtle()
myTurtle.forward(200)
myTurtle.right(90)
myTurtle.forward(200)
myTurtle.right(90)
myTurtle.forward(200)
myTurtle.right(90)
myTurtle.forward(200)
```

먼저 turtle 클래스를 이용하기 위해 turtle을 import한다.

다음은 Turtle 객체를 생성해서 변수 myTurtle로 생성된 Turtle 클래스의 객체를 참조한다.

```
myTurtle = Turtle()
```

Turtle 객체를 생성한 것은 아주 간단하다. 클래스의 이름에 괄호를 붙여 생성하면 된다. 즉, 등호 오른쪽의 Turtle()이 Turtle 객체를 생성하는 것이다. 이제 생성된 Turtle 객체에 이름을 붙여 보자. myTurtle = Turtle()은 생성된 객체에 myTurtle이라고 이름을 붙인 것이다. 인스턴스 myTurtle이 생성된 객체 Turtle을 가리키기 때문에 인스턴스 myTurtle은 객체 Turtle의 이름이 되는 것이다. 물론 myTurtle은 객체 Turtle의 고유한 이름이 아니기 때문에 myTurtle은 객체 Turtle을 가리키는(참조하는) 변수, 즉 레퍼런스인 것이다.

객체들의 작업 수행은 한 객체가 다른 객체에게 작업을 의뢰하는 메시지를 보내고 메시지를 받은 객체는 의뢰 받은 작업을 실행하며, 그 실행 결과를 의뢰한 객체에게 다시 응답함으로써 이루어진다. 이렇게 상대에게 무엇을 바랄까? 하고 객체에 대한 행위의 실행을 의뢰하는 것을 메시지(Message)라 한다.

객체 Turtle에 메시지를 보내는 방법은 객체의 이름에 점(.)을 붙이고 메시지의 이름과 함께 매개변수를 쓰면 된다. 다음은 myTurtle이 가리키는 객체에 메시지를 보내는 예이다.

```
myTurtle.forward(200)
```

myTurtle에게 앞 쪽으로 200만큼 선을 그리라는 메시지 forward(200)를 보내는 것이다. myTurtle 객체는 생성된 후 살아서 가만히 있다가 이러한 메시지를 전달받으면 forward(200)을 수행한다. 즉, 객체 myTurtle은 앞으로 200만큼 선을 그리라는 메시지를 실행해서 앞 쪽으로 200만큼 선을 그린다. 다음 메시지 역시 마찬가지이다.

```
myTurtle.right(90)
```

myTurtle 객체는 오른쪽으로 90° 회전하라는 right(90) 메시지를 전달받아 90° 회전하고 다시 forward(200) 메시지를 전달받아 앞쪽으로 200만큼 선을 그린다. 이러한 방식으로 프로그램의 수행이 터틀 객체를 생성하여 메시지를 보냄으로써 프로그램이 수행되는 것이 객체지향 프로그래밍이다.

다음은 프로그램의 실행 결과이다.

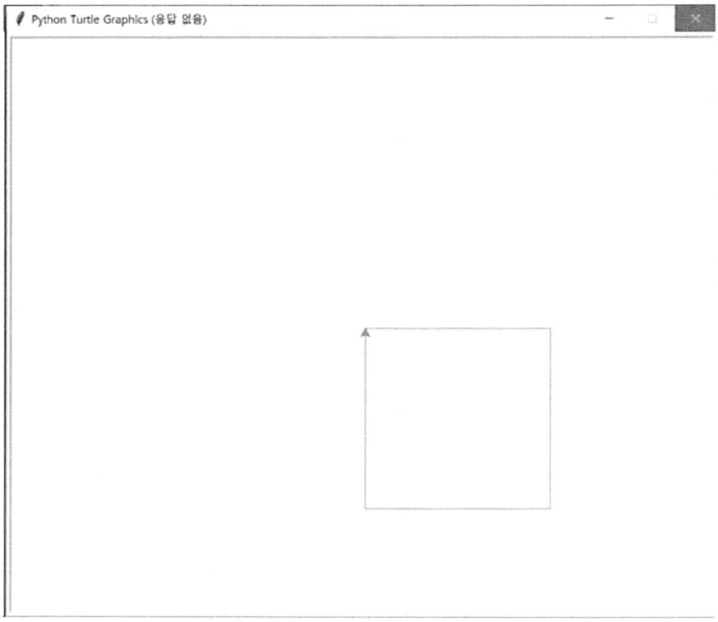

8.2. 클래스와 객체 만들기

객체란 데이터와 데이터에 대한 연산, 즉 처리 절차를 말하는 것으로서, 데이터에 어떠한 연산이 필요하며 무엇을 어떻게 처리할지를 표현하기 위한 추상화라 할 수 있다. 예를 들어 '철수'와 '영희' 등 회사원들이 어떤 회사에 근무할 경우 철수와 영희는 현실세계에 존재하는 개개의 객체인데, 이렇게 회사에 다니는 사람들의 공통적인 특성을 추상적으로 표현하면 회사원이 된다. 또한, 정수 3, -100, 0, 20 등과 공통적인 특성인 +, -, *, / 등의 연산을 추상적으로 표현하면 정수인 integer가 된다.

이렇게 현실세계의 물체나 개념 등의 중요한 측면을 추출하여 추상화하여 시스템을 개발하는 것은 과거에 발상의 전환을 통해 시스템을 개발하는 것에 비해 매우 자연스럽다 할 수 있다.

객체(object)란 현실 세계에 존재하는 물체 또는 추상적인 개념을 말하는 것으로 특정 대상을 표현하는데 필요한 정보들의 종합적인 집합체라 할 수 있다. 좀 더 구체적으로 말하면, 객체란 필요한 데이터 구조와 그 데이터를 처리하는데 필요한 연산 즉, 함수를 포함하는 소프트웨어 모듈이라 할 수 있다. 즉, 객체란 현실세계의 물체나 추상적인 개념을 표현하기 위한 데이터(data)와 함수(operation)의 조합으로서 객체는 자기 자신에 대한 정보와 스스로 행동하는 방법을 포함한다 할 수 있다.

여기서 자기 자신에 대한 정보는 데이터, 상태(state), 속성(attribute), 멤버데이터(member data) 등으로 불리며, 스스로 행동하는 방법은 함수, 행동(behavior), 메서드(method), 메시지 인터페이스, 오퍼레이션, 멤버함수 등으로 불린다.

클래스(Class)는 객체지향 사고의 시작으로서 템플릿(template), 일반화된 기술(generalized description), 패턴(pattern), 청사진(blueprint)과 같이 유사한 아이템의 특성을 기술한 것을 의미한다.

일반적으로 대부분의 사물에는 종류나 유형이 존재하는데, 예를 들어 자동차의 경우, 모델별로 분류할 수 있으며, 승용차, 화물차, 버스 등의 종류로도 분류할 수 있다. 이렇게 각 사물이 어떤 유형에 속하게 되는데, 이러한 사고방식을 객체지향 프로그래밍에서는 클래스(class)를 이용하여 표현한다.

즉, 클래스란 객체의 종류를 소프트웨어적으로 표현하여 구현한 것으로서 동일한 특성의 데이터 구조와 함수를 갖는 객체들의 집단을 말한다. 따라서 클래스는 객체의 타입(object type)이라 할 수 있으며, 유사한 여러 객체들에게 공통적으로 필요로 하는 데이터와 이 데이터 위에서 수행되는 함수들을 정의하는 소프트웨어 단위라 할 수 있다. 클래스가 정의되면, 클래스의 특정 인스턴스가 정의될 수 있는데, 이때, 클래스에 속하는 각각의 객체를 클래스의 인스턴스라 한다.

클래스를 만드는 방법은 클래스를 선언하면 된다. 다음은 아무 일도 하지 않는 클래스 MyClass를 정의한 것이다.

```
class MyClass:
    pass
```

다음은 클래스로부터 객체를 생성해 변수에 할당한 코드의 예이다.

```
myInstance1 = MyClass()
```

MyClass()를 수행함으로써 만들어진 객체를 변수 myInstance1란 이름으로 참조하도록 하였다. 이렇게 생성된 객체를 인스턴스라고 하는데 이는 클래스 MyClass로부터 생성된 인스턴스란 의미이다. 즉, myInstance1은 클래스 MyClass로부터 생성된 객체를 참조하므로 myInstance1은 객체를 참조하는 인스턴스라 할 수 있다.

이렇게 인스턴스란 말은 어떤 클래스에서 생성된 객체라는 생성의 의미를 강조할 때 주로 사용된다.

이제 MyClass의 객체에 whoAreYou()라고 메시지를 보내면 객체가 자신의 타입을 말하는 기능을 갖는 프로그램을 작성해 보자.

메시지는 다음과 같이 간단히 설계할 수 있다.

```
myInstance1 = MyClass()
myInstance1.whoAreYou()
```

이제 클래스 MyClass가 메시지를 받으면 메시지를 수행하도록 프로그램을 작성해 보자. 클래스가 메시지를 받아 수행하는 프로그램은 클래스에 안에 있는 메서드이다.

객체에 대한 행위의 실행을 의뢰하는 메시지에 비해 메서드는 어떻게 작업을 실현할까? 하고 메시지에 대한 객체의 구체적인 행동을 표현하는 것이다. 즉, 메서드는 "어떻게(how)"를 표기하는 오퍼레이션의 실제 구현부, 프로그램의 실행코드부를 말한다. 예를 들어 송신객체가 수신객체에 메시지를 보내면 수신객체는 수신객체의 속성 값을 이용하여 메시지에 해당하는 메서드를 실행하여 그 결과를 송신객체에 넘겨준다. 이렇게 메시지와 메서드가 결합하는 방식에는 동적 결합과 정적 결합이 있는데 정적 결합(Static Binding)은 메시지와 메서드의 결합이 컴파일시에 이루어지고 동적 결합(Dynamic binding)은 메시지와 메서드의 결합을 늦춰 프로그램 실행시에 결합이 이루어진다.

즉, 메서드는 메시지를 전달받으면 메시지의 내용을 실제로 실행하는 메시지의 구현부인 것이다. 앞에서 메시지를 보낼 때 객체의 이름에 점을 붙이고 메시지 이름을 썼다. 즉, myTurtle.forward(200)와 같이 자신의 객체 이름 myTurtle에 점을 붙여 메시지를 보냈다. 이것은 메시지를 보낼 때, 객체 자신인 myTurtle 스스로를 메시지에 포함하여 보낸다는 의미이다. 따라서 메시지의 지시사항을 수행하는 메서드에서는 메시지를 보내는 객체에 대한 정보를 전달받아야 한다. 파이썬에서 객체 자기 자신을 self라 한다. 따라서 파이썬에서는 메시지를 전달받아 수행하는 메서드에서는 self를 매개변수로 전달받는 것이 일반적이다.

결국 whoAreYou() 메서드를 만드는 방법은 자기 자신을 넘겨주는 것 이외에는 함수를 만드는 것과 동일하다. 즉, 메서드에서는 매개변수에 객체 자기 자신인 self를 전달 받은 것이 함수와 다를 뿐이다. whoAreYou() 메서드는 매개변수로 전달받은 객체 self의 타입을 type(self)로 출력하기만 할 뿐이다.

이제 프로그램이 완성되었으니 클래스 MyClass를 선언하여 myInstance1 객체를 만들어 객체에 whoAreYou() 메시지를 전송해 보자.

다음은 메시지를 전달받으면 자신의 타입을 출력하는 메서드 whoAreYou()를 구현한 프로그램이다.

```
class MyClass:
    def whoAreYou(self):
        print(f"나는 {type(self)}의 객체입니다.")
myInstance1 = MyClass()
myInstance1.whoAreYou()
```

```
나는 <class '__main__.MyClass'>의 객체입니다.
```

메시지를 보낸 결과 '나는 <class '__main__.MyClass'>의 객체입니다.'를 출력하는 것을 확인할 수 있다.

이제 객체가 자신의 이름을 가질 수 있도록 프로그래밍해 보자. 클래스에 메서드 뿐만 아니라 자신의 데이터를 가질 수 있도록 프로그래밍을 하자.

다음은 객체가 자신의 데이터를 갖도록 선언하는 프로그램이다.

```
class MyClass:
    def __init__(self, name):
        self.name=name
```

__init__() 메서드는 객체가 만들어지고 난 다음에 처음에 수행하는 메서드이다. 일반적으로 다른 프로그래밍 언어에서 생성자에 프로그래밍할 것을 __init__() 메서드에 코딩하면 된다. __init__() 메서드는 엄격히 말해 생성자는 아니지만 객체가 만들어지고 나서 처음 수행되는 메서드이므로 다른 프로그래밍 언어에서의 생성자와 같은 역할을 한다.

이제 클래스에서 객체를 생성해 보자.

```
class MyClass:
    def __init__(self, name):
        self.name=name
    def whoAreYou(self):
        print(f"나는 {type(self)}의 객체 {self.name}입니다.")

myInstance1 = MyClass("MyClass Object1")
```

__init__() 메서드에 self와 name 2개의 매개변수가 있지만 매개변수 self는 객체 자신이므로 __init__()의 형식매개변수에 있는 self에 해당하는 위치에는 매개변수가 없다고 생각하여야 한다. MyClass("MyClass Object1")는 먼저 MyClass 객체를 생성하고 나서 __init__(self, name)를 수행한다. 이 때 실매개변수 "MyClass Object1"는 __init__(self, name) 메서드의 name에 매치되어 self.name=name을 수행한다. 즉, self는 자기 자신이므로 객체 내에 인스턴스 변수 name을 생성하여 매개변수의 name을 참조한다. 다시 말해서 self.name은 객체에 새로 만들어지는 객체 자신의 변수 self.name이고 등호 뒤의 name은 매개변수로 넘어온 __init__(self, name)의 name이다. 따라서 myInstance1 객체의 name은 객체를 생성할 때 실매개변수로 넘겨준 "MyClass Object1"이 된다.

다음은 whoAreYou() 메서드에서 객체 자신의 이름 name을 출력하도록 한 프로그램이다. whoAreYou() 메서드에서도 매개변수 self를 전달받아야 한다. 즉, 메시지를 보내는 객체를 전달받아야 객체 자신의 타입과 이름을 출력할 수 있다.

```
class MyClass:
    def __init__(self, name):
        self.name=name
    def whoAreYou(self):
        print(f"나는 {type(self)}의 객체 {self.name}입니다.")

myInstance1 = MyClass("MyClass Object1")
myInstance1.whoAreYou()
나는 <class '__main__.MyClass'>의 객체 MyClass Object1입니다.
```

이제 클래스 MyClass 객체 myInstance1에 whoAreYou() 메시지를 보내면 객체의 타입 뿐만 아니라 객체의 이름을 출력하는 것을 확인할 수 있다.

다음은 Cat과 Dog 클래스를 선언하고 객체를 만들어 whoAreYou() 메시지를 보내는 프로그램의 예다. tom과 nero란 이름으로 클래스 Cat()의 객체를 만들과 badugI, dengDengI란 이름으로 클래스 Dog()의 객체를 생성하여 list1에 리스트로 넣어 놓고 for 문을 통해 리스트 안의 객체를 꺼내 객체에 whoAreYou() 메시지를 전송한 프로그램이다.

```
class Cat:
    def __init__(self, name):
        self.name=name
    def whoAreYou(self):
        print(f"나는 {type(self)}의 객체 {self.name}입니다.")
class Dog:
    def __init__(self, name):
        self.name=name
    def whoAreYou(self):
        print(f"나는 {type(self)}의 객체 {self.name}입니다.")

tom=Cat("톰")
nero=Cat("네로")
badugI=Dog("바둑이")
dengDengI=Dog("댕댕이")
list1=[tom, nero,badugI,dengDengI]
for item in list1:
    item.whoAreYou()
```

```
나는 <class '__main__.Cat'>의 객체 톰입니다.
나는 <class '__main__.Cat'>의 객체 네로입니다.
나는 <class '__main__.Dog'>의 객체 바둑이입니다.
나는 <class '__main__.Dog'>의 객체 댕댕이입니다.
```

프로그램의 실행 결과 객체가 Cat의 객체이든 Dog의 객체이든 상관없이 자신의 클래스와 이름을 출력하는 것을 확인할 수 있다.

이제 클래스 Cat과 Dog에 고양이가 야옹하라는 메시지와 강아지에게 짖으라는 메시지를 보내려고 한다.

다음은 클래스 Cat에 meow()란 메서드를 추가한 프로그램이다.

```
class Cat:
    def __init__(self, name):
        self.name=name
    def meow(self):
        print(f"{self.name} : 야옹~ 야옹~")
```

다음은 클래스 Dog에 bark()란 메서드를 추가한 프로그램이다.

```
class Dog:
    def __init__(self, name):
        self.name=name
    def bark(self):
        print(f"{self.name} : 멍멍~ 멍멍~")
```

이제 고양이에게 meow() 메시지를 강아지에게 bark() 메시지를 보내보자.

```
tom.meow()
badugI.bark()
```

```
톰 : 야옹~ 야옹~
바둑이 : 멍멍~ 멍멍~
```

메시지를 받으면 자신의 이름과 함께, 고양이는 야옹~ 강아지는 멍멍~ 하고 출력하는 것을 확인할 수 있다.

이제 시를 감상하는 프로그램의 클래스 Poetry를 만들어 보자.

클래스를 선언하는 class Poetry(object)는 클래스 Poetry가 object 클래스를 상속받는다는 의미이다. 파이썬에서 모든 클래스는 괄호 안에 object를 명시하든 하지 않든 object 클래스로부터 상속받는다.

시를 정의한 클래스 Poetry에는 제목 title, 시인명 poet, 내용 contents의 데이터로 구성되며, 메서드로는 시를 출력해 주는 print() 메서드가 있다.

따라서, Poetry의 객체가 처음 생성될 때, 초기화하는 __init__() 메서드에는 제목과 시인명과 시의 내용을 매개변수로 받아 초기화한다.

print() 메서드는 먼저 화면을 깨끗이 지워주고, 제목과 시인의 이름을 출력한 다음, 내용을 출력하면 된다. 마지막으로 시가 너무 아래에 있으면 시를 감상하는 화면 모양이 보기에 좋지 않으므로 시가 콘솔창의 위로 올라가 멈추도록 빈 줄을 출력해 준다.

다음은 class Poetry의 메서드를 정리한 표이다.

메서드 명	메서드 설명
printCLS()	화면을 지워주고 커서를 콘솔창의 가장 아래로 옮긴다.
printTitle()	제목을 출력한다.
printPoet()	시인명을 출력한다.
printContents()	시의 내용을 출력한다.
printBlankLine()	시가 보기 좋게 시를 콘솔창의 위로 위치시킨다.

다음은 클래스 Poetry를 구현한 프로그램이다.

```
import os
import time
class Poetry(object):
    def __init__(self, title, poet, contents):
        self.title=title
        self.poet=poet
        self.contents=contents
    def printCLS(self):
        print(' \ n'*30)
    def printTitle(self):
        print(' \ t \ t', end='')
        print(self.title)
```

```
        time.sleep(1)
    def printPoet(self):
        print(' \ t \ t \ t \ t', end='')
        print(self.poet)
        time.sleep(1)
        print()
        time.sleep(1)
    def printContents(self):
        for content in self.contents:
            print(' \ t', end='')
            print(content)
            time.sleep(1)
    def printBlankLine(self):
        for i in range(24-len(self.contents)):
            print()
            time.sleep(1)
        input("감상이 끝났으면 아무 키나 누르세요~~")
    def print(self):
        self.printCLS()
        self.printTitle()
        self.printPoet()
        self.printContents()
        self.printBlankLine()
```

클래스를 정의하였으면 이제 객체를 생성하여 객체에 메시지를 보냄으로써 시가 출력되도록 하여야 한다.

다음은 유치환의 그리움이란 시를 myPoetry란 이름으로 객체를 생성하여 객체에 print() 메시지를 보내 시를 출력하도록 하는 프로그램 코드이다.

클래스 Poetry의 객체를 생성할 때 시의 제목, 시인명, 시의 내용을 초기화 메소드인 __init__() 메서드의 매개변수로 전달한다. 클래스 Poetry의 객체 myPoetry가 생성되면 myPoetry에 print() 메시지를 보냄으로써 시가 콘솔 창에 출력된다.

```
title = "그리움"
poet = "유치환";
contents = ["파도야 어쩌란 말이냐", "파도야 어쩌란 말이냐",
            "임은 뭍같이 까딱 않는데", "파도야 어쩌란 말이냐",
            "날 어쩌란 말이냐"]
myPoetry=Poetry(title, poet, contents)
myPoetry.print()
```

다음은 프로그램의 실행 결과이다. 클래스 Poetry의 인스턴스인 myPoetry가 print() 메서드의 실행 결과이다.

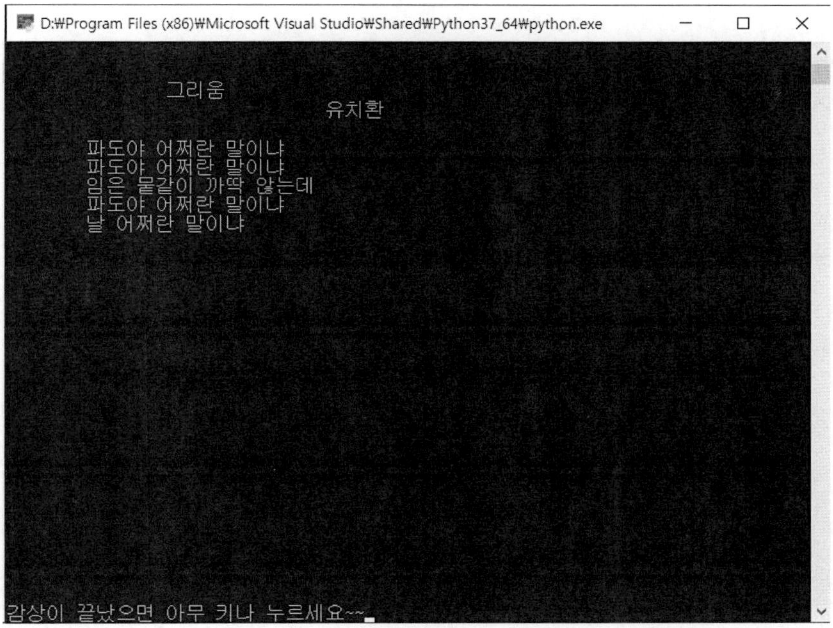

이와 같이 객체지향 프로그래밍에서 객체는 프로그램을 구성하는 기본 단위이다. 객체는 개발자가 인위적으로 만들어내는 것이 아니라 개발하려는 시스템의 문제영역에 실제로 존재하는 사물이나 개념이다. 따라서 객체는 프로그램 개발자의 시각이 아니라 그 문제 영역의 업무와 요구사항을 잘 이해하고 있는 도메인 전문가의 시각에서 식별하여야 한다. 즉, 객체는 목표 시스템의 응용 업무에 실제로 존재하는 사물이나 개념인 것이다. 따라서 객체를 식별하는 일은 사용자의 요구사항을 분석하고 그 안에 존재하는 객체를 찾아내는 작업이기 때문에 공학적인 기술이 요구되는 것이 아니라 응용 업무에 대한 도메인 지식이 요구된다.

유치환의 그리움이란 시를 제목, 시인명, 내용 등의 데이터로 표현하고, printTitle(), printPoet(), print() 등의 메서드로 표현하여 클래스로 추상화하는 작업 역시 프로그램 개발자의 시각이라기보다는 실제로 존재하는 다양한 시들을 추상화한 것이다. 클래스 Poetry를 정의하고 클래스로부터 객체 myPoetry를 생성하여 메시지를 보냄으로써 시를 출력하는 것이 바로 객체지향 프로그래밍이다.

8.3. 객체의 생성과 소멸

객체지향 프로그램은 여러 개의 객체들로 구성되어 있다. 또한, 각 객체는 상태 정보를 기록 유지하기 위한 데이터들과 이 데이터들을 처리하는 메서드들의 집합으로 이루어져 있다. 즉, 각 객체는 관련성이 높은 데이터들과 메서드들을 포함하고 있는데 이러한 객체들이 클래스의 인스턴스로 메모리를 점유하고 있기 때문에 객체의 생성과 소멸 시점을 이해하는 것은 매우 중요하다.

클래스로부터 객체를 생성하게 되면 주기억장치에 새로운 인스턴스가 위치할 수 있도록 공간을 할당하고 그 공간에 인스턴스를 생성한다. 그리고 인스턴스가 생성되면 생성된 인스턴스의 상태를 초기화하는데, 인스턴스 변수의 값들을 지정된 값으로 초기화한다.

객체가 소멸되면 생성된 인스턴스가 주메모리에서 모두 삭제된다. 즉, 인스턴스가 사용하던 모든 자원을 반환하고 메모리에서 인스턴스를 삭제한다. 따라서 인스턴스에 할당된 메모리도 반환된다.

소멸자(destructor)는 생성되어 있는 인스턴스를 주메모리에서 삭제할 때 사용하는 메서드이다. 소멸자는 인스턴스가 사용하고 있던 모든 자원을 반환한다. 모든 자원이 회수되면 해당 인스턴스는 메모리에서 지워진다. 인스턴스가 사용한 자원을 제대로 회수하지 않으면 이제 더 이상 어떤 객체도 참조하지 않는 자원이 사용되지 않는 상태로 남겨지게 되므로 메모리 부족현상이 발생하게 된다.

파이썬에서 객체가 만들어진 다음 처음 수행하는 메서드가 __init__() 메서드이기 때문에 __init__() 메서드에서는 객체가 생성되면 객체의 생성되었음을 알려 줄 수 있다. 다음 프로그램은 객체가 생성될 때 자신이 생성되었음을 알려 주는 프로그램이다.

```
class MyClass:
    def __init__(self, name):
        self.name=name
        print(f"MyClass의 객체 {self.name}가 생성되었습니다.")

myRef1 =myClass("첫 번째")
myRef2 =myClass("두 번째")
```

```
MyClass의 객체 첫 번째가 생성되었습니다.
MyClass의 객체 두 번째가 생성되었습니다.
```

객체 2개를 생성하였더니 "MyClass의 객체 첫 번째가 생성되었습니다."와 같이 자신의 이름과 함께 객체의 생성에 대하여 알려 주었다.

__init__() 메서드가 객체가 만들어지고 난 다음에 처음에 수행하는 메서드라면, __del__() 메서드는 객체가 제거될 때 수행되는 메서드이다. 따라서 __del__() 메서드를 이용해 객체의 소멸되었음을 알려 줄 수 있다. 다음 프로그램은 객체가 소멸할 때 자신이 소멸되었다는 것을 알려주는 프로그램이다. 프로그램에서 인스턴스는 del 명령어를 사용해 제거할 수 있다. 다음은 객체가 제거될 때 자신의 소멸에 대하여 알려 주는 프로그램의 예이다.

```
class myClass:
    def __init__(self, name):
        self.name=name
        print(f"MyClass의 객체 {self.name}가 생성되었습니다.")

    def __del__(self):
        print(f"MyClass의 객체 {self.name}가 소멸되었습니다.")

myRef1 =myClass("첫 번째")
myRef2 =myClass("두 번째")
del myRef1
del myRef1
```

```
MyClass의 객체 첫 번째가 생성되었습니다.
MyClass의 객체 두 번째가 생성되었습니다.
MyClass의 객체 첫 번째가 소멸되었습니다.
MyClass의 객체 두 번째가 소멸되었습니다.
```

프로그램의 실행 결과 del 명령어를 통해 객체가 제거되는 것을 확인할 수 있다.

그러나 프로그래머가 객체를 생성한 후 더 이상 객체가 필요 없을 때 매번 객체를 제거해 주어야 한다는 것은 매우 번거로운 일이다. 대부분의 프로그래밍 언어에서는 프로그램 실행 환경에서 더 이상 필요 없는 메모리의 객체를 자동으로 소거해 준다. 이러한 프로그램을 가비지 컬렉터(garbage collecter)라 하는데 파이썬 인터프리터에도 당연히 가비지 컬렉터가 있어 더 이상 필요 없는 메모리의 객체들을 자동으로 제거해 준다.

다음과 같이 프로그램을 수정해 보자.

```
myRef1  =myClass("첫 번째")
myRef2  =myClass("두 번째")
myRef2=myRef1
```

```
MyClass의 객체 첫 번째가 생성되었습니다.
MyClass의 객체 두 번째가 생성되었습니다.
MyClass의 객체 두 번째가 소멸되었습니다.
```

프로그램의 실행 결과 del 명령을 사용하지 않았는데도 myRef2가 참조하는 MyClass의 두 번째 객체가 소멸되는 것을 확인할 수 있다. 이것은 myRef2=myRef1로 인해 발생하는 것이다. 즉, myRef2가 참조하는 MyClass의 두 번째 객체를 이제 더 이상 참조하지 않고, 변수 myRef2가 이제 myRef1이 참조하는 MyClass의 첫 번째 객체를 참조하게 되었기 때문이다. 따라서, MyClass의 두 번째 객체는 더 이상 참조하는 변수가 없으므로 자동으로 소멸하는 것이다.

이제 다음과 같이 다시 del 명령을 이용해 객체를 제거해 보자.

```
myRef1  =myClass("첫 번째")
myRef2  =myClass("두 번째")
myRef2=myRef1
del myRef1
del myRef2
```

```
MyClass의 객체 두 번째가 소멸되었습니다.
MyClass의 객체 첫 번째가 소멸되었습니다.
```

앞에서 myRef2=myRef1로 인해 MyClass의 두 번째 객체가 제거되는 과정을 이해하였다. 그러면 MyClass의 첫 번째 객체는 언제 소멸되는 것일까? MyClass의 첫 번째 객체는 del myRef2로 인해 소멸되는 것이다. 이것은 myRef2=myRef1로 인해 myRef1과 myRef2가 동일한 MyClass의 첫 번째 객체를 가리키기 때문에 참조하는 모든 변수가 객체를 더 이상 참조하지 않아야 객체가 소멸되는 것이다. 즉, del myRef1을 수행하면 아직 myRef2가 객체를 참조하고 있기 때문에 참조하는 객체는 소멸되지 않고, del myRef2를 수행하면 더 이상 참조하는 변수가 없으므로 비로소 객체가 소멸되는 것이다.

따라서 여러 변수가 동일한 객체를 참조할 경우에는 모든 레퍼런스를 제거하여야지만 해당 클래스의 인스턴스를 소거할 수 있다.

CHAPTER 09

캡슐화와 정보은닉

9.1. 캡슐화

객체지향 프로그래밍에서 캡슐화(Encapsulation)는 연관된 데이터와 메서드를 하나의 단위인 객체로 묶어서 정의하는 원칙이다. 다시 말해 캡슐화란 데이터와 연산을 그룹화한 객체의 단위로 묶어 감추어 놓고, 객체가 보유하고 있는 데이터와 연산에 대해 외부에 가시성을 제공한다. 즉 연산을 가시화하여 외부에서 데이터를 접근하지 못하게 통제하기 위한방법으로서 객체의 외부로부터는 연산을 통해서만 간접적으로 데이터를 접근할 수 있도록 하고 객체의 데이터에 직접적으로 접근할 수 없게 통제하는 방법이다.

이렇게 캡슐화함으로써 데이터의 무결성(data integrity)을 유지하고 모듈화(modularity)를 강화할 수 있으며, 응용프로그램의 다른 부분들과 종속성을 줄일 수 있으며, 새로운 응용프로그램에서 재사용할 수 있는 코드의 양을 증가할 수 있다.

즉 캡슐화는 다음의 장점이 있다.

- 첫째, 프로그램에 대한 추상화 수단을 제공한다.

  즉, 클래스 안에 어떤 데이터와 메서드가 있는지 구체적으로 이해할 필요 없이 캡슐화된 객체 단위로 클래스를 설계할 수 있도록 한다.

- 둘째, 높은 재사용성을 제공한다.

  소프트웨어 재사용은 비용 절감에 있어 매우 효과적이다. 클래스는 프로그램 코드를 재사용하는 기본 단위이다. 한 클래스에 관련된 데이터와 메서드가 모두 캡슐화된 형태로 정의되어 있기 때문에 클래스의 응집도와 모듈성이 높아진다.

▌셋째, 유지보수의 효율성을 높일 수 있다.

프로그램 유지보수란 이미 작성되어 있는 프로그램에 새로운 기능을 추가하거나 기존에 있는 기능을 변경하는 작업을 의미한다. 객체지향 프로그래밍에서는 클래스 단위로 캡슐화되어 데이터와 메서드가 하나의 캡슐 안에 포함되어 있다. 따라서 유지보수를 할 때 변경하여야 할 클래스만 수정하면 된다.

이렇게 모듈이 갖는 기능들을 지정된 인터페이스를 통해서만 접근하고, 기능의 세부 구현 방법은 다른 모듈로부터 감추는 기능을 정보은닉(Information Hiding)이라고 한다. 즉, 정보은닉은 캡슐 속의 정보와 일부 연산을 외부에 감추는 기능으로서 처리하려는 데이터 구조와 연산에 사용된 알고리즘을 외부에서 직접 접근하지 못하도록 하고, 캡슐 안의 연산들을 통해서만 접근이 가능하도록 하는 기능이다.

결국 정보은닉은 객체가 가지고 있는 데이터와 메서드의 일부를 감추어 외부에서 접근할 수 없도록 하는 원칙이다. 반면에 캡슐화는 관련된 데이터와 메서드를 하나의 클래스 안에 그룹화하는 원칙이다. 그러나 캡슐화 원칙만으로 객체 안에 있는 항목들이 외부에 노출되지 않는다는 것을 의미하지는 않는다. 결국 좋은 클래스를 만들기 위해서는 캡슐화와 정보은닉의 두 가지 원칙이 모두 적용되어야 한다.

다음은 정보은닉의 장점이다.

▌첫째, 객체의 무결성을 보장한다.

클래스의 데이터를 감추고 이를 사용하는 메서드에서 입력 매개변수의 유효성검사를 통해 객체의 무결성을 보장하게 한다. 따라서 객체의 외부에서 객체 내부의 데이터에 유효하지 않은 값을 저장할 수 없다.

▌둘째, 높은 재사용성을 제공한다.

객체를 재사용할 때 객체의 데이터 등 내부 정보를 알 필요 없이 외부로 노출된 인터페이스 정보만 이용하여 원하는 기능을 실행할 수 있다. 정보은닉은 캡슐화와 마찬가지로 재사용성을 높일 수 있다.

▌셋째, 유지보수를 효율적으로 할 수 있다.

정보은닉은 객체의 유지보수성을 높일 수 있다. 객체 안의 정보은닉된 데이터 이름이나 타입 등이 변경되더라도 외부에서는 영향을 주지 않는다. 클래스 안에 있는 데이터를 처리하는 메서드만 수정하면 되기 때문이다.

- 넷째, 정보은닉에 의하여 객체의 데이터를 감추고, 데이터를 접근하는 getter나 setter를 사용할 경우, 직접 데이터를 접근하는 경우 보다는 시간이 좀 더 길어질 수 있다. 하지만 컴퓨터 하드웨어의 발전과 인터프리터 및 컴파일러의 최적화 기법을 통해 그 시간의 차이는 무시할 정도라 할 수 있다.

  결국, 정보은닉이 이루어진 캡슐화를 통하여 연관된 데이터와 메서드를 하나의 단위인 클래스로 묶어서 정의하고, 최소한의 기능만을 외부에 노출하고 외부에 드러낼 필요가 없는 내부의 데이터와 메서드는 모두 감추는 것이 바로 객체지향 프로그래밍이다. 캡슐화는 객체지향 프로그래밍에서 매우 중요한 기능으로써 상속성(Inheritance) 및 다형성(Polymorphism)과 함께 객체지향 프로그래밍의 3대 특성이라고도 한다.

다음은 고양이 클래스를 정의한 것이다. 이름과 색깔 데이터를 가지고 있고 whoAreYou() 메서드를 가지고 있어 고양이 객체에 whoAreYou() 메시지를 보내면 자신의 색상과 이름을 출력하는 프로그램이다.

```
class Cat:
    def __init__(self, name, color):
        self.name=name
        self.color=color
    def whoAreYou(self):
        print(f"나는 클래스 Cat의 객체 {self.color} 고양이 " \
            + f"{self.name}입니다.")
```

다음 프로그램은 캡슐화된 고양이 클래스 Cat으로부터 객체를 생성하여 메시지를 보내는 프로그램이다. 그러나 이 프로그램은 고양이 객체 tom에 whoAreYou() 메시지를 보내기 전에 객체의 이름과 색깔 데이터를 직접 프로그램에서 출력한다. 더구나 Cat의 객체 tom의 name과 color를 직접 수정한다.

```
tom=Cat("톰","하양")
print(f"나는 클래스 Cat의 객체 {tom.color} 고양이 {tom.name}입니다.")
tom.whoAreYou()
tom.name='네로'
tom.color='검은'
print(f"나는 클래스 Cat의 객체 {tom.color} 고양이 {tom.name}입니다.")
tom.whoAreYou()
```

따라서, Cat 클래스는 데이터와 메서드에 의해 캡슐화되었으나 Cat 클래스의 데이터나 메서드는 외부에서 접근이 가능하므로 정보은닉의 원칙에는 어긋난다 할 수 있다. 객체지향 프로그래밍에서는 클래스로부터 객체를 생성하여 객체에게 메시지를 보내 객체의 메서드를 이용해야지, 이와 같이 객체의 데이터를 직접 접근하여 사용할 경우 객체의 데이터를 보호할 수 없는 것이다.

따라서 클래스의 데이터와 메서드는 모두 보호되어야 하고, 외부에서 이용하기 위해 메시지를 수신하는 메서드만 공개되어야 한다. 이렇게 모든 것을 캡슐로 감싸 보호하고 이 캡슐의 사용 방법만 외부에 공개하는 것을 캡슐화라 한다. 예를 들어 감기약이라는 클래스는 감기약의 성분이라든가 제조 방법은 모두 캡슐 안에 감추고 열이 나고 기침이 나면 복용한다는 사용 방법만 외부에 공개하는 것이다.

다음은 Cat 클래스의 데이터인 고양이의 이름을 외부에서 접근할 수 없도록 수정한 프로그램이다. 즉, name과 color 앞에 언더바(_)를 2개 사용하여 변수의 이름을 정하였다.

```
class Cat:
    def __init__(self, name, color):
        self.__name=name
        self.color=color
    def whoAreYou(self):
        print(f"나는 클래스 Cat의 객체 {self.color} 고양이 " \
            + f"{self.__name}입니다.")
```

이제 Cat의 객체 tom의 데이터 __name은 직접 읽거나 수정할 수 없다. 즉, name 앞에 언더바(_)를 2개 사용하여 변수의 이름을 정하였기 때문에 클래스 외부의 프로그램에서 직접 읽거나 수정할 수 없다. 물론 클래스 내부의 메서드에서는 __name을 사용할 수 있다.

이제 Cat 클래스는 데이터와 메서드에 의해 캡슐화되었으며, Cat 클래스의 데이터나 메서드는 외부에서 접근이 불가능하므로 정보은닉의 원칙에 일치한다고 할 수 있다.

이렇게 파이썬에서는 변수의 이름 앞에 언더바(_) 2개를 붙여 이름을 만들게 되면 클래스 외부에서 변수를 직접 읽거나 수정할 수 없도록 보호한다. 데이터 필드 뿐 아니라 메서드 역시 메서드 이름 앞에 언더바(_) 2개를 붙여 이름을 만들게 되면 클래스 외부에서 메시지를 보낼 수 없게 된다.

```
tom=Cat("톰","하양")
tom.__name='네로'
tom.color='검은'
tom.whoAreYou()
print(f"나는 클래스 Cat의 객체 {tom.color} 고양이 {tom.__name}입니다.")
print()
```

Cat의 객체 tom의 데이터 color와 달리 __name은 직접 읽거나 수정할 수 없는 것을 확인할 수 있다. 그러면 외부에서 변수를 직접 읽거나 수정할 필요가 있을 경우에 어떻게 캡슐 속의 변수를 접근할 수 있는가? C++나 Java와 같은 대부분의 객체지향 프로그래밍 언어에서는 이름 앞에 Get과 Set을 붙인 메서드를 만들어 보호된 변수를 접근한다.

다음은 __name을 외부에서 읽을 수 있도록 getName() 메서드를 작성한 예이다.

```
class Cat:
    def __init__(self, name, color):
        self.__name=name
        self.__color=color
    def whoAreYou(self):
        print(f"나는 클래스 Cat의 객체 {self.__color} 고양이 " \
                + f"{self.__name}입니다.")
    def getName(self):
        return self.__name
tom=Cat("톰","하양")
tom.color='검은'
print(f"나는 클래스 Cat의 객체 {tom.color} 고양이 {tom.getName()}입니다.")
print()
```

객체 tom에게 getName() 메시지를 보내 고양이의 이름을 읽어오는 것을 확인할 수 있다.

다음은 __name을 외부에서 수정할 수 있도록 setName() 메서드를 작성한 예이다.

```
class Cat:
    def __init__(self, name, color):
        self.__name=name
        self.color=color
    def whoAreYou(self):
        print(f"나는 클래스 Cat의 객체 {self.__color} 고양이 " \
                + f"{self.__name}입니다.")
    def getName(self):
        return self.__name
    def setName(self, value):
        self.__name=value

tom=Cat("톰","하양")
tom.setName('네로')
tom.color='검은'
print(f"나는 클래스 Cat의 객체 {tom.color} 고양이 {tom.getName()}입니다.")
```

객체 tom에게 setName() 메시지를 보내 고양이의 이름을 '네로'로 수정된 것을 확인할 수 있다

하지만 get과 set을 접두어로 메서드를 작성하는 일도 번거로운 작업이지만, get과 set을 접두어로 된 메서드를 이용하는 것도 매우 프로그램을 어수선하게 만든다. 따라서 프로그래머들은 종종 정보은닉성을 무시하고 데이터 필드를 외부에서 접근할 수 있도록 코딩하고 싶은 충동을 느끼게 된다.

C++나 Java에서는 get과 set을 접두어로 메서드를 작성하여 사용하도록 하지만, 파이썬에서는 C#에서와 같이 보다 스마트한 방법을 제공한다. 즉, 프로퍼티를 선언하여 사용하도록 하는 것이다.

9.2. 프로퍼티

다음은 프로퍼티를 선언하여 데이터 필드를 읽고 고칠 수 있도록 한 예이다.

```
class Cat:
    def __init__(self, name, color):
        self.__name=name
        self.color=color
    def whoAreYou(self):
        print(f"나는 클래스 Cat의 객체 {self.color} 고양이 " \
                + f"{self.__name}입니다.")

    @property
    def Name(self):
        return self.__name
    @Name.setter
    def Name(self, value):
        self.__name=value

tom=Cat("톰","하양")
tom.Name='네로'
tom.color='검은'
print(f"나는 클래스 Cat의 객체 {tom.color} 고양이 {tom.Name}입니다.")
```

이제 tom.Name을 통해 캡슐 안의 __name 변수 값을 수정하거나 읽어올 수 있음을 확인할 수 있다.

프로퍼티는 @property를 쓰고, 외부에서 접근하려는 데이터의 이름을 메서드로 정의하면 된다. 이렇게 정의된 메서드는 은닉된 데이터 필드를 읽어 오기 때문에 getter라 하고, 프로퍼티에 정의된 이름을 수정하는 메서드를 setter라 한다. setter는 @property에 선언한 이름을 이용하여 @Name.setter와 같이 동일한 이름으로 setter를 코딩한 다음, Name, 즉

__name을 수정하는 메서드를 정의해 주면 된다. 물론 수정할 값을 매개변수로 받아서 은닉된 데이터 필드를 수정할 수 있도록 하여야 한다. 즉, 프로퍼티는 메서드로 작성되지만 변수처럼 사용할 수 있다.

다음은 Person 클래스의 프로퍼티를 사용한 예이다.

```
class Person:
    def __init__(self,name):
        self.__name=name
    @property
    def Name(self):
        return self.__name
    @Name.setter
    def Name(self, name):
        self.__name=name
    def WhoAreYou(self):
        print(f"여기는 class Person의 WhoAreYou() 메서듭니다." \
            + f"내 이름은 {self.Name}입니다. 반갑습니다. ")

person1= Person("홍길동")
print(f"나는 class Person 객체 {person1.Name}입니다. 잘부탁해요~~~ ")
person1.Name="파이썬"
person1.WhoAreYou()
print(f"나는 class Person 객체 {person1.Name}입니다. 잘부탁해요~~~ ")
```

클래스 Person의 객체 person1의 이름을 읽어 출력하고, 이름을 "홍길동"에서 "파이썬"으로 수정한 것을 확인할 수 있다. @property로 선언한 메서드를 getter라 하고, 프로퍼티에서 정의된 이름을 수정하는 메서드를 setter라 하는데, setter를 작성하지 않은 프로퍼티는 수정이 불가능하고 읽을 수만 있는 읽기 전용 프로퍼티가 된다.

다음은 시를 정의한 클래스 Poetry를 캡슐화하여 정보은닉하는 프로그램이다.

```
import os
import time
class Poetry(object):
    def __init__(self, title, poet, contents):
        self.__title=title
        self.__poet=poet
        self.__contents=contents
    @property
    def Title(self):
        return self.__title
```

```
    def __printCLS(self):
        print('\n'*30)
    def __printTitle(self):
        print('\t\t', end='')
        print(self.__title)
        time.sleep(1)

    def __printPoet(self):
        print('\t\t\t\t', end='')
        print(self.__poet)
        time.sleep(1)
        print()
        time.sleep(1)
    def __printContents(self):
        for content in self.__contents:
            print('\t', end='')
            print(content)
            time.sleep(1)
    def __printBlankLine(self):
        for i in range(25-len(self.__contents)):
            print()
            time.sleep(1)
        input("감상이 끝났으면 아무 키나 누르세요~~")
```

```
    def print(self):
        self.__printCLS()
        self.__printTitle()
        self.__printPoet()
        self.__printContents()
        self.__printBlankLine()
```

클래스 안의 데이터 필드를 모두 언더바(_) 2개를 접두어로 붙여서 변수 __title, __poet, __contents를 정의하였고, 시의 제목은 외부에서 읽을 수 있도록 프로퍼티 Title을 정의 했으며, Title은 외부에서 수정할 수 없는 읽기 전용의 프로퍼티로 정의하였다.

메서드는 외부에 공개하는 print() 메서드만 이름 앞에 언더바 2개를 접두어로 붙이지 않아 외부에 공개 하였고, 외부에 공개하지 않는 다른 메서드는 모두 언더바 2개를 접두어로 붙여 이름을 작성하였다. 즉, __printCLS(), __printTitle(), __printPoet(), __printContents(), __printBlankLine() 등은 메서드를 클래스 외부에 공개할 필요가 없으므로 이름 앞에 언더바 2개를 접두어로 붙여 이름을 정하였다.

다음과 같이 객체를 생성하고 사용하는 부분, 즉 print() 메시지를 보내는 부분은 수정할 필요가 없다.

```
title = "그리움"
poet = "유치환";
contents = ["파도야 어쩌란 말이냐", "파도야 어쩌란 말이냐",
            "임은 뭍같이 까딱 않는데", "파도야 어쩌란 말이냐",
            "날 어쩌란 말이냐"]
myPoetry=Poetry(title, poet, contents)
myPoetry.print()
```

프로그램을 실행한 결과 시가 앞에서 코딩한 프로그램과 동일하게 실행되는 것을 확인할 수 있다.

다음은 메뉴 프로그램을 클래스로 작성한 프로그램의 예이다.

```
import os
class Menu(object):
    def __init__(self, title, contents):
        self.__title=title
        self.__contents=contents
        self.__menuNumber=1

    @property
    def MenuNumber(self):
        return self.__menuNumber

    @property
    def ExitMenuNumber(self):
        return len(self.__contents)+1def print(self):
        os.system("cls")
        print(" \ n \ n \ n \ n \ n")
        print(" \ t \ t \ t",end="")
        print(self.__title)
        print(" \ n \ n")
        i=0
        for content in self.__contents:
            print(" \ t \ t", end="")
            i=i+1
            print(i,end=". ")
            print(content)
            print()
        print(" \ t \ t", end="")
        i=i+1
        print(i,end=". ")
        print("종    료")
        print(" \ n \ n")
        print(" \ t \ t원하는 번호를 입력하세요~ : ", end=' ')
```

```
    def getMenuNumber(self):
        try:
            self.__menuNumber=int(input())
            if 1<= self.__menuNumber <= self.ExitMenuNumber:
                return self.__menuNumber
            else:
                raise Exception("숫자가 범위를 벗어 났습니다.")
        except ValueError as e:
            print()
            print("숫자를 입력하지 않았습니다. 제발 정신 좀 차리세요~~~")
        except Exception as e:
            print()
            print(e)
        input()
        return -1

    def read(self):
        self.__menuNumber = self.getMenuNumber()
        return self.__menuNumber

    def printNread(self):
        self.print()
        self.read()

    def isExit(self):
        if self.__menuNumber==(len(self.__contents)+1):
            return True
        else:
            return False
```

클래스 안의 데이터 필드를 모두 언더바(_) 2개를 접두어로 붙여, __title, __contents, __menuNumber, __validNumberString를 정의하였고, 메뉴 번호는 외부에서 읽어갈 수 있도록 MenuNumber와 ExitMenuNumber()를 프로퍼티로 정의하였으며, 모두 외부에서 수정할 수 없는 읽기 전용의 프로퍼티로 정의하였다. 메서드는 모두 외부에 공개될 수 있도록, 이름 앞에 언더바 2개를 접두어로 붙이지 않았다.

print() 메서드는 메뉴를 콘솔 창에 출력하는 메서드이고, getMenuNumber() 메서드는 올바른 메뉴 번호를 얻기 위한 메서드이다. read() 메서드는 getMenuNumber() 메서드를 호출하여 메뉴 번호를 반환하는 메서드이고, printNread() 메서드는 print() 메서드와 read() 메서드를 합쳐, 두 메서드를 한꺼번에 호출할 수 있도록 만든 메서드이다. isExit() 메서드는 프로퍼티 __menuNumber가 종료번호인지 아닌지를 확인하도록 해주는 메서드이다.

다음은 메뉴 클래스를 이용하여 메뉴 객체를 생성한 다음 메뉴 객체를 사용하는 프로그램의 예이다.

```
title="김소월 시선!!!"
contents=('진달래 꽃', '초혼', '엄마야누나야')
myMenu=Menu(title, contents)
myMenu.print()
myMenu.read()
while not myMenu.isExit():
    myPoetry= myPoetryBook.getPoetry(myMenu.MenuNumber)
    myMenu.printNread()
print("안녕히 가세요~~~")
```

메뉴 객체 myMenu에 printNread() 메시지를 보냄으로써 메뉴를 출력하고 메뉴 번호를 입력받는 기능을 확인할 수 있다. 다음은 메뉴를 출력하여 번호를 입력받는 프로그램의 실행 예이다.

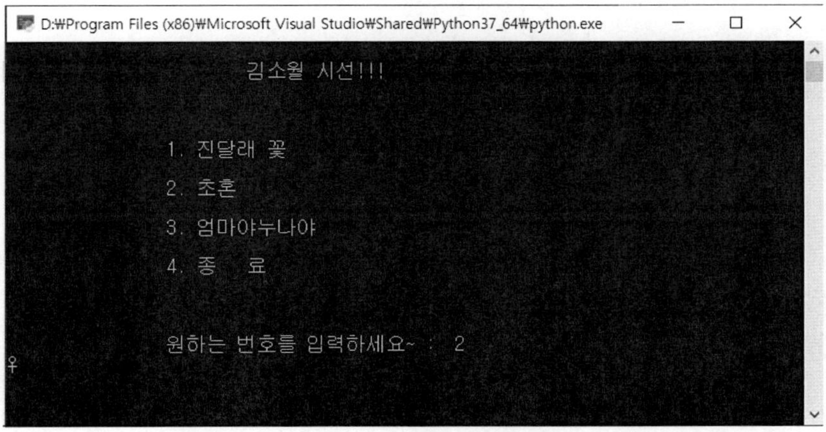

다음은 메뉴클래스의 __init__() 메서드와 getMenuNumber() 메서드를 수정한 프로그램이다. getMenuNumber() 메서드는 앞에서는 try except 문을 이용하여 올바른 메뉴 번호를 입력받는다. 하지만 이제 getMenuNumber() 메서드는 try except 문을 사용하지 않고도 정확한 메뉴번호를 예외가 발생하지 않고 입력받도록 수정한 것이다.

```
class Menu(object):
    def __init__(self, title, contents):
        self.__title=title
        self.__contents=contents
        self.__menuNumber=1
        self.__validNumberString=str()
        for i in range(len(contents)+1):
            self.__validNumberString+=str(i+1)
    def getMenuNumber(self):
        menuNumber=input()
        while menuNumber not in self.__validNumberString \
                or menuNumber=='':
            print("\t\t숫자가 아니거나 메뉴 번호가 아닙니다.")
            input()
            self.print()
            menuNumber=input()
        return int(menuNumber)
```

또한, getMenuNumber() 메서드에서 사용하는 변수를 위해 객체가 생성될 때 초기화하는 __init__() 메서드 역시 수정하였는데, 먼저 _init__() 메서드에 인스턴스 변수 __validNumberString을 문자열로 정의하여 메뉴 번호를 1부터 종료 번호까지 삽입한다.

즉, 인스턴스 변수 __validNumberString를 str()을 참조하도록 하여 빈 문자열로 정의하고, 메뉴의 번호를 문자열로 추가한다. len() 함수로 contents의 길이를 구한 다음 종료 번호를 고려하여 1을 더하여 range() 함수의 매개변수로 사용한다. 올바른 메뉴 번호는 range() 함수가 0부터 반복되기 때문에 i 값에 1을 더한 i+1을 문자열에 추가하기 때문에 모든 메뉴 번호가 문자열 __validNumberString에 추가된다.

그리고, getMenuNumber() 메서드에서 입력받은 메뉴 번호가 __validNumberString 문자열 안에 있는지를 확인함으로써 try except 문을 이용하지 않고 올바른 메뉴 번호를 얻을 때까지 메뉴 번호를 입력받을 수 있도록 수정하였다. 즉, 메뉴 번호를 입력받아 메뉴 번호가

__validNumberString의 문자열 안에 있지 않으면 오류 메시지를 출력하여 다시 메뉴 번호를 입력받는다.

프로그램의 실행 결과 오류 입력에 대하여 오류 메시지를 출력하며, 올바른 메뉴 번호를 숫자로 변환하여 반환하는 것을 확인할 수 있다.

다음은 시집 클래스 BookOfPoetry()를 만들어 시를 저장하고 필요할 경우 시를 반환하는 클래스이다. 즉, 네 편의 시 '진달래 꽃', '그리움', '먼 곳에서부터', '풀'을 Poetry 클래스의 객체로 만들어 인스턴스 변수 __PoetryBook에 리스트 타입으로 저장하였으며, PoetryBook과 Length를 읽기전용 프로퍼티로 작성하였다. 또한, 메뉴 번호를 매개변수로 전달받아 메뉴 번호를 인덱스로 메뉴 번호에 해당하는 시를 Poetry 객체로 반환하는 getPoetry() 메서드를 정의하였다.

```
class BookOfPoetry(object):
    def __init__(self):
        self.__validIndexString=""
        self.__PoetryBook=list()
        title="진달래 꽃"
        poet="김소월"
        contents = ["나 보기가 역겨워", "가실 때에는",
                    "말없이 고이 보내 드리우리다","","영변에 약산", "진달래꽃",
                    "아름 따다 가실 길에 뿌리우리다", "", "가시는 걸음 걸음",
                    "놓인 그 꽃을", "사뿐히 즈려밟고 가시옵소서", "",
                    "나 보기가 역겨워", "가실 때에는",
                    "죽어도 아니 눈물 흘리우리다"]
        myPoetry=Poetry(title, poet, contents)
        self.__PoetryBook.append(myPoetry)
        title = "그리움"
        poet = "유치환";
        contents = ["파도야 어쩌란 말이냐", "파도야 어쩌란 말이냐",
                    "임은 뭍같이 까딱 않는데", "파도야 어쩌란 말이냐",
                    "날 어쩌란 말이냐"]
        myPoetry=Poetry(title, poet, contents)
        self.__PoetryBook.append(myPoetry)
        title = "먼 곳에서부터"
        poet = "김수영";
```

```
        contents = ["먼 곳에서부터", "먼 곳으로",
                    "다시 몸이 아프다", "","조용한 봄에서부터","조용한 봄으로",
                    "다시 내 몸이 아프다", "","여자에게서부터", "여자에게로","",
                    "능금꽃으로부터", "능금꽃으로.....","",
                    "나도 모르는 사이에","내 몸이 아프다."]
        myPoetry=Poetry(title, poet, contents)
        self.__PoetryBook.append(myPoetry)
        title = "풀"
        poet = "김수영"
        contents = ["풀이 눕는다.", "날이 흐려서 더 울다가",
                    "다시 누웠다", "", "풀이 눕는다",
                    "바람보다도 더 빨리 눕는다",  "바람보다도 더 빨리 울고",
                    "바람보다 먼저 일어난다", "", "날이 흐리고 풀이 눕는다",
                    "발목까지", "발밑까지 눕는다", "바람보다 늦게 누워도",
                    "바람보다 먼저 일어나고", "바람보다 늦게 울어도",
                    "바람보다 먼저 웃는다", "날이 흐리고 풀뿌리가 눕는다"]
        myPoetry=Poetry(title, poet, contents)
        self.__PoetryBook.append(myPoetry)
        for i in range(len(self.__PoetryBook)):
            self.__validIndexString+=str(i)
    def getPoetry(self, index):
        if str(index-1) in self.__validIndexString:
            return self.__PoetryBook[index - 1]
        else:
            return "menuNumber Error"
    @property
    def PoetryBook(self):
        return self.__PoetryBook
    @property
    def Length(self):
        return len(self.__PoetryBook)
```

메뉴 객체 myMenu에 printNread() 메시지를 보냄으로써 메뉴를 출력하고 메뉴 번호를 입력받는 기능을 확인할 수 있다. 다음은 메뉴를 출력하여 번호를 입력받는 프로그램의 실행 예이다.

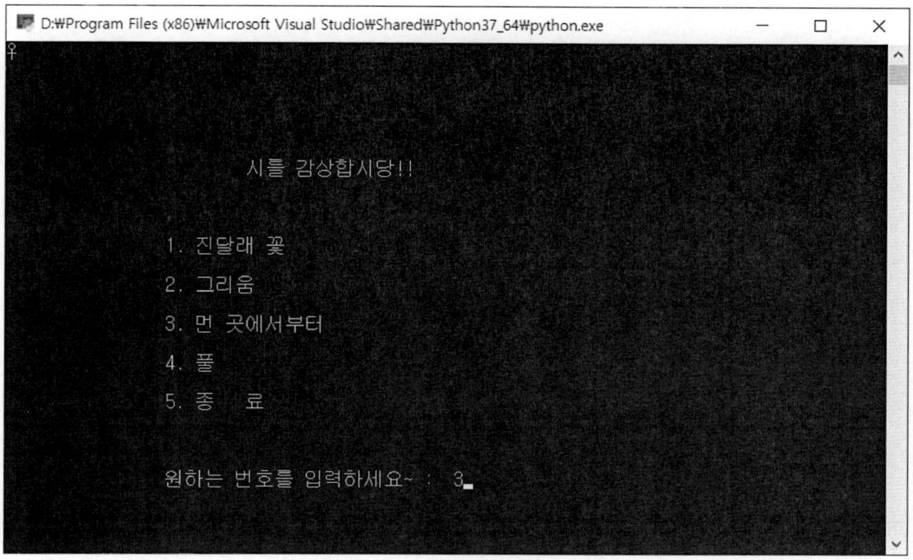

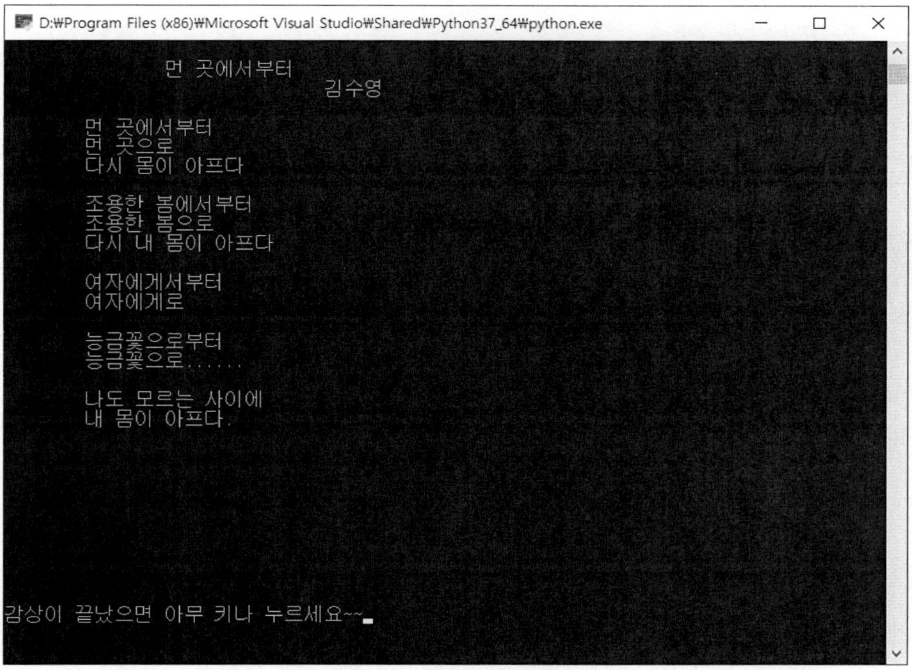

프로그램을 실행한 결과 메뉴를 출력하고, 메뉴에서 선택한 김수영의 "먼 곳에서부터"란 시를 출력하는 것을 확인할 수 있다.

CHAPTER 10

상속과 다중 상속

10.1. 상속(Inheritance)

상속은 클래스 계층을 기초로 클래스 내의 데이터와 메서드를 물려받는 메커니즘으로서 보통 상위 클래스의 개념을 하위 클래스가 상속받는데, 하위 클래스에는 상위 클래스에 존재하지 않은 새로운 성질을 추가할 수 있다. 따라서 소프트웨어의 개발에 있어 상속은 기존의 자원을 재사용하여 생산성을 향상할 수 있는 경제적인 표현 방법이라 할 수 있다.

객체지향 프로그래밍에서 상속은 일반화 개념을 프로그램의 설계에 적용하기 위하여 도입되었다고 할 수 있다. 일반화는 법용적인 개체와 좀 더 구체적인 개체 간의 관계에서 발생하는데, 결국 일반화는 구체적인 여러 개체의 공통적인 요소들을 식별하여 하나의 범용적인 개체 안에 정의하는 장치인 것이다. 이러한 일반화 관계에 있는 두 객체들 간에는 ISA 관계가 성립되어야 한다. 예를 들어 "펭귄은 새이다"라고 할 때 펭귄, 참새, 타조 등을 일반화한 것이 새인 것이다.

상속은 이러한 일반화 관계를 프로그램으로 실현한 장치이다. 일반화 과정에서 도출된 범용적이며 공통적인 데이터들과 메서드를 가지는 클래스를 슈퍼 클래스(super class)라 한다. 슈퍼 클래스는 부모 클래스(parent class) 또는 기반 클래스(base class)라고도 한다.

슈퍼클래스에는 포함되지 않는 세분화 과정에서 도출된 추가적인 데이터들과 메서드를 가지는 클래스를 서브 클래스(subclass)라 한다. 서브 클래스는 자식 클래스(child class) 또는 파생 클래스(drived class)라고도 한다.

예를 들어 날 수 있는 객체(flying object)의 최고 고도, 비행 속도, 날개의 수 등은 새(bird)와 같은 서브 클래스로 상속되고, 새 클래스에는 슈퍼클래스에 존재하지 않는 평균 수명 등의 새로운 성질의 데이터를 추가할 수 있다. 결국 상속은 자식 클래스가 부모 클래스로부터 데이터 필드, 메서드, 프로퍼티 등을 물려받는 것으로서, 슈퍼 클래스는 상속시켜 주는 넓고 일반화된 부모 클래스를 의미한다.

다음은 상속의 효과이다.

- 첫째, 프로그램에 대한 이해도를 높여 준다.

  상속 메커니즘을 활용하여 클래스 상속 구조를 정의하면, 클래스 간의 상속 관계를 보여 줄 수 있을 뿐만 아니라 전체 시스템의 구조를 예측할 수 있다.

- 둘째, 재사용성을 높여 준다.

  상속 메커니즘은 기존의 클래스에서 추가적인 데이터와 메서드를 추가하는 서브 클래스를 통하여 새로운 클래스를 정의하는 것을 지원한다. 즉, 상속 메커니즘을 이용하면 한 클래스에 필요한 데이터와 메서드를 모두 정의할 필요 없이 기존의 클래스를 재사용할 수 있다.

- 셋째, 확장성을 높일 수 있다.

  상속 메커니즘을 이용하여 새로운 클래스를 추가하는 것이 쉬워진다. 상속을 이용하면 기존의 클래스를 재사용하는데 그치지 않고 목적에 맞게 새로운 데이터와 메서드를 추가할 수 있다. 이것은 데이터와 메서드를 모두 새롭게 정의하여야 하는 것보다 쉽게 새로운 클래스를 추가할 수 있다. 따라서, 필요로하는 데이터와 메서드를 최대한 많이 제공하는 클래스로부터 새로운 클래스를 정의하여 프로그램을 쉽게 확장할 수 있다.

다음은 부모 클래스와 자식 클래스를 선언하기 위한 구조를 보여 준다.

```
class BaseClass:
{
    # 멤버 선언
}

class DrivedClass(BaseClass):
{
    # 아무 멤버를 선언하지 않아도
    # 기반 클래스의 모든 것을 물려받아 갖게 됩니다.
}
```

클래스를 선언할 때 class 키워드를 쓰고 클래스이름을 붙이지만, 클래스이름 뒤에 괄호를 하고 object를 써도 된다. 이것은 모든 클래스의 부모 클래스가 object 클래스이고, 모든 클래스는 object 클래스로부터 상속받기 때문이다. 즉, 상속받는 자식 클래스의 이름 뒤에는 괄호를 하고 상속해 주는 부모 클래스의 이름을 쓰면 된다.

다음은 상속받는 클래스가 부모 클래스로부터 메서드를 상속받는 예이다.

```
class Base:
    def BaseMethod(self):
        print( "나는기반클래스의 BaseMethod입니다." )

class Derived(Base):
        pass

myBase= Base()
myBase.BaseMethod()
myDrived=Derived()
myDrived.BaseMethod()
```

```
"나는기반클래스의 BaseMethod입니다."
"나는기반클래스의 BaseMethod입니다."
```

Base 클래스는 BaseMethod() 메서드를 가지며, Base 클래스로부터 상속받는 자식 클래스 Derived 클래스는 데이터와 메서드를 선언하지 않았다.

그러나 부모 클래스와 자식 클래스의 객체를 생성하면, myBase와 myDrived 객체 둘 다 BaseMethod() 메시지를 보낼 수 있으며, 이러한 메시지를 받은 두 객체 모두 동일한 결과를 수행함을 확인할 수 있다.

위 예에서 살펴 본 것과 같이 상속은 한 클래스가 다른 클래스로부터 데이터 속성과 메서드를 물려받는 것으로써, 자식 클래스에 아무 멤버를 정의하지 않아도 기반 클래스의 모든 것을 물려받는 것을 확인할 수 있다.

즉, 자식 클래스는 부모 클래스의 멤버와 자신의 새로운 멤버를 갖는다.

super()에 점을 찍고 데이터 멤버나 메서드를 쓰면 부모 클래스의 데이터 멤버나 메서드를 호출할 수 있다.

즉, self가 자기 자신을 가리키듯, super()는 부모 클래스를 가리킨다. 다음은 자식 클래스에서 super()를 이용하여 부모 클래스의 메서드를 호출한 예이다.

```
class Base:
      defBaseMethod(self):
        print( "나는기반클래스의 BaseMethod입니다." )

class Derived(Base):
        defBaseMethod(self):
              super().BaseMethod()

myBase= Base()
myBase.BaseMethod()
myDrived=Derived()
myDrived.BaseMethod()
```

동일한 결과가 출력되는 것을 확인할 수 있다.

그러나 정보은닉의 캡슐화된 멤버인 언더바 2개로 시작하는 이름을 갖는 멤버는 자식 클래스에서 멤버를 물려받지 못한다. 다음은 언더바 2개로 시작하는 이름을 갖는 멤버를 자식 클래스에서 물려받지 못하는 것을 보이는 예이다.

```
class Base:
    def __BaseMethod(self):
        print( "나는 기반클래스의 BaseMethod입니다." )
    def BaseMethod(self):
        self.__BaseMethod()

class Derived(Base):
    def BaseMethod(self):
        super().__BaseMethod()
```

```
나는 기반클래스의 BaseMethod입니다.
```

Base클래스에서는 BaseMethod() 메서드에서 자신의 __BaseMethod() 메서드를 호출할 수 있지만, Base 클래스로부터 상속받는 자식 클래스 Derived 클래스에서는 부모 클래스 super()의 __BaseMethod()를 호출할 수 없는 것을 확인할 수 있다.

다음은 부모 클래스의 초기화 메서드인 __init__() 메서드를 super()를 이용해 호출한 예이다.

```
class Base:
    def __init__(self, name):
        self.__name = name

class Drived(Base):
    def __init__(self, name):
        super().__init__(name)
```

예를 들어 Drived("철수")를 이용하여 객체를 생성하면 Drived 클래스의 __init__() 메서드를 수행하는데, super().__init__(name)를 호출하므로 Base 클래스의 __init__() 메서드를 호출하여, Base 클래스의 __name에 철수를 할당하게 된다.

다음은 super().__init__()를 이용하여 부모 클래스의 __init__() 메서드를 호출하는 과정을 보인다.

```
class X:
    def __init__(self, a):
        self.a=a
class Y(X):
    def __init__(self, a, b):
        self.b=b
        super().__init__(a)
class Z(Y):
    def __init__(self, a, b, c):
        self.c=c
        super().__init__(a, b)
```

class Z의 부모 클래스는 class Y이고, class Y의 부모 클래스는 class X이다.

class Z에서 매개변수 a, b, c를 전달받아, c는 자신의 멤버 c에 사용하고, a, b는 super().__init__()메서드를 통해 부모 클래스인 class Y에게 전달하였다. class Y에서는 전달받은 매개변수 a, b 가운데 b는 class Y의 멤버 b에 사용하고, a는 super().__init__()메서드를 통해 a를 부모 클래스인 class X에게 전달하여, class X의 멤버 a에 할당하였다.

```
myData= X(1000)
print("myData= X(100) a={myData.a}")
myData= Y(100,200)
print("myData= Y(100,200) a={myData.a}, b={myData.b}"))
myData= Z(10,20,30)
print("myData= Z(10,20,30) a={myData.a}, b={myData.b}, c={myData.c}")
```

```
myData= X(100) a=1000
myData= Y(100,200) a=100, b=200
myData= Z(10,20,30) a=10, b=20, c=30
```

실행 결과 super().__init__() 메서드를 통해 매개변수가 전달되는 것을 확인할 수 있다.

다음 프로그램은 상속 관계에서 멤버 데이터와 메서드가 어떻게 바인딩되는가를 보여주는 예이다.

앞에서 __init__() 메서드에서 인스턴스 변수를 선언할 때 외부에서 데이터를 사용할 수 없도록 보호하려면, 언더바 2개를 접두어로 붙여서 선언하면 된다고 했다. 파이썬에서 외부에서는 사용할 수 없지만 상속받은 자식 클래스에서는 사용할 수 있도록 선언하려면 언더바 1개를 접두어로 붙여 인스턴스 변수를 선언하면 된다. 즉 언더바 2개를 연달아 접두어로 붙여 변수를 선언하면 다른 언어에서 private으로 선언하는 것과 동일하다. 또한, 다른 언어에서 protected로 선언하는 멤버 변수는 파이썬에서 언더바 1개를 접두어로 붙여 선언하면 된다.

다음에 선언한 인스턴스 변수 _i는 상속받은 클래스에서는 접근이 가능한 변수이며, _print()와 _play() 메서드는 상속받은 클래스에서도 호출이 가능한 메서드이다.

다음은 이러한 변수의 사용에 대한 프로그램의 예이다.

```
class X:
    def __init__(self):
        self._i=10
        self.message='나는 X입니다.'
    def _print(self):
        print(self.message)
    def _play(self):
        print('Play..'+ self.message)

class Y(X):
    def __init__(self):
        self._i=20
        self.message='나는 Y입니다.'
    def _print(self):
        print(self.message)
class Z(Y):
    def __init__(self):
        self._i=30
        self.message='나는 Z입니다.'
    def _print(self):
        print(self.message)
    def _play(self):
        print('Play..'+ self.message)
```

```
    def doZ(self):
        print('Z안에서 작업중입니다.')
    def test(self,i):
        x=X()
        x._print()
        x._play()
        print('x.i='+str(i))
        print('x._i='+str(x._i))
        y=Y()
        y._print()
        y._play()
        print('y.i='+str(y._i))
        z=Z()
        y=z
        x=z
        z._print()
        y._print()
        x._print()
        z._play()
        y._play()
        x._play()

        super()._print()
        self._play()
        super()._play()
        print('i='+str(i))
        print('y._i='+str(y._i))
        print('x._i='+str(x._i))
        print('z._i='+str(z._i))

z=Z()
z.test(40)
```

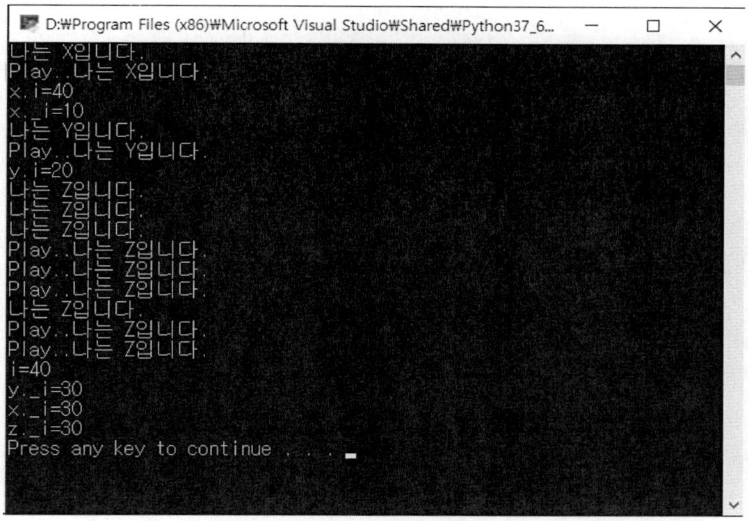

프로그램의 실행 과정을 살펴보면 먼저 클래스 Z()를 객체 z로 생성하고 z에 test(40)이라는 메시지를 보냈다.

객체 z가 test() 메서드를 매개변수 i에 40을 전달받아 수행한다. x = X()를 통해 x 객체를 생성하고, x에 _print() 메시지를 보내면, 클래스 X()의 _print() 메서드를 실행하면 print(self.message)가 수행되고, message '나는 X입니다.'를 출력한다. x._play() 또한 'Play..나는 X입니다.'를 출력한다. print('x.i='+str(i))는 매개변수로 넘어 온 i값 15를 출력하고, 'x._i='는 클래스 X()의 _i의 값 10을 출력한다.

y = Y()를 통해 y 객체를 생성하고, y에 _print() 메시지를 보내면, 클래스 X()의 _print() 메서드를 실행하면 print(self.message)가 수행되고, message '나는 Y입니다.'를 출력한다. y._play()는 상속받은 클래스 X()의 _play()를 수행하는데, print('Play..'+self.message)의 self.message는 객체가 클래스 Y()의 객체이므로 클래스 Y()의 message이므로 'Play..나는 Y입니다.'를 출력한다. print('y.i='+str(y.i)) 클래스 Y()의 _i의 값 20을 출력한다.

z = Z()를 통해 z 객체를 생성하고, y = z와 x = z를 통해 x와 y가 참조하던 객체는 모두 소멸하고 z = Z()를 통해 생성된 객체를 x와 y가 참조한다. x, y, z가 동일한 객체를 참조한다. 따라서 z._print(), y._print(), x._print()가 동일한 결과 '나는 Z입니다.'를 출력한다. 또한, z._play(), y._play(), x._play() 모두 'Play..나는 Z입니다.'를 출력한다.

super()._print()는 부모 클래스 Y()의 _print() 메서드를 실행하여 print(self.message)가 수행되고, 클래스 Z()의 객체이므로 message '나는 Z입니다.'를 출력한다. self._play() 또한 'Play..

나는 Z입니다.'를 출력한다. y._i, x._i, z._i 값 역시 x, y, z가 클래스 Z의 객체이므로 모두 30을 출력한다.

객체가 어느 클래스의 인스턴스인지를 판별하려면 isinstance 함수()를 사용하면 된다. 다음은 isinstance 함수()를 사용한 프로그램의 예이다.

```
class Mammal:
    def __init__(self, name):
        self.__name = name
    def Nurse(self):
        print("{0}는 수유동물입니다.".format(self.__name))
class Dog(Mammal):
    def __init__(self, name):
        super().__init__(name)
    def Bark(self):
        print("{0}는 멍멍 짖습니다.".format(self.name))
```

```
class Cat(Mammal):
    def __init__(self, name):
        super().__init__(name)
    def Meow(self):
        print("{0}는 야옹~ 하고 웁니다.".format(self.name))
```

클래스 Mammal을 부모 클래스로, 자식 클래스 Dog()과 Cat()이 상속 받았으며, 이름 __name은 부모 클래스 Mammal에 정의하여 자식 클래스 Dog()과 Cat()이 상속받아 사용한다.

자식 클래스 Dog()과 Cat()의 __init__() 메서드에서는 super().__init__(name)을 통해 부모 클래스의 인스턴스 변수 __name에 이름을 할당한다. 부모 클래스 Mammal()에 Nurse() 메서드를 정의하여 Dog()과 Cat()이 상속받을 수 있도록 정의하였고, Dog()에는 Bark() 메서드를 Cat()에는 Meow()를 정의하였다.

다음은 이 클래스를 이용하여 객체를 생성하고 객체에 메시지를 보내는 프로그램의 예다.

```
myMammal=Mammal("포유동물")
myMammal.Nurse()
myDog=Dog("바둑이")
myDog.Nurse()
myDog.Bark()
print()
myCat=Cat("네로")
myCat.Nurse()
myCat.Meow()
print()
myMammals=[myMammal, myDog, myCat]
for myMammal in  myMammals:
    myMammal.Nurse()
    if isinstance(myMammal, Dog):
        myMammal.Bark()
    if isinstance(myMammal, Cat):
        myMammal.Meow()
    print()
```

```
포유동물는 수유동물입니다.
바둑이는 수유동물입니다.
바둑이는 멍멍 짖습니다.
네로는 수유동물입니다.
네로는 야옹~ 하고 웁니다.

포유동물는 수유동물입니다.

바둑이는 수유동물입니다.
바둑이는 멍멍 짖습니다.

네로는 수유동물입니다.
네로는 야옹~ 하고 웁니다.
```

클래스 Mammal의 객체를 "포유동물"이란 이름으로 생성해 myMammal 변수로 참조하여, Nurse() 메시지를 보냈다. "포유동물는 수유동물입니다."란 메시지를 출력하는 것을 확인할 수 있다.

클래스 Dog의 객체를 "바둑이"란 이름으로 생성해 myDog 변수로 참조하여, Nurse()와 Bark() 메시지를 보냈다. "바둑이는 수유동물입니다."와 "바둑이는 멍멍 짖습니다."란 메시지를 출력하는 것을 확인할 수 있다.

클래스 Cat의 객체를 "네로"란 이름으로 생성해 myCat 변수로 참조하여, Nurse()와 Meow() 메시지를 보냈다. "네로는 수유동물입니다."와 "네로는 야옹~ 하고 웁니다"란 메시지를 출력하는 것을 확인할 수 있다.

myMammals란 이름으로 객체 myMammal, myDog, myCat을 리스트로 만들어 참조하여, 리스트 myMammals로부터 객체를 하나씩 꺼내 Nurse(), Meow(), Bark() 메시지를 보내려 한다. 그러나 클래스 Dog의 객체가 아닌데 Bark() 메시지를 보내거나 클래스 Cat의 객체가 아닌데 Meow()메시지를 보내면 오류가 발생한다.

이 경우 isinstance 함수()를 이용하여 myMammals에서 꺼낸 객체가 Dog의 객체이면 Bark() 메시지를 보내고, 클래스 Cat의 객체이면 Meow()메시지를 보내면 된다.

따라서 Mammal의 객체에는 Nurse() 메시지를 보내고, Dog의 객체에는 nurse()와 Bark() 메시지를 보내고, Cat의 객체에는 Nurse()와 Meow() 메시지를 보내기 때문에 앞의 예와 동일한 결과를 출력하는 것을 확인할 수 있다.

10.2. 다중 상속(multiple inheritance)

다중 상속은 하나의 클래스가 두 개 이상의 클래스로부터 동시에 상속받는 것을 의미한다. 즉, 하나의 자식 클래스가 여러 개의 부모 클래스로부터 상속을 받는 것을 다중 상속이라 한다. 부모 자식간의 관계에서 아버지와 어머니의 유전자를 모두 상속받아 자식이 태어나듯이 다중 상속의 개념은 실세계에서 매우 흔하게 나타나는 개념이다.

다중 상속을 받는 방법은 자식 클래스를 정의할 때, 클래스 이름 뒤 괄호 안에 콤마(,)로 구분해서 부모 클래스의 이름을 여러 개 적어주면 다중 상속이 이루어진다.

다음과 같이 여러 개의 부모 클래스로부터 상속받는 자식 클래스를 선언하면 된다.

```
class A:
    pass

class B:
    pass

class C:
    pass

class D(A, B, C):
    pass
```

클래스 D가 클래스 A, B, C로부터 상속받는 것을 선언한 예이다.

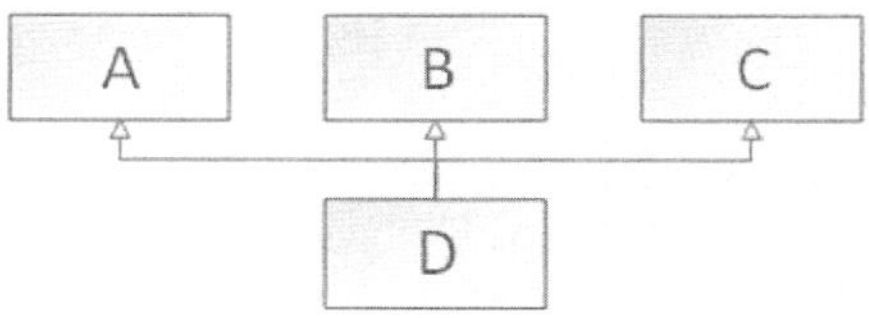

다음은 라이거가 호랑이와 사자로부터 상속받는 프로그램의 예이다. 즉, class Liger가 class Tiger와 Lion으로부터 상속 받는 프로그램의 예이다.

```
class Tiger:
    def _init_(self):
        self._name="엄마"
    def WhoAreYou(self):
        print( "나는 {0}클래스 Tiger 입니다.".format(self.name))
class Lion:
    def _init_(self):
        self._name="아빠"
    def WhoAreYou(self):
        print( "나는 {0}클래스 Lion 입니다.".format(self.name))
class Liger(Tiger, Lion):
    def _init_(self):
```

```
        self.__name="아가"
    def WhoAreYou(self):
        print( "나는 서브클래스 Liger {0}입니다.".format(self.name))
        super().WhoAreYou()
```

클래스 Tiger는 인스턴스 변수 __name을 "엄마"로, 클래스 Lion은 "아빠"로, Tiger와 Lion에서 상속받는 클래스 Liger은 "아가"로 각각 선언하였다. 그리고 각 클래스의 WhoAreYou() 메서드에서는 이름 __name과 자신의 클래스 이름을 출력한 프로그램이다.

다음과 같이 객체를 생성하고 객체에 WhoAreYou() 메시지를 전송하였다.

```
myTiger=Tiger()
myTiger.WhoAreYou()
myLion=Lion()
myLion.WhoAreYou()
myLiger=Liger()
myLiger.WhoAreYou()
```

```
나는 엄마클래스 Tiger 입니다.
나는 아빠클래스 Lion입니다.

나는 서브클래스 Liger 아가입니다.
나는 아가클래스 Tiger 입니다.
```

출력 결과 자신의 객체에 맞는 이름 __name과 클래스의 이름을 출력하는 것을 확인할 수 있다. 다만, 자식 클래스인 Liger의 WhoAreYou() 메서드의 super().WhoAreYou()를 수행한 결과는 부모 클래스 Tiger와 Lion 중 앞에 있는 Tiger의 WhoAreYou() 메서드가 실행되었다. 그리고 Tiger의 WhoAreYou() 메서드가 실행될 때, 이름 __name은 Tiger 클래스의 이름이 아니라 Liger 클래스의 이름인 "아가"가 출력되었다.

프로그래밍 언어가 다중 상속을 지원하게 되면 하나의 클래스가 여러 상위 클래스를 상속받을 수 있는데 파이썬은 다중 상속을 지원한다. 이 경우 죽음의 다이아몬드라 불리는 상속관계가 발생할 수 있는데, 이것은 하나의 부모 클래스를 두 개의 파생 클래스가 상속받고,

이 2개의 파생 클래스를 다시 하나의 자식 클래스가 다중 상속하는 것을 의미한다. 이러한 다이아몬드 상속 관계는 많은 문제를 일으킨다.

다음의 경우 D는 B와 C 가운데 누구의 method()를 물려받을 것인지 결정하여야 한다.

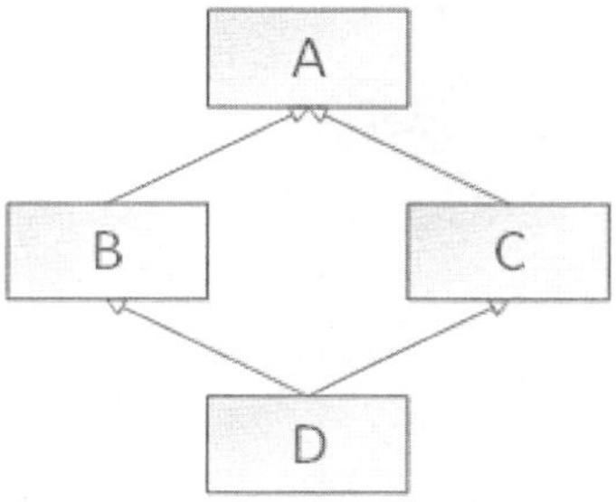

예를 들어 클래스 A를 클래스 B와 C가 상속받고, D가 B와 C를 상속 받게 되면 D에게 method() 메시지를 보내면 D객체는 어느 부모의 메서드를 실행할 것인지 결정할 수 없게 된다. 이러한 문제로 인해 자바 등 많은 프로그래밍 언어에서는 다중 상속을 지원하지 않는다.

파이썬에서는 어떻게 수행하는가를 알기 위해 다음과 같이 프로그램을 코딩하였다.

```
class A:
    def method(self):
        print("A")
class B(A):
    def method(self):
        print("B")
class C(A):
    def method(self):
        print("C")
class D(B, C):
        pass

myDiamond=D()
myDiamond.method()
```

```
B
```

프로그램 실행 결과 다중 상속에서처럼 맨 앞에서 상속 받은 class B의 method() 메서드를 수행하여 B를 출력하는 것을 확인할 수 있다.

다음 예는 죽음의 다이아몬드를 보다 구체적으로 이해하기 위한 것이다.

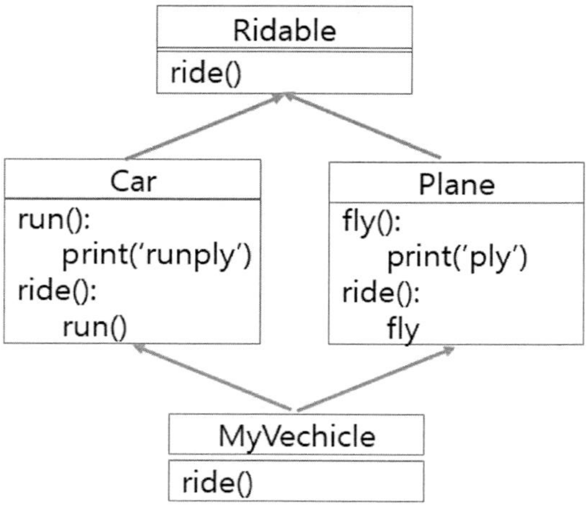

클래스 Ridable을 클래스 Car와 Plane이 상속 받고, 클래스 myVehicle이 Car와 Plane으로부터 상속 받을 경우 myVehicle의 객체에 Ride()란 메시지를 보내면, myVehicle은 run()을 수행할 것인지 fly()를 수행할 것인지를 결정하여야 한다. 이것이 죽음의 다이아몬드이다.

```
class Ridable:
    def Ride():
        pass
class Car(Ridable):
    def Run(self):
        print("Run!!!")
    def Ride(self):
        self.Run()
class Plane(Ridable):
    def Ply(self):
        print("Ply!!!")
    def Ride(self):
        self.Ply
class myVehicle(Car, Plane):
```

```
    def_init_(self):
        super().Ride()
myRider=myVehicle()
myRider.Ride()
```

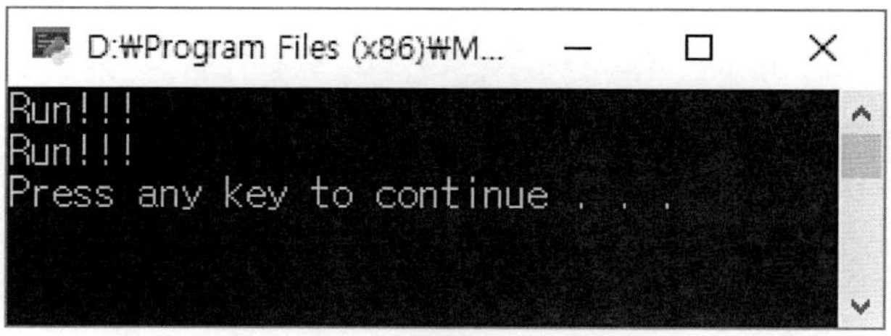

파이썬으로 코딩한 결과, 가장 앞에서 상속받은 Car 클래스의 Ride() 메서드를 상속받기 때문에 myVehicle이 "Run!!!"을 출력하는 것을 확인할 수 있다. 특히 "Run!!!"이 두 번 출력되는 것을 확인할 수 있다. 한 번은 Car 클래스의 Ride() 메서드를 수행하는 것이고, 또 한 번은 Ridable 클래스의 Ride() 메서드를 수행하는데 결국 객체가 myVehicle의 객체이기 때문에 Ridable 클래스의 Ride() 메서드를 수행하게 되는 것이다.

CHAPTER 11

object 클래스

11.1. object 클래스의 메서드들

파이썬의 모든 클래스는 object 클래스의 후손이다. 따라서 클래스를 정의할 때 상속 관계를 명시하지 않으면, 그 클래스의 부모 클래스는 기본적으로 object인 것이다.

그러므로 클래스를 정의할 때 다음과 같이 클래스를 정의하는 것은 동일한 것이다.

```
class ClassName:
class ClassName(object) :
```

파이썬에서 최 상단에 위치한 object 클래스에는 수십 가지의 메서드가 정의되어 있다. 예를 들어, __new__(), __init__(), __str__(), __eq__(other) 등 수많은 메서드가 정의 되어 있다.

dir() 함수를 이용하면 함수의 메서드를 출력해 볼 수 있다. 다음은 object 클래스의 메서드를 출력한 결과이다.

```
>>> dir(object)
['__class__', '__delattr__', '__dir__', '__doc__', '__eq__', '__format__', '__ge__', '__getat-
tribute__', '__gt__', '__hash__', '__init__', '__init_subclass__', '__le__', '__lt__', '__ne__',
'__new__', '__reduce__', '__reduce_ex__', '__repr__', '__setattr__', '__sizeof__', '__str__',
'__subclasshook__']
```

예를 들어 __new__() 메서드는 객체가 생성될 때 자동으로 호출된다. 다른 객체지향 프로그래밍 언어에서의 생성자와 유사한 역할을 수행한다. 또한 앞에서 생성자처럼 사용했던 __init__() 메서드는 객체를 생성한 후 객체를 초기화하기 위해 호출되는 메서드이다. 일반적으로 새로운 클래스에 정의된 데이터 필드를 초기화하기 위해서 클래스의 __init__() 메서드를 재정의해서 사용한다.

__del__() 메서드는 객체가 소멸할 때의 동작을 지정하는 메서드로 다른 프로그래밍 언어에서 볼 수 있는 소멸자(destructor)에 해당하는 메서드이다. _init__() 메서드와 __del__() 메서드에 대해서는 이미 앞에서 설명한 바 있다.

__str__() 메서드는 객체에 대한 설명을 문자열로 반환한다. 기본적으로 객체의 클래스 이름과 16진수 형식의 객체의 메모리 주소로 구성된 문자열을 반환한다. 그러나 이 메시지는 상세 정보를 담고 있지 않으므로 객체에 대한 상세 정보를 반환하기 위해서는 __str__() 메서드를 재정의하는 것이 좋다.

다음은 앞에서 설명한 네 가지 메서드를 요약한 표이다.

메서드 이름	설명	비고
__init__()	인스턴스가 생성되면 처음 하는 동작 지정	
__new__()	인스턴스가 생성되면 처음 실행하는 동작 지정	return 필요
__del__()	객체가 소멸할 때 동작 지정	
__str__()	객체의 데이터를 문자열로 만들어서 반환, print()로 객체를 출력하면 호출	

11.2. __str__()__과 __repr__() 메서드

사실 앞에서 문자열 변환을 위해 자주 사용한 str()은 파이썬의 내장 함수가 아니고, 파이썬의 object 클래스의 메서드이다.

```
str1=str(8)
```

즉, str(8)은 정수 8을 문자열로 변환하라는 내장 함수를 실행하는 것이 아니라 int 클래스의 정수 객체 8에 대하여 __str__() 메시지를 보내라는 의미이다.

객체지향 프로그래밍을 하다 보면, 객체에 대한 기술을 반환해 줄 필요가 있는데, 이 때 object 클래스의 __str__()__과 __repr__() 메서드를 재정의하여 사용하면 된다.

__str__() 메서드는 인자를 문자열로 바꾸어 반환하라는 메서드이다. 따라서 클래스에서 __str__()을 재정의하여 문자열 반환 내용을 수정할 수 있다.

repr() 메서드 역시 파이썬의 내장 함수가 아니고, 파이썬의 object 클래스의 __repr__() 메서드이다.

repr() 메서드는 어떤 객체에 대해 출력될 수 있는 표현(printable representation)인 문자열의 형태의 설명을 반환하는 메서드이다. 따라서 repr() 메서드는 해당 객체에 대하여 설명할 수 있는 메서드로서, 화면에 출력 가능한 문자열 형태의 설명을 반환할 수 있다.

다음은 __str__()__과 __repr__() 메서드를 재정의한 예이다.

먼저 __str__()__ 메서드를 재정의한 예이다.

```
class Cat:
    def __init__(self, name, color):
        self.__name=name
        self.color=color
    def __str__(self):
        return f"여기는 __str__()입니다. 나는 클래스 Cat의 객체 {self.color} 고양이 
{self.__name}입니다."

tom=Cat("톰","하양")
print(str(tom))
print(tom)
```

```
여기는 __str__()입니다. 나는 클래스 Cat의 객체 하양 고양이 톰입니다.
여기는 __str__()입니다. 나는 클래스 Cat의 객체 하양 고양이 톰입니다.
```

str(tom)을 수행하면 Cat 클래스의 __str__(self)가 수행되고 self가 tom이므로 "여기는

__str__()입니다. 나는 클래스 Cat의 객체 하양 고양이 톰입니다."가 반환된다. print(tom) 역시 Cat 클래스의 __str__()이 수행되어 print(str(tom))과 동일한 결과가 출력된다.

다음은 __repr__() 메서드를 재정의한 예이다.

```
class Dog:
    def __init__(self, name, color):
        self.__name=name
        self.color=color
    def __repr__(self):
        return f"여기는 str()입니다. 나는 클래스 Dog의 객체 {self.color} 강아지 
{self.__name}입니다."

print()
baDugI=Dog("바둑이","하양")
print(repr(baDugI))
print(baDugI)
```

```
여기는 __repr__()입니다. 나는 클래스 Dog의 객체 하양 강아지 바둑이입니다.
여기는 __repr__()입니다. 나는 클래스 Dog의 객체 하양 강아지 바둑이입니다.
```

repr(baDugI)를 수행하면 Dog 클래스의 __repr__()가 수행되고 self가 baDugI이므로 "여기는 __repr__()입니다. 나는 클래스 Dog의 객체 하양 강아지 바둑이입니다."가 반환된다. print(baDugI) 역시 Dog 클래스의 __repr__()이 수행되어 print(repr(baDugI))와 동일한 결과가 출력된다. 이렇게 __str__()과 __repr__() 메서드를 재정의하게 되면, print(tom)이나 print(baDugI)과 객체를 출력할 때 __str__()나 __repr__() 메서드가 실행되는 것을 확인할 수 있다.

만약 __str__()과 __repr__() 메서드를 모두 다 재 정의할 경우에는 객체를 출력하면 __str__() 메서드가 실행된다.

다음은 __str__()과 __repr__() 메서드를 모두 재정의한 예이다.

```
class strNrepr(object):
    def __str__(self):
        return f'여기는 __str__() 메서드입니다.'
    def __repr__(self):
        return f'여기는 __repr__() 메서드입니다.'
a = strNrepr()
b = strNrepr()
print(str(a))
print(repr(a))
print(a)
```

```
여기는 __str__() 메서드입니다.
여기는 __repr__() 메서드입니다.
여기는 __str__() 메서드입니다.
```

프로그램을 실행하면 str(a)는 __str__() 메서드를 수행하고, repr(a)은 __repr__() 메서드를 수행하며, print(a)를 하게 되면, __str__() 메서드를 수행하는 것을 확인할 수 있다. 즉, __str__()과 __repr__() 메서드를 둘 다 재 정의했을 때, 객체를 print()하면 __str__() 메서드가 실행된다.

다음은 __repr__() 메서드를 이용하여 객체에 대한 기술을 표현한 예이다.

```
class Person:
    def __init__(self,name):
        self.__name=name
    @property
    def Name(self):
        return self.__name
    @Name.setter
    def Name(self, name):
        self.__name=name
    def WhoAreYou(self):
        print(f"여기는 class Person의 WhoAreYou() 메서듭니다. 내 이름은 {self.Name}
입니다. 반갑습니다. ")
```

```
    def __repr__(self):
        repr1= f"\n나는 클래스 Person의 객체 {self.Name}입니다." \
            + "\n나를 좋아하지도 미워하지도 마세요." \
            + "\n이 몸은 번뇌의 근원이나니" \
            + "\n나를 미워해 보았자..."
        return repr1

gilDong= Person("홍길동")
print(gilDong)
```

```
나는 클래스 Person의 객체 홍길동입니다.
나를 좋아하지도 미워하지도 마세요.
이 몸은 번뇌의 근원이나니
나를 미워해 보았자...
```

print(gilDong)은 __str__() 메서드가 재정의되지 않았으므로 __repr__() 메서드를 호출하는 것을 확인할 수 있다.

이렇게 __str__() 메서드는 인자를 문자열로 바꾸어 반환하고, __repr__() 메서드는 어떤 객체에 대해 출력될 수 있는 표현(printable representation)으로 문자열을 반환한다. 클래스를 만들 때 __str__() 메서드와 __repr__() 메서드를 잘 재정의해서 사용하면 객체에 대한 좋은 설명의 반환이 가능할 것이다.

다음은 class Dog()과 class Cat()의 _str__() 메서드를 재정의한 예다.

```
class Mammal:
    def __init__(self, name,color):
        self.name = name
        self.color = color
    def __eq__(self, value):
        return self == value
        self.color = color
class Dog(Mammal):
    def __init__(self, name, color):
        super().__init__(name,color)
    def __str__(self):
        return "종류:강아지, 이름:{0}, 색깔:{1}".format(self.name, self.color)
    def Bark(self):
        print("{0}는 멍멍 짖습니다.".format(self.name))
class Cat(Mammal):
    def __init__(self, name,color):
        super().__init__(name,color)
    def __str__(self):
        return "종류:고양이, 이름:{0}, 색깔:{1}".format(self.name, self.color)
    def Meow(self):
        print("{0}는 야옹~ 하고 웁니다.".format(self.name))

tom=Cat("톰","하양")
print(tom)
baDugI=Dog("바둑이","하양")
print(baDugI)
```

```
종류:고양이, 이름:톰, 색깔:하양
종류:강아지, 이름:바둑이, 색깔:하양
```

print(tom)와 print(baDugI)를 실행한 결과 "종류:고양이, 이름:톰, 색깔:하양"와 "종류:강아지, 이름:바둑이, 색깔:하양" 등과 같이 __str__() 메서드가 출력되는 것을 확인할 수 있다.

다음은 class Poetry의 객체인 시에 대하여 설명하기 위하여 __repr__() 메서드를 재정의한 예이다.

즉, 시인과 시의 제목을 출력하고 시의 길이와 첫 소절을 출력한다.

```
class Poetry:
    def __init__(self, title, poet, contents):
        self.__title=title
        self.__poet=poet
        self.__contents=contents

    def __repr__(self):
        repr1= f" \ n이 시는 {self.__poet}님의 {self.__title}이란 시입니다." \
            + f" \ n{len(self.__contents)} 줄로 이루어진 시이고요, 첫 소절은 이렇게 시
작합니다." \
            + f" \ n{self.__contents[0]}..."
        return repr1


title = "그리움"
poet = "유치환"
contents = ["파도야 어쩌란 말이냐", "파도야 어쩌란 말이냐",
          "임은 뭍같이 까딱 않는데", "파도야 어쩌란 말이냐", "날 어쩌란 말이냐"]
myPoetry=Poetry(title, poet, contents)
print()
print(myPoetry)
```

```
이 시는 유치환님의 그리움이란 시입니다.
5 줄로 이루어진 시이고요, 첫 소절은 이렇게 시작합니다.
파도야 어쩌란 말이냐...
```

print(myPoetry)를 실행한 결과 유치환님의 그리움에 대한 시에 대한 설명이 __repr__() 메서드를 이용해 출력되는 것을 확인할 수 있다.

11.3. 연산자 재정의(operator overloading)

메서드를 재정의하는 것뿐만 아니라 더하기 +, 빼기 -, 곱하기 *, 나누기 / 등의 연산자도 재정의할 수 있다.

다음 표는 연산자를 정의하는 메서드의 여러 가지 종류를 나타낸 것이다.

<table>
<tr><th>메서드(Method)</th><th>연산자(Operator)</th><th>사용 예(A는 메시지 수신 객체)</th><th>설명</th></tr>
<tr><td>__add__(self, other)</td><td>+ (이항)</td><td>A + B, A += B</td><td>self + other</td></tr>
<tr><td>__pos__(self)</td><td>+ (단항)</td><td>+A</td><td>+self</td></tr>
<tr><td>__sub__(self, other)</td><td>− (이항)</td><td>A − B, A −= B</td><td>self − other</td></tr>
<tr><td>__neg__(self)</td><td>− (단항)</td><td>−A</td><td>−self</td></tr>
<tr><td>__mul__(self, other)</td><td>*</td><td>A * B, A *= B</td><td>self + other</td></tr>
<tr><td>__truediv__(self, other)</td><td>/</td><td>A / B, A /= B</td><td>self / other</td></tr>
<tr><td>__floordiv__(self, other)</td><td>//</td><td>A // B, A //= B</td><td>self // other</td></tr>
<tr><td>__mod__(self, other)</td><td>%</td><td>A % B, A %= B</td><td>self % other</td></tr>
<tr><td>__pow__(self, other)</td><td>pow(), **</td><td>pow(A, B), A ** B</td><td>self ** other</td></tr>
<tr><td>__lshift__(self, other)</td><td>〈〈</td><td>A 〈〈 B, A 〈〈= B</td><td>self 〈〈 other</td></tr>
<tr><td>__rshift__(self, other)</td><td>〉〉</td><td>A 〉〉 B, A 〉〉= B</td><td>self 〉〉 other</td></tr>
<tr><td>__and__(self, other)</td><td>&</td><td>A & B, A &= B,</td><td>self & other</td></tr>
<tr><td>__xor__(self, other)</td><td>^</td><td>A ^ B, A ^= B</td><td>self ^ other</td></tr>
<tr><td>__or__(self, other)</td><td>|</td><td>A | B, A |= B</td><td>self | other</td></tr>
<tr><td>__invert__(self)</td><td>~</td><td>~A</td><td>~self</td></tr>
<tr><td>__abs__(self)</td><td>abs()</td><td>abs(A)</td><td>abs(self)</td></tr>
</table>

산술 연산자와 비트 연산자를 중심으로 구성된 것을 알 수 있다.

다음은 산술연산자를 재정의하는 것을 테스트하기 위하여 계산할 때 피연산자를 두 배씩 곱하여 계산하도록 한 Double 클래스의 예이다.

```
class Double(object):
    def __init__(self, value):
        self.value = value
    def __add__(self, number):
        return self.value * 2 + 2 * number
    def __sub__(self, number):
        return self.value * 2 - 2 * number
    def __mul__(self, number):
        return self.value * 2 * 2 * number
    def __truediv__(self, number):
        return self.value * 2 / (2 * number)
```

__init__() 메서드를 이용하여 인스턴스 변수 value를 정의하여 값을 저장하도록 하였으며, 더하기, 빼기, 곱하기, 나누기 등의 사칙 연산자를 재정의한 클래스이다.

다음은 Double 클래스의 사용 예이다. 즉, 10을 Double 클래스의 객체에 저장하여 재정의한 연산자로 피연산자를 2배씩 계산하여 반환하는 프로그램의 예이다.

```
d= Double(10)
print(f'10 + 3 = {d + 3}')
print(f'10 - 4 = {d - 4}')
print(f'10 * 5 = {d * 5}')
print(f'10 / 6 = {d / 6}')
```

```
10 + 3 = 26
10 - 4 = 12
10 * 5 = 200
10 / 6 = 1.6666666666666667
```

클래스 Double을 이용하여 사칙 연산자를 모두 재정의한 결과, 연산을 수행하면 피연산자의 값이 2배씩 증가하여 계산되는 것을 확인할 수 있다. 즉, 10 더하기 3은 피연산자가 두 배인 20 더하기 3이 되고, 10 곱하기 5는 20 곱하기 10이 계산되는 것을 확인할 수 있다.

다음은 다중 상속에서 __str__() 메서드와 __repr__() 메서드의 실행에 대하여 테스트하기 위한 프로그램의 예이다.

```
class Test:
    def __repr__(self):
        return str(id(self))
a = Test()
print(a)
```

```
2757486414088
```

클래스 Test의 객체 a를 생성하고 print(a)를 수행하면 __repr__()이 실행되어 객체 a의 주소를 출력하는 것을 확인할 수 있다.

다음은 클래스 Test와 int를 다중 상속 받은 클래스 NewInt를 정의하여 클래스의 계산을 테스트한 프로그램의 예이다.

```
class NewInt(Test, int):
    pass
int1= NewInt(5)
print(int1)
print(int1 + 5)
print(str(int1))
print(repr(int1))
```

```
5
10
5
2757486413896
```

프로그램의 실행 결과 클래스 NewInt로부터 5를 매개변수로 객체 int1을 생성한 다음 print(int1)을 실행하면, 부모 클래스 int의 __str__() 메서드가 실행되어 5가 출력되는 것을 확인할 수 있다. 또한, print(int1 + 5)를 수행하면 부모 클래스 int의 __add__() 메서드가 실행된 후 __str__() 메서드가 실행되어 10이 출력된다.

print(str(int1))을 실행하면 부모 클래스 int의 __str__() 메서드가 실행되어 5가 출력된다. print(repr(int1))을 실행하면 클래스 NewInt의 부모 클래스 Test의 __repr__() 메서드가 실행되어 객체 int1의 주소 2757486413896을 출력한다.

다음과 같이 help() 함수를 이용하면 str()과 repr()에 대하여 보다 상세한 도움말을 출력해 볼 수 있다. 다음은 help(repr)을 실행한 결과이다.

```
>>> help(repr)

Help on built-in function repr in module builtins:

repr(obj, /)
    Return the canonical string representation of the object.

    For many object types, including most builtins, eval(repr(obj)) == obj.
```

repr()을 함수에 대하여 자세한 설명을 출력하는 것을 확인할 수 있다.

str에 대한 자세한 도움말을 출력하려면 help(str)을 실행하면 된다.

다음은 class ChaosNumber를 정의하여 엉터리로 결과 값을 반환하는 프로그램을 작성한 예이다. 즉, 연산자를 재정의하여 더하기를 곱하기하고, -연산자를 -1000을 곱하기하며, 크다(>)는 작거나 같다(<=)로, 작거나 같다(<=)는 크다(>)로, 같지 않다(!=)는 같다(==)로 반환하는 메서드로 만들었다. 또한, __init__() 메서드를 이용하여 인스턴스 변수 data를 정의하여 값을 저장하도록 하였다.

```
class ChaosNumber(object):
    def __init__(self, data):
        self.data=data
    def __add__(self, other):
        return  self.data * other.data
    def __neg__(self):
        return self.data * -1000
```

```
    def __gt__(self, other):
        return self.data <= other.data
    def __le__(self, other):
        return self.data > other.data
    def __ne__(self, other):
        return self.data == other.data
    def __eq__(self, other):
        return self.data != other.data
    def __str__(self):
        return str(self.data)
```

다음은 class ChaosNumber를 테스트하기 위해 10과 20의 연산 결과를 출력하도록 한 프로그램의 예이다.

```
a = ChaosNumber(20)
b = ChaosNumber(10)
print(f'ChaosNumber a = {a}')
print(f'ChaosNumber a가 {a}일 때'+' - {(a)} =  {-a} : '+f"- {(a)} =  {-a}")
print(f'ChaosNumber a가 {a}, b는 {b}일 때, a + b = {a+b}')
print(f'ChaosNumber a가 {a}, b는 {b}일 때, a > b = {a>b}')
print(f'ChaosNumber a가 {a}, b는 {b}일 때, a <= b = {a<=b}')
print(f'ChaosNumber a가 {a}, b는 {b}일 때 a != b = {a!=b}')
print(f'ChaosNumber a가 {a}, b는 {b}일 때 a == b = {a==b}')
```

```
ChaosNumber a = 20
ChaosNumber a가 20일 때 - {(a)} =  {-a} : - 20 =  -20000
ChaosNumber a가 20, b는 10일 때, a + b = 200
ChaosNumber a가 20, b는 10일 때, a > b = False
ChaosNumber a가 20, b는 10일 때, a <= b = True
ChaosNumber a가 20, b는 10일 때 a != b = False
ChaosNumber a가 20, b는 10일 때 a == b = True
```

프로그램을 실행한 결과 연산자를 재정의한 대로 엉터리로 값을 반환하는 것을 확인할 수 있다.

a가 20일 때 -a는 -20000이 반환되었으며, a가 20, b는 10일 때, a + b = 200, a > b = False, a <= b = True, a != b = False, a == b = True가 반환되었다.

11.4. 데코레이터(decorator)

데코레이터란 어떤 함수를 받아 명령을 추가한 뒤 이를 다시 함수의 형태로 반환하는 함수이다. 주로, 어떤 함수의 내부를 수정하지 않고 래핑(wrapping)을 통해 기능에 변화를 주고 싶을 때 사용한다. 즉, 다른 함수를 꾸며주는 함수가 데코레이터이다.

이러한 데코레이터의 구현은 __call__() 메서드를 통하여 구현된다.

__call__() 메서드는 객체를 함수 호출 방식으로 사용할 수 있도록 해 주는 메서드이다.

클래스의 __call__(self)를 재정의하고 객체를 만들어 인스턴스 뒤에 괄호를 붙여 호출하면 내부적으로 __call__() 메서드가 호출된다.

다음은 __call__() 메서드를 이용해 객체를 함수호출 방식으로 호출한 예이다.

```
class Call:
    def __call__(self):
        print('__call__() 메서드가 호출되었습니다.')
        print('__call__() 메서드는 클래스를 함수처럼 호출할 수 있도록 해 줍니다.')

myCall= Call()
myCall()
```

```
__call__() 메서드가 호출되었습니다.
__call__() 메서드는 객체를 함수처럼 호출할 수 있도록 해 줍니다.
```

데코레이터는 자신이 래핑 할 함수나 메서드를 내부에 받아 놓아야 한다. 따라서 __init__() 메서드의 매개변수를 통해 래핑 할 함수나 메서드를 인스턴스 변수로 저장해 두어야 한다.

다음은 __init__() 메서드의 매개변수를 통해 장식할 함수를 인스턴스 변수 func에 저장해 두고 __call__() 메서드로 함수를 래핑한 프로그램의 예이다.

```
class Decorator:
    def __init__(self, func):
        print("Decorator 클래스의 객체가 생성되었습니다...")
        self.func= func

    def __call__(self):
        print (f"{ self.func.__name__}() 함수의 장식이 시작되었습니다.")
        self.func()
        print (f"{ self.func.__name__}() 함수의 장식이 끝났습니다.")

def myFunction():
    print("여기는 myFunction() 함수입니다.")

myCall= Decorator(myFunction)
myCall()
```

```
Decorator 클래스의 객체가 생성되었습니다...
myFunction() 함수의 장식이 시작되었습니다.
여기는 myFunction() 함수입니다.
myFunction() 함수의 장식이 끝났습니다.
```

wrappingFunction() 함수의 기능은 그대로 두고 함수의 앞과 뒤에 메시지를 출력하는 기능을 덧붙여 실행되는 것을 확인할 수 있다.

즉, class Decorator에 래핑 할 함수를 __init__() 메서드의 매개변수를 통해 인스턴스 변수인 func에 저장해 두고 __call__() 메서드에서 함수를 래핑하였다. 클래스 Decorator의 객체를 생성할 때 매개변수로 myFunction() 함수를 전달하였으며, Decorator의 객체 myCall을 함수처럼 사용하여 __call__() 메서드를 실행하였다.

결국 데코레이터는 myFunction()의 기능을 추가하여 다시 함수의 형태로 반환한다. 따라서 함수 myFunction()의 기능이 추가된 것이므로 그냥 함수 myFunction()을 사용하여 추가된 기능의 함수를 호출하고 싶은 것이다.

따라서 다음과 같이 클래스 Decorator를 생성한 객체의 레퍼런스 myCall을 myFunction으로 변경하면 myFunction()으로 추가된 기능을 사용할 수 있으므로, 마치 함수 myFunction()을 수정한 것과 같은 효과를 거둘 수 있다.

```
myFunction = Decorator(myFunction)
myFunction()
```

```
Decorator 클래스의 객체가 생성되었습니다...
myFunction() 함수의 장식이 시작되었습니다.
여기는 myFunction() 함수입니다.
myFunction() 함수의 장식이 끝났습니다.
```

프로그램을 실행한 결과 동일한 결과가 출력되는 것을 확인할 수 있다.

데코레이터를 사용하면 좀 더 손쉽게 래핑된 함수를 이용할 수 있다. 데코레이터 클래스를 작성하고, 함수를 선언하기 바로 앞에 @클래스의 이름을 코딩하면 장식할 함수의 이름으로 래핑된 기능의 함수를 호출할 수 있다.

```
class Decorator:
    def __init__(self, func):
        print("Decorator 클래스의 객체가 생성되었습니다...")
        self.func= func

    def __call__(self):
        print (f"{ self.func.__name__}() 함수의 장식이 시작되었습니다.")
        self.func()
        print (f"{ self.func.__name__}() 함수의 장식이 끝났습니다.")
@Decorator
def myFunction():
    print("여기는 myFunction() 함수입니다.")

myFunction()
```

```
Decorator 클래스의 객체가 생성되었습니다...
myFunction() 함수의 장식이 시작되었습니다.
여기는 myFunction() 함수입니다.
myFunction() 함수의 장식이 끝났습니다.
```

myFunction()을 선언하기 전에 @Decorator를 코딩함으로써 myFunction()을 사용하기만 해도 래핑된 기능이 실행되는 것을 확인할 수 있다.

11.5. 이터레이터

이터레이터는 순환 가능한 객체이다. 파이썬에서 for 문을 실행할 때 가장 먼저 하는 일은 순환하려는 객체의 __iter__() 메서드를 호출하는 것이다. __iter__() 메서드는 이터레이터(Iterator)라고 하는 특별한 객체를 for 문에 반환한다. 이터레이터는__next__() 메서드를 구현하는 객체인데, for 문은 반복을 수행할 때마다 __next__() 메서드를 호출하여 다음 요소를 얻어내는 것이다. range() 함수가 반환하는 객체도 순환 가능한 객체인 것이다.

다음 프로그램은 range() 함수의 __next__() 메서드 사용에 대한 예이다.

```
iterator = range(3).__iter__()
try:
    print(iterator.__next__())
    print(iterator.__next__())
    print(iterator.__next__())
    print(iterator.__next__())
except Exception as e:
    print(e)
    print('예외가 발생했습니다.', e)
```

```
0
1
2

예외가 발생했습니다.
```

프로그램 수행 결과 네 번째 수행에서 예외가 발생하는 것을 확인할 수 있다.

range(3)의 __iter__() 메서드 호출은 이터레이터 객체를 반환하여 변수 iterator가 객체를 참조하고, 객체에 __next__()메시지를 전송하면 객체의 다음 값을 반환한다.

다음과 같이 next()함수를 사용하여 iterator.__next__() 메서드를 호출할 수 있다.

```
next(iterator)
```

다음은 range() 함수를 직접 구현한 프로그램의 예이다.

```
class MyRange:
    def __init__(self, start, end):
        self.current = start
        self.end = end

    def __iter__(self):
        return self

    def __next__(self):
        if self.current < self.end:
            current = self.current
            self.current += 1
            return current
        else:
            raise StopIteration()
for i in MyRange(0, 5):
    print(i)
```

```
0
1
2
3
4
```

실행 결과 range() 함수와 동일하게 실행되는 것을 확인할 수 있다. 비록 스텝은 구현하지 않았지만, __iter__() 메서드와 __next__() 메서드와 매개 변수의 기본 값 설정 등을 이용하면 비교적 간단하게 range() 함수의 거의 모든 기능을 구현할 수 있을 것이다.

__init__() 메서드를 이용하여 range의 시작 값과 끝 값을 초기화하고 __iter__() 메서드를 이용하여 순환이 가능한 이터레이터 객체를 반환한다. __next__() 메서드를 이용하여 현재 값이 끝 값보다 작으면 현재 값을 1씩 증가하여 반환하고 그렇지 않으면 StopIteration() 예외를 발생시킨다.

다음은 이터레이터를 이용해 호출할 때마다 1씩 증가하는 카운터를 만든 프로그램의 예이다.

```
class Counter:
    def __init__(self, stop):
        self.current = 0
        self.stop = stop

    def __iter__(self):
        return self

    def __next__(self):
        if self.current < self.stop:
            return_value = self.current
            self.current += 1
            return return_value
        else:
            raise StopIteration

counter =iter(Counter(5))
for i in range(5):
    print(next(counter))
```

```
0
1
2
3
4
```

실행 결과 next(counter)를 호출할 때마다 counter가 1씩 증가되어 반환되는 것을 확인할 수 있다.

11.6. 제네레이터(Generator)

제네레이터는 yield 문을 이용하여 이터레이터보다 더 간단한 방법으로 순환 가능한 객체를 만들게 해준다. 제네레이터는 이터레이터처럼 동작하는 함수이지만 훨씬 간편하게 구현할 수 있다. 즉, 클래스를 만들 필요도 없으며, __iter__() 메서드나 __next__() 메서드를 사용하지 않아도 yield 문을 이용하기만 하면 된다.

다음은 제네레이터에서 yield 문을 사용한 예이다.

```
def generator():
    yield 1
    yield 2
    yield 3
    yield 4
    yield 5
iterator=generator()
print(iterator.__next__())
print(iterator.__next__())
print(iterator.__next__())
print(iterator.__next__())
```

```
0
1
2
3
4
```

이 프로그램에서는 iterator.__next__()를 호출할 때마다 yield 문을 실행하여 값을 반환하는데, return 문과 달리 generator() 함수가 종료되지 않고 실행 제어가 중단되었다가, 다시 generator() 함수를 호출하면 다음 문장을 실행시키는 것을 확인할 수 있다.

여기서도 next() 함수를 사용하여 iterator.__next__() 메서드 대신 next(iterator)를 사용할 수 있다.

다음은 이러한 제너레이터의 특성을 이용하여 range() 함수를 구현한 프로그램 예이다.

```
def yieldRange(start, end):
    current = start
    while current < end:
        yield current
        current += 1
    return

for i in yieldRange(0, 5):
    print(i)
```

```
0
1
2
3
4
```

실행 결과 yieldRange() 함수에서 현재 값을 증가시키면서 현재 값이 마지막 값보다 작으면 현재 값을 yield 문을 통해 값을 하나씩 반환하는 것을 확인할 수 있다.

다형성(Polymorphism)

CHAPTER 12

다형성은 하나의 함수 이름이나 심볼이 여러 가지 목적으로 사용되는 경우로서 하나의 객체가 2개 이상의 유형을 가질 수 있도록 지원하는 능력을 말한다. 이렇게 여러 개의 클래스에서 하나의 함수 이름이나 심볼을 사용함으로써, 여러 개의 클래스가 하나의 메시지에 각 클래스가 가지고 있는 고유한 방법으로 응답할 수 있는 능력을 가질 수 있다.

예를 들어 텍스트 파일, 포맷 파일, 그래픽 파일 등의 여러 클래스에서 다형적으로 정의된 Print( )함수를 공동으로 사용할 수 있다. 이 경우 하나의 Print( ) 메시지에 대하여, 지정된 객체 즉, 파일의 종류에 따라 프린트하는 알고리즘이 달라진다.

객체가 텍스트 파일일 경우 Print( ) 메시지에 대해 한 라인씩 읽어 프린터로 보내는 메서드가 응답할 것이고, 포맷 파일의 경우 파일에 해당하는 문서 편집기에 맞는 헤더(header) 부분의 해석을 통해서 프린터로 출력하는 메서드가 실행될 것이며, 그래픽 파일일 경우 그래픽 포맷에 따라 그림을 해석하여 출력하는 메서드가 실행될 것이다.

12.1. 오버라이딩

객체 지향 프로그래밍에서 오버라이딩의 뜻은 기반 클래스로부터 상속받은 메서드를 다시 정의한다는 의미이다.

즉, 오버라이딩은 메서드 이름, 형식 매개변수, 메서드 반환 값의 타입 등을 포함한 메서드 시그니처 전체가 동일한 메서드를 여러 클래스에 정의하는 것을 의미한다. 물론 파이썬에서는 매개변수의 타입이나 함수 타입은 포함하지 않는다. 아무튼 메서드 오버라이딩은 클래스 상속 관계에서 사용되는데, 상위 클래스에서 정의된 메서드를 물려받아 사용하는 것이 아니라 하위 클래스에서 다시 정의할 수 있도록 한 것이다. 이렇게 오버라이드된 메서드는 프로그램 실행 중에 발생한 메시지에 대하여 객체의 타입에 따라 다른 행위를 수행할 수 있도록 한다.

다음은 클래스 B와 클래스 C가 클래스 A를 상속 받고, 자식 클래스에서 부모 클래스의 method() 메서드를 오버라이딩한 경우이다. 즉, 클래스 B는 클래스 A를 상속받지만, 클래스 A의 method()를 물려받는 대신 자신의 method()를 재정의한다. 이러한 것을 메서드 오버라이딩이라 한다.

```
import random
class A:
    def method(self):
        print('A')
class B(A):
    def method(self):
        print('B')
class C(A):
    def method(self):
        print('C')
```

```
A().method()
B().method()
C().method()
list1=[A(),B(),C()]
random.shuffle(list1)
for obj in list1:
    obj.method()
A().method()
B().method()
C().method()
list1=[A(),B(),C()]
random.shuffle(list1)
for obj in list1:
    obj.method()
```

```
A
B
C
B
C
A
```

클래스 A의 객체를 생성하여 method() 메시지를 보내면 클래스 A의 method()가 실행되고 클래스 B 객체를 생성하여 메시지를 보내면 클래스 B의 method()가 실행되는 것을 확인할 수 있다.

list1에 클래스 A, B, C의 객체를 생성하여 리스트에 넣고 난수를 이용하여 섞은 다음, 하나씩 꺼내 method() 메시지를 보낸 결과 obj가 어떤 클래스의 객체인가에 따라 해당하는 객체의 메서드를 실행한다. random.shuffle(list1)의 실행 결과 클래스 B, C, A의 객체 순으로 셔플된 것을 확인할 수 있다.

이렇게 컴파일 시점에는 변수 obj가 어떤 객체를 가리키는지 결정할 수 없다가 프로그램의 실행 시 obj가 가리키는 객체를 결정하는 것을 동적 바인딩이라고 한다.

메서드 오버라이딩의 가장 큰 장점은 부모 클래스의 메서드를 자식 클래스에서 재정의하여 사용할 수 있다는 점이고 이러한 것은 동적 바인딩을 통하여 극대화된다.

바인딩은 프로그램 안에 정의된 변수가 가리키고 있는 메모리 주소나 데이터 타입이 결정되는 과정을 의미하며, 바인딩이 일어나는 시점에 따라 정적 바인딩(static binding)과 동적 바인딩(dynamic binding)으로 구분된다. 정적 바인딩은 컴파일 시점에 바인딩되기 때문에 이른 바인딩(early binding)이라고 한다. 동적 바인딩은 프로그램 실행 시점에 바인딩되기 때문에 지연 바인딩(late binding)이라고 한다.

어떤 객체가 클래스 C1, C2, ..., Cn-1, Cn의 인스턴스이고, C1은 C2의 서브 클래스이며, C2는 C3의 서브 클래스이고, ..., Cn-1은 Cn의 서브 클래스라고 하면, Cn이 가장 일반적인 클래스이고, C1이 가장 상세화된 클래스가 된다. 즉, C1이 C2, ..., Cn-1, Cn 등의 부모 클래스로부터 멤버를 물려받는 가장 후손인 자식 클래스이고, Cn이 가장 조상인 시조 클래스인 것이다. 파이썬에서 Cn은 모든 클래스의 조상인 object 클래스이다.

동적 바인딩의 동작은 클래스 C1 객체 obj가 p() 메시지를 받으면, 파이썬에서는 p() 메서드를 가장 후손부터인 C1, C2, ⋯, Cn-1, Cn의 순서로 검색하다가, p() 메서드를 찾으면, 검색을 중단하고 최초로 찾은 p() 메서드를 호출하여 실행한다.

다음은 회사원에 대한 클래스의 예이다.

회사에 근무하는 "파이썬", "김대리", "장길산" 등의 직원들을 추상화하면 사원 클래스 Employee를 정의할 수 있다. 즉 모든 직원은 정보은닉 데이터로 이름(__name)과 사원번호(__idNumber)를 가지고 있으며, 일을 한다는 의미의 메서드 doWork()을 가지고 있다.

직원 중 "홍길동"과 "파이썬"은 관리자로 이들을 추상화하여 클래스 Manager를 정의할 수 있는데 관리자는 직원의 모든 데이터와 메서드를 가지며, 부서(__department)와 팀원(__subOrdinate) 들을 추가로 갖고 있으며, 하는 일 doWork() 메서드를 가진다.

이 때 고려할 사항은 사원이 더 큰 의미인 일반화(generalization)된 클래스이고, 관리자는 사원 중에서 특별한 사람(specialization)들을 의미하므로 관리자 클래스 Manager가 사원 클래스 Employee를 상속받아야 한다는 점이다. 또한, 관리자가 하는 일은 일반 사원이 하는 일과 다르므로 클래스 Manager에서 클래스 Employee의 메서드 doWork()을 오버라이딩하여야 한다.

그리고 회사를 의미하는 클래스 Company는 모든 직원을 리스트로 관리한 employees를 클래스 변수로 가지고 있어 편의상 객체를 생성하지 않고 클래스 Company로 접근할 수 있도록 한다.

다음은 클래스 Employee, Manager, Company를 정의한 예이다.

프로그램 실행을 위해 직원 4명을 예로 정의하였고, "홍길동"과 "파이썬"은 관리자로 저의하였다.

```
class Employee:
    def __init__(self, name, idNumber):
        self._name=name
        self.__idNumber=idNumber
    def doWork(self):
        print(f"나 {self._name}은 열심히 일하고 있습니다.")
class Manager(Employee):
    def __init__(self, name, idNumber, department):
        self.__department=department
        super().__init__(name, idNumber)
```

```
        self.__subOrdinate=list()
    def doWork(self):
        teamList=""
        for employee in self.__subOrdinate:
            teamList += employee._name + ', '
        teamList=teamList[:-2]
        print(f"나 {self._name}는 팀원 {teamList}와 함께 일하고 있습니다.")
    @property
    def SubOrdinate(self):
        return  self.__subOrdinate
    @SubOrdinate.setter
    def SubOrdinate(self,value):
        self.__subOrdinate=value
```

```
class Company:
    employees=list()
    def __init__(self):
        hong = Manager("홍길동", "S12123", "홍보팀")
        Company.employees.append(hong)
        kim = Employee("김윈프", "S12555")
        Company.employees.append(kim)
        park = Employee("박디비", "S13323")
        Company.employees.append(park)
        hong.SubOrdinate=[kim, park]
        python = Manager("파이썬", "S10111", "개발팀")
        Company.employees.append(yckim)
        kim = Employee("김대리", "S12233")
        Company.employees.append(kim)
        jang = Employee("장길산", "S13213")
        Company.employees.append(jang)
        python.SubOrdinate=[kim,jang]
```

다음은 프로그램의 실행을 위해 Company의 객체 myCompany를 생성하여 WhatAreYouDoing() 함수를 호출한 예이다.

WhatAreYouDoing() 함수는 Company의 모든 직원 employees를 하나씩 가져와 doWork() 메시지를 보냄으로써 객체자신의 doWork() 메서드를 실행하도록 한 결과이다.

```
def WhatAreYouDoing():
    for person in Company.employees:
        person.doWork()
myCompany=Company()
WhatAreYouDoing()
```

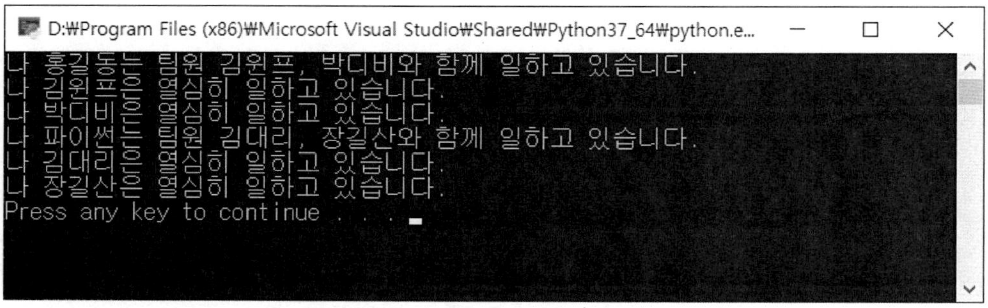

실행 결과 Company의 직원 employees에서 가져온 객체가 관리자이면 관리자의 doWork() 메서드를 실행하고, 일반 사원이면 일반사원의 doWork() 메서드를 실행하는 것을 확인할 수 있다.

다음은 PolyB가 PolyA로부터 상속 받았을 때 객체가 메시지를 받으면 실행되는 순서를 보여주기 위한 예제이다. 즉, 다형성의 바인딩을 보여주는 첫 번째 예제 프로그램이다.

```
class PolyA:
    def __init__(self,msg = "I am PolyA!!"):
        self.msg = msg

    def work(self):
        print("PolyA is working.")
        print('PolyA:work:msg=' + self.msg)

class PolyB(PolyA):
    def __init__(self):
        super().__init__("I am PolyB!!")
    def work(self):
        print("PolyB is working.")
        print('PolyB:work:msg=' + self.msg)

a = PolyA();
a.work();
b = PolyB();
b.work();
```

```
PolyA is working.
PolyA:work:msg=I am PolyA!!
PolyB is working.
PolyB:work:msg=I am PolyB!!
```

클래스 PolyB가 클래스 PolyA를 상속받아 인스턴스 변수 msg를 상속받았으며, 클래스 PolyA와 PolyB는 work() 메서드를 오버라이딩하였다. PolyA의 인스턴스 변수 msg는 클래스 외부에서 참조할 수 있는 변수로 언더바를 접두어로 붙이지 않고 선언하였다. 먼저 PolyA가 객체 a를 생성하여 a에 work() 메시지를 전송하면 PolyA의 work()이 수행되고, PolyB가 객체 b를 생성하여 b에 work() 메시지를 전송하면 PolyB의 work()이 수행된다. 실행 결과 제대로 된 결과가 출력되는 것을 확인할 수 있다.

다음은 다형성의 바인딩을 보여주는 두 번째 예제 프로그램이다.

클래스 PolyB가 클래스 PolyA를 상속받아, PolyA의 인스턴스 변수 _msg와 init() 메서드를

PolyB가 상속받았다. PolyA의 인스턴스 변수 _msg를 외부에서는 사용할 수 없고 클래스 PolyA와 자식 클래스 PolyB에서는 사용할 수 있도록 언더바 하나를 접두어로 사용하였다. 클래스 PolyB는 클래스 PolyA의 work() 메서드를 오버라이딩하였다.

```
class PolyA:
    def __init__(self,msg = "I am PolyA!!"):
        self._msg = msg
    def init(self):
        self.work()
    def work(self):
        print("PolyA is working.")
        print('PolyA:work:msg=' + self._msg)
class PolyB(PolyA):
    def __init__(self):
        super().__init__("I am PolyB!!")
    def work(self):
        print("PolyB is working.")
        print('PolyB:work:msg=' + self._msg)
```

```
a = PolyA();
a.init();
print()
b = PolyB();
b.init();
```

a = PolyA()를 이용하여, 클래스 PolyA의 객체 a를 생성한 다음 객체에 init() 메시지를 전송하면, init() 메서드의 self.work()은 클래스 PolyA의 객체이므로 클래스 PolyA의 work() 메서드가 실행된다.

b = PolyB()를 이용하여, 클래스 PolyB의 객체 b를 생성한 다음 객체에 init() 메시지를 전송하면, 클래스 PolyA의 init() 메서드의 self.work()은 b가 클래스 PolyB의 객체이므로 클래스 PolyB의 work() 메서드가 실행된다.

즉, 실행 결과는 첫 번째 프로그램과 동일하게 출력되는 것을 확인할 수 있다.

다음은 다형성의 바인딩을 보여주는 세 번째 예제 프로그램이다.

클래스 PolyB가 클래스 PolyA를 상속받았는데, PolyA의 인스턴스 변수 __msg를 PolyB에서 재정의하였다. 이렇게 부모 클래스의 변수를 자식 클래스에서 동일한 이름으로 재정의하는 것을 오버쉐도우(overshadow)라 한다. 또한 다른 클래스에서는 사용할 수 없도록 언더바 접두어 두 개를 변수 이름 앞에 지정하였다.

클래스 PolyA의 doing() 메서드를 PolyB가 상속받았으며, 클래스 PolyB는 클래스 PolyA의 init()과 work() 메서드를 오버라이딩하였다.

```
class PolyA:
    def __init__(self):
        self.init()
    def init(self):
        self._msg="I am PolyA!!"
        print('PolyA:init:msg=' + self._msg);
    def doing(self):
        self.work()
        print('PolyA:doing:msg=' + self._msg);
    def work(self):
        print("PolyA is working.")
        print('PolyA:work:msg=' + self._msg);
```

```
class PolyB(PolyA):
    def __init__(self):
        self._msg="I am PolyB!!"
        super().__init__()
    def init(self):
        print('PolyB:init:msg=' + self._msg);
    def work(self):
        print("PolyB is working.")
        print('PolyB:work:msg=' + self._msg);
```

```
a = PolyA();
a.doing();
print()
b = PolyB();
b.doing();
```

```
PolyA:init:msg=I am PolyA!!
PolyA is working.
PolyA:work:msg=I am PolyA!!
PolyA:doing:msg=I am PolyA!!

PolyB:init:msg=I am PolyB!!
PolyB is working.
PolyB:work:msg=I am PolyB!!
PolyA:doing:msg :None:'PolyB' object has no attribute '_PolyA__msg'
```

a = PolyA()를 이용하여, 클래스 PolyA의 객체 a를 생성하면 __init__()의 init() 메서드를 실행하는데, 객체 a가 클래스 PolyA의 객체이므로 클래스 PolyA의 init() 메서드를 실행하여 "PolyA:init:msg=I am PolyA!!"를 출력한다.

a.doing()을 통해 객체 a에 doing() 메시지를 보내게 되면, doing() 메서드의 self.work()을 수행하고, PolyA의 객체이므로 클래스 PolyA의 work()을 수행하여 "PolyA is working."을 출력하고, self.__msg의 값이 "I am PolyA!!"이므로 "PolyA:work:msg=I am PolyA!!"를 출력한다. PolyA의 work() 메서드 실행이 끝나면, 다시 doing()으로 돌아와서 "PolyA:doing:msg=I am PolyA!!"를 출력한다.

b = PolyB()를 이용하여, 클래스 PolyB의 객체 b를 생성하면 클래스 PolyB의 __init__()을 수행하고, super().__init__() 메서드를 실행함에 따라 PolyA의 __init__()을 호출하게 되어 init() 메서드를 호출한다. 이 때 PolyA의 __init__()에서 init()을 호출하지만 현재 객체 b가 클래스 PolyB의 객체이므로 클래스 PolyB의 init() 메서드를 실행하여 "PolyB:init:msg=I am PolyB!!"를 출력한다.

b.doing()을 통해 객체 b에 doing() 메시지를 보내게 되면, doing() 메서드의 self.work()을 수행하고, PolyB의 객체이므로 클래스 PolyB의 work()을 수행하여 "PolyB is working."을 출

력하고, self.__msg의 값이 "I am PolyB!!"이므로 "PolyB:work:msg=I am PolyB!!"를 출력한다. PolyB의 work() 메서드 실행이 끝나면, 다시 PolyA의 doing()으로 돌아와서 "'PolyA:doing:msg=' + self.__msg"의 값을 출력해야 하는데 self.__msg의 값이 없기 때문에 오류가 발생하여 except 문을 실행하게 되어 "PolyA:doing:msg :None:'PolyB' object has no attribute '_PolyA__msg'"를 출력한다.

12.2. singledispatch

함수를 정의할 때 반환하는 데어터 타입이 다르거나, 매개변수의 데이터 타입이 다를 경우 기능은 동일하나 여러 개의 타입이 다른 함수를 정의하여 사용하여야 한다.

또한, 클래스로부터 생성된 객체가 다른 데이터 타입의 데이터와 메서드를 가질 경우, 데이터 타입에 따라 각각의 클래스를 정의하여야 한다.

많은 프로그래밍 언어에서는 타입을 매개변수로 전달받아 매개변수의 타입에 맞는 함수나 클래스를 정의하여 사용할 수 있도록 제네릭 함수와 제네릭 클래스(generic class)를 제공하고 있다. 즉, C++이나 자바 등에서는 이러한 제네릭 관련 기능을 언어차원에서 지원하고 있다. 그러나 파이썬은 프로그램 실행시 타입이 바인딩되는 동적 타입 언어이기 때문에 언어 수준에서 명시적으로 제네릭 함수나 클래스를 정의하고 사용하는 기능이 필요 없다.

비록 파이썬이 동적 타입 언어이지만, 파이썬에 제네릭과 유사하게 타입에 따라 함수를 정의하고 사용하는 방법이 있다. singledispatch가 단일 디스패치 제네릭을 구현하는 방법을 제공한다. singledispatch 함수를 래핑해주는 함수이며, 래핑된 결과는 다시 인자의 타입이 특정 타입이 될 때 호출될 별도의 함수를 래핑하는 함수가 된다. 즉 데코레이터를 생성하는 데코레이터이다.

singledispatch를 통해서 제네릭 함수를 정의하는 방법은 다음과 같다.

먼저 @singledispatch 데코레이터를 통해서 func(arg)와 같은 함수를 만든다. 이 함수는 일반 파이썬 함수와 동일한 타입이 정의되지 않은 함수로, 매개변수로 전달된 arg의 타입이 다음에 정의한 타입과 일치하지 않을 경우 실행할 기본 함수가 된다.

다음에는 예를 들어 @func.register(type)과 같이 위에서 정의한 함수 이름과 타입을 이용하여 특정 파라미터 타입에 대한 함수를 정의할 수 있다. 장식을 받은 함수의 이름은 상관이 없고, 매개변수의 타입이 동일할 경우, 여기에 정의한 함수가 호출된다.

다음은 singledispatch를 정의한 프로그램의 예이다.

```
from functools import singledispatch
@singledispatch
def reverseMe(arg):
    print("여기는 int, float, str 타입 이외의 데이터를 list로 처리합니다.:",
          list(reversed(arg)))
@reverseMe.register(int)
def _int(arg):
    str1=''
    list1= list(str(arg))
    for digit in reversed(list1):
        str1 += digit
    int1= int(str1)
    print("여기는 int형 데이터를 거꾸로 처리하는 곳입니다.:", int1)
@reverseMe.register(str)
def _string(arg):
    str1=''
    list1= list(str(arg))
    for digit in reversed(list1):
        str1 += digit
    print("여기는 str형 데이터를 거꾸로 처리하는 곳입니다.:", str1)
@reverseMe.register(float)
def _float(arg):
    str1=''
    list1= list(str(arg))
    for digit in reversed(list1):
        str1 += digit
    float1= float(str1)
    print("여기는 float형 데이터를 거꾸로 처리하는 곳입니다.:", float1)
```

@singledispatch 데코레이터를 통해서 함수 reverseMe()를 만들었다.

reverseMe() 함수는 매개변수로 전달된 arg를 reversed() 함수를 이용하여 역순으로 만든 것을 리스트로 만들어 출력한다. 그리고 @reverseMe.register(int)을 통해서 int 타입에 대한 함수를 정의할 수 있다. 장식을 받은 함수의 이름은 상관이 없고, 함수 이름 @reverseMe는 매개변수의 타입이 동일할 경우, 여기에 정의한 함수가 호출된다.

즉, _string() 함수는 매개변수를 arg를 리스트로 만들어 reversed() 함수를 이용하여 문자열을 거꾸로 만들어 출력하고, _int() 함수는 매개변수를 arg를 문자열로 만들어 거꾸로 한 후 다시 정수형으로 변환하여 출력하며, _float() 함수는 매개변수 arg를 문자열로 만들어 거꾸로 한 후 다시 실수형으로 변환하여 출력한다.

다음은 이 함수를 호출한 프로그램의 실행 예이다.

```
reverseMe('Python')
reverseMe(123)
reverseMe(12.345)
reverseMe([1,2,3,4,5])
reverseMe((1,2,3,4,5))
```

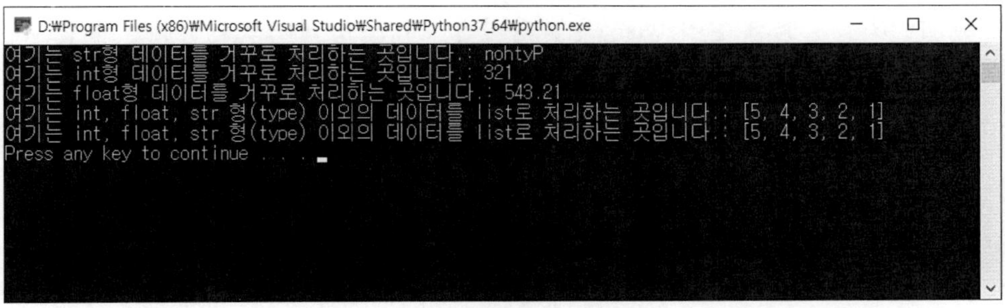

reverseMe('Python')을 실행하면, 매개변수의 타입이 str이므로 _string() 함수가 호출되며, reverseMe(123)을 실행하면, 매개변수의 타입이 int이므로 _int() 함수가 호출되며, reverseMe (12.345)을 실행하면, 매개변수의 타입이 str이므로 _float() 함수가 호출된다.

reverseMe([1,2,3,4,5])와 reverseMe((1,2,3,4,5))을 실행하면, 리스트와 튜플은 일치하는 타입이 없으므로 기본함수인 reverseMe() 함수가 호출된다.

프로그램의 실행 결과 타입에 따라 함수가 호출되는 것을 확인할 수 있다.

이렇게 @singledispatch 데코레이터를 통해서 함수를 정의하고, @func.register(type)를 통해 특정 타입의 매개변수가 들어오는 경우, 해당 타입에 대한 동작을 따로 등록하여 동작을 정의할 수 있다. 그리고 함수의 이름은 어떤 이름이라도 상관이 없으므로 동일한 이름으로 정의하면, 함수 오버로드로 볼 수도 있으며, 동일 함수가 호출되었으나 타입에 따라서 다른 코드를 실행한다는 점에서 다른 언어의 제네릭 함수라 할 수 있다.

제네릭을 이용하면 타입이 다른 동일한 기능의 클래스나 함수를 타입에 따라 다시 정의하지 않고 한 번에 정의할 수 있어 매우 편리한 기능이라 할 수 있으나, 변수의 타입이 프로그램이 실행될 때 결정되는 파이썬과 같은 프로그래밍 언어에서는 사실 제네릭은 필요없는 기능이다.

12.3. 메타클래스(metaclass)

메타클래스는 클래스에 관한 클래스인데, 파이썬에서 메타클래스는 클래스를 만드는 클래스이다. 즉, 모든 것이 객체인 파이썬에서는 클래스 역시 객체와 같이 프로그램의 실행 중에 만들 수 있다. 다음과 같이 type()을 사용하면 동적으로 클래스를 생성할 수 있다.

```
type('클래스이름', 기반클래스튜플, 속성메서드딕셔너리)
```

첫 번째 매개변수에는 생성할 클래스이름을 문자열로 써 주고, 두 번째 매개변수에는 상속받은 기반클래스를 튜플로 적어 준다. 세 번째 매개변수에는 속성과 메서드를 딕셔너리로 만들어 주면 된다.

다음은 클래스 type을 사용하여 부모 클래스와 속성 및 메서드가 없는 'Hello'란 클래스를 생성하는 예이다.

```
Hello = type('Hello', (), {})
print(Hello)
hello = Hello()
print(hello)
```

```
<class '__main__.Hello'>
<__main__.Hello object at 0x0000010C0BD7A188>
```

type('Hello', (), {})를 이용하여 Hello 클래스를 만들어 변수 Hello로 참조하였다. 클래스 Hello를 출력하면 <class '__main__.Hello'>가 출력되고, hello = Hello()를 통하여 Hello 클래스 객체 hello를 출력하면 주소를 출력하는 것을 확인할 수 있다.

다음은 리스트 클래스를 상속받는 NewList 클래스를 생성하는 예이다.

먼저 NewList 클래스에서 사용할 메서드 replace()를 정의하였다. 이 메서드는 리스트에서 요소 old를 모두 찾아 new로 변경하는 메서드이다. 그 다음 type을 사용하여 NewList 클래스를 정의 하였다. 부모 클래스는 list로 정의하였고, 인스턴스 변수 'descrition'을 정의하였으며, 메서드는 앞에서 정의한 replace로 지정하였다. 정의한 클래스 NewList로부터 객체를 생성하여, list1이 참조하도록 한 다음 list1 객체에 replace() 메시지를 보내 30이 25로 변경하도록 한 다음 list1과 list1의 descrition을 출력하였다.

```
def replace(self, old, new):
    while old in self:
        self[self.index(old)] = new
NewList = type('NewList', (list, ), { 'descrition': '리스트를 좀 고쳤어요!!', 'replace': re-
place })
list1 = NewList([10, 20, 30, 40, 50, 30])
list1.replace(30, 25)
print(list1)
print(list1.descrition)
```

```
[10, 20, 25, 40, 50, 25]
리스트를 좀 고쳤어요!!
```

프로그램 실행 결과 리스트의 30이 25로 모두 수정된 것을 확인할 수 있으며, ist1의 descrition 역시 제대로 출력된 것을 확인할 수 있다.

다음은 클래스 Cat을 상속받아 NewCat을 만들어 Meow() 메서드를 추가하는 프로그램의 예이다.

```
class Cat():
    def __str__(self):
        return "나는 고양이입니다."
def Meow():
    print("나는 야옹~ 하고 웁니다.")
myCat=type('NewCat', (Cat,),{'description':'나는 우는 고양이입니다','Meow':Meow})
print(myCat)
print(myCat.desc)
myCat.Meow()
```

```
<class '__main__.NewCat'>
나는 우는 고양이입니다
나는 야옹~ 하고 웁니다.
```

클래스 myCat과 myCat의 description을 출력하고, myCat의 Meow() 메서드를 실행한 결과 제대로 수행하는 것을 확인할 수 있다.

다음은 type을 이용해 class Mammal에서 상속받은 class Cat을 상속 받는 NewCat 클래스를 만드는 프로그램의 예이다.

```
class Mammal:
    def __init__(self, name):
        self.__name = name
    @property
    def Name(self):
        return self.__name
class Cat(Mammal):
    def __init__(self, name):
        super().__init__(name)
    def __str__(self):
        return f"나는 고양이 {self.Name}입니다."
def Meow(self):
    print(f"{self.Name} : 야옹~ 야옹~ 야옹~ ")
NewCat=type('NewCat', (Cat,),{'desc':'나는 우는 고양이입니다','Meow':Meow})
```

```
myCat=NewCat('네로')
print(myCat)
print(myCat.desc)
myCat.Meow()
```

```
나는 고양이 네로입니다.
나는 우는 고양이입니다
네로 : 야옹~ 야옹~ 야옹~
```

실행 결과 type을 사용하여 동적으로 클래스 NewCat이 생성되고 NewCat의 객체 myCat을 생성하여 결과를 출력하는 것을 확인할 수 있다.

type()을 이용하지 않고 클래스를 동적으로 생성하는 방법으로 type을 상속받아 메타클래스를 구현하는 방법이 있다.

즉, 클래스가 type 클래스를 상속받으면 메타클래스가 된다. 이것은 type 클래스가 클래스를 만드는 메타클래스라는 의미이다. 클래스가 type 클래스를 상속받아 __new__ 메서드에서 다음과 같이 새로 만들어질 클래스에 속성과 메서드를 추가할 수 있다.

```
class 메타클래스이름(type):
    def __new__(metacls, name, bases, namespace):
        추가할 속성과 메서드
```

다음은 MakeCalc 클래스를 이용하여 'Calc'란 클래스를 만든 예이다.

type을 상속받는 MakeCalcAdd의 생성자라 할 수 있는 __new__()메서드를 이용하여 인스턴스 변수 description과 메서드 add()를 정의하였다. 메타클래스 MakeCalcAdd를 이용하여 클래스 CalcAdd를 생성하고, CalcAdd 클래스의 객체 myCalc를 만들어 테스트하였다.

```
class MakeCalcAdd(type):
    def __new__(metacls, name, bases, namespace):
        namespace['description'] = '더하기 계산 클래스입니다.'
        namespace['add'] = lambda self, a, b: a + b
        return type.__new__(metacls, name, bases, namespace)
CalcAdd = MakeCalcAdd('CalcAdd', (), {})
myCalc = CalcAdd()
print(myCalc.description)
print(myCalc.add(100, 200))
```

```
더하기 계산 클래스입니다.
300
```

myCalc의 description을 출력하고, myCalc의 add() 메서드를 이용해 100과 200을 더한 결과인 300을 확인할 수 있다.

다음은 메타클래스 NewCat을 이용해 클래스를 만들고 myCat 객체를 생성하는 프로그램의 예이다.

```
class Mammal:
    def __init__(self, name):
        self.__name = name
    @property
    def Name(self):
        return self.__name
```

```
class Cat(Mammal):
    def __init__(self, name):
        super().__init__(name)
    def __str__(self):
        return f"나는 고양이 {self.Name}입니다."
def meow(self):
    print(f"{self.Name} : 야옹~ 야옹~ 야옹~ ")
def bark(self):
```

```
    print("나는 멍멍 짖습니다.")

class NewCat(type):
    def __new__(metacls, name, bases, namespace):
        namespace['description'] = '나는 우는 고양이입니다.'
        namespace['meow'] = meow
        return type.__new__(metacls, name, bases, namespace)

NewCat=NewCat('NewCat', (Cat,),{})
myCat=NewCat('네로')
print(myCat)
print(myCat.description)
myCat.meow()
```

```
나는 고양이 네로입니다.
나는 우는 고양이입니다.
네로 : 야옹~ 야옹~ 야옹~
```

실행 결과 메타클래스를 사용하여 동적으로 클래스 NewCat이 생성되고 NewCat의 객체 myCat을 생성하여 결과를 출력하는 것을 확인할 수 있다.

프로그래밍을 하다 보면 어떤 클래스가 객체를 생성할 때 최초에 한 번만 메모리를 할당받도록 할 필요가 있을 때가 있다. 이렇게 단 하나의 인스턴스를 생성해 사용하는 디자인 패턴을 싱글톤 패턴이라 한다.

파이썬에서 싱글톤은 클래스 type을 상속 받아 구현하는데 다음은 싱글톤을 구현한 예이다. 메타클래스 Singleton의 __instances는 클래스의 인스턴스를 저장할 속성이다. __call__() 메서드는 클래스로 인스턴스를 만들 때 호출되는 메서드로 클래스로 인스턴스를 생성하지 않았으면 인스턴스를 생성해 __instances에 저장하며, 두 경우 모두 인스턴스를 반환한다. 클래스 Hello를 만들 때 class Hello(metaclass=Singleton)와 같이 metaclass에 Singleton을 지정하면 메타클래스 Singleton이 클래스 Hello의 동작을 제어한다. 즉, __call__ 메서드는 클래스의 인스턴스를 괄호()로 호출할 때 호출되는데, type을 상속받은 메타클래스에서는 __call__ 메서드를 재정의할 경우에는 메타클래스를 사용하는 클래스로 인스턴스를 만들 때 __call__ 메서드가 호출된다.

예를 들어 hello1 = Hello()과 같이 클래스 Hello로 객체를 생성할 때, Singleton의 __call__ 메서드가 호출된다. 따라서 인스턴스가 중복되지 않고 하나만 생성한다.

```
class Singleton(type):
    __instances = {}
    def __call__(cls, *args, **kwargs):
        if cls not in cls.__instances:
            cls.__instances[cls] = super().__call__(*args, **kwargs)
        return cls.__instances[cls]

class Hello(metaclass=Singleton):
    pass

hello1 = Hello()
hello2 = Hello()
print(f'hello1의 주소 : {id(hello1)}')
print(f'hello2의 주소 : {id(hello2)}')
print(hello1 is hello2)
```

```
hello1의 주소 : 2294456032136
hello2의 주소 : 2294456032136
True
```

프로그램 실행 결과 hello1과 hello2의 주소가 동일하고 따라서 hello1 is hello2의 결과가 True인 것을 확인할 수 있다.

12.4. 클래스메서드와 정적메서드

인스턴스 메서드는 객체를 구현한 클래스의 인스턴스에 속한 메서드를 의미한다.

즉 클래스로부터 객체를 생성하여 메모리에 클래스의 인스턴스가 만들어지면 인스턴스 메서드는 인스턴스에 속하게 되는데, 객체 즉 인스턴스를 통하여 메서드가 호출가능하다는 의미이다.

다음 예는 인스턴스를 통하여 메서드의 실행을 보이는 예이다.

```
class A:
    def method(self):
        print("클래스 A의 인스턴스 메서드 method()를 실행 중입니다.")
class B(A):
    def method(self):
        print("클래스 B의 인스턴스 메서드 method()를 실행 중입니다.")
aInstance =A()
aInstance.method()
B().method()
#B.method()
```

A 클래스의 객체 aInstance를 생성하여 aInstance.method()로 인스턴스 메서드를 실행한 경우와 B의 객체를 직접 생성하여 method()를 호출한 B().method()를 실행한 결과 모두 해당 메서드를 실행하는 것을 확인할 수 있다. 그러나 클래스의 이름으로 메서드를 실행한 B.method()는 오류가 나는 것을 확인할 수 있다.

프로그래밍 과정에서 객체를 생성하지 않고 math.sin()이나 math.cos()과 같이 클래스의 이름을 메서드를 실행하여야할 경우가 많이 발생하는데, 이러한 경우 사용하는 것이 정적 메서드와 클래스 메서드이다.

정적 메서드와 클래스 메서드는 클래스에 속한 메서드이기 때문에 객체가 생성될 때마다 인스턴스를 만들지 않는다.

정적 메서드는 추상 메서드처럼 @staticmethod 데코레이터로 수식하여 정의하는데 이 때 객체 자신을 참조하는 self 매개변수는 사용하지 않는다는 점을 주의하여야 한다.

다음 예는 정적메서드를 정의하여 실행한 프로그램의 예이다.

```
class A:
    def method(self):
        print("클래스 A의 인스턴스 메서드 method()가 실행 중입니다.")
class B(A):
    def method(self):
        print("클래스 B의 인스턴스 메서드 method()가 실행 중입니다.")
```

```
class C(A):
    @staticmethod
    def method():
        print("클래스 C의 정적메서드 method()가 실행 중입니다.")

A().method()
B().method()
C().method()
C.method()
```

```
클래스 A의 인스턴스 메서드 method()가 실행 중입니다.
클래스 B의 인스턴스 메서드 method()가 실행 중입니다.
클래스 C의 정적메서드 method()가 실행 중입니다.
클래스 C의 정적메서드 method()가 실행 중입니다.
```

A와 B 클래스의 객체를 생성하여 인스턴스 메서드를 실행한 결과는 앞에서와 동일하다. @staticmethod 데코레이터로 수식하여 self 매개변수는 사용하지 않고 클래스 C의 정적 메서드 method()를 정의하여, C().method()로 인스턴스를 생성한 후, method() 메시지를 전송한 경우에나, C.method()처럼 클래스의 이름으로 method()를 호출한 경우에나 모두 동일한 실행 결과를 얻는 것을 확인할 수 있다.

파이썬에서 클래스 변수는 클래스 이름으로 접근이 가능하므로 정적변수라 할 수 있다. 즉, 파이썬의 정적변수는 클래스 안에 변수를 선언하여 사용하면 된다. 인스턴스 변수는 변수의 이름 앞에 인스턴스인 self를 붙여 주어야 하지만 클래스 변수는 그럴 필요가 없다.

다음은 모든 객체에 하나만 존재하는 클래스 변수를 정의하여 사용하는 프로그램의 예이다. 클래스 변수 staticCounter가 정적 변수이기 때문에 Counter.staticCounter와 같이 클래스 이름을 사용하여 변수를 접근할 수 있다.

```
class Counter:
    staticCounter = 0
    @staticmethod
    def getCounter(number=1):
        Counter.staticCounter += number
        return Counter.staticCounter
```

```
print (Counter.getCounter())
print (Counter().getCounter(5))
myCounter=Counter()
print (myCounter.getCounter())
```

```
1
6
7
```

프로그램의 실행 결과 클래스 변수는 모든 인스턴스에서 하나의 값을 가지는 것을 확인할 수 있다. 즉, 처음에는 클래스 이름으로 getCounter()를 호출하여 1을 반환하고, 두 번째는 Counter로 객체를 생성하여 5를 매개변수로 메시지를 보내 6을 반환하고, 세 번째는 myCounter 객체를 만들어 메시지를 보낸 결과 7을 반환하는 것을 확인할 수 있다.

클래스 메서드 역시 정적 메서드처럼 @classmethod 데코레이터로 수식하여 정의한다. 이때 객체 자신을 참조하는 cls 매개변수는 사용한다는 점이 인스턴스 메서드나 정적 메서드와 다르다.

다음은 클래스 메서드를 이용하여 클래스 변수를 접근하는 프로그램의 예다.

```
class InstanceCounter:
    objectCounter=0
    def __init__(self):
        InstanceCounter.objectCounter += 1
    @classmethod
    def getInstanceCount(cls):
        return cls.objectCounter
myInstance = InstanceCounter()
print(InstanceCounter.getInstanceCount())
print(InstanceCounter().getInstanceCount())
myObj = InstanceCounter()
print(myObj.getInstanceCount())
```

```
1
2
3
```

프로그램의 실행 결과 클래스에서 생성된 인스턴스의 수가 반환되는 것을 확인할 수 있다. 즉, 처음에는 myInstance 객체를 만들어 클래스 이름으로 getInstanceCount()를 호출하여 1을 반환하고, 두 번째는 InstanceCounter()로 객체를 생성하여 2를 반환하고, 세 번째는 myObj 객체를 만들어 3을 반환하는 것을 확인할 수 있다.

다음은 정적메서드와 클래스 메서드의 차이점을 보여주는 프로그램의 예이다.

DrivedClass가 BaseClass를 상속받고, StaticMethod()는 BaseClass("StaticMethod")를 통하여 BaseClass의 객체를 반환한다.

```
class BaseClass :
    staticVariable = 'BaseClass의 클래스 변수이고요'
    def __init__(self, argv):
        self.instanceVariable = f'클래스변수는 {self.staticVariable}이고요, \ n' \
          + f'매개변수 argv는 {argv}입니다.'
    @staticmethod
    def StaticMethod():
        return BaseClass("StaticMethod")
    def showInstanceVariable(self):
        print (self.instanceVariable)
class DrivedClass(BaseClass):
    staticVariable = 'DrivedClass의 클래스 변수 : '
myObj1 = BaseClass("BaseClass Test")
myObj1.showInstanceVariable()
myObj2 = DrivedClass.StaticMethod()
myObj2.showInstanceVariable()
```

```
클래스변수는 BaseClass의 클래스 변수이고요이고요,
매개변수 argv는 BaseClass Test입니다.
클래스변수는 BaseClass의 클래스 변수이고요이고요,
매개변수 argv는 StaticMethod입니다.
```

프로그램의 실행 결과 StaticMethod()를 통하여 생성된 클래스의 객체는 BaseClass 클래스의 객체인 것을 확인할 수 있다. 즉, 정적 메서드를 이용한 객체의 생성은 DrivedClass의 StaticMethod()를 호출하여도 BaseClass의 객체가 생성되는 것을 확인할 수 있다.

다음은 클래스메서드를 이용하여 클래스의 객체를 생성하는 경우로서, cls("ClassMethod")를 이용하여 객체를 생성한 예이다.

```
class BaseClass :
    staticVariable = 'BaseClass의 클래스 변수 : '
    def __init__(self, argv):
        self.instanceVariable = f'클래스변수는 {self.staticVariable}이고요, \ n'  \
            + f'매개변수 argv는 {argv}입니다.'
    @classmethod
    def ClassMethod(cls):
        return cls("ClassMethod")
    def showInstanceVariable(self):
        print (self.instanceVariable)
class DrivedClass(BaseClass):
    staticVariable = 'DrivedClass의 클래스 변수 : '

myObj1 = BaseClass("BaseClass Test")
myObj1.showInstanceVariable()
myObj2 = DrivedClass.ClassMethod()
myObj2.showInstanceVariable()
```

```
클래스변수는 BaseClass의 클래스 변수 : 이고요,
매개변수 argv는 BaseClass Test입니다.
클래스변수는 DrivedClass의 클래스 변수 : 이고요,
매개변수 argv는 ClassMethod입니다.
```

프로그램의 실행 결과 ClassMethod()를 통하여 생성된 클래스의 객체는 현재의 클래스가 BaseClass 클래스이면 BaseClass 클래스의 객체를 생성하고, DrivedClass의 클래스이면 DrivedClass의 객체를 생성하는 것을 확인할 수 있다. 즉, 클래스 메서드를 이용한 객체의 생성은 동적 바인딩에 의한 클래스를 호출하는 것을 확인할 수 있다.

다음은 시 감상 프로그램의 시집 클래스 BookOfPoetry()를 클래스 변수와 클래스 메서드로 수정한 프로그램이다.

PoetryBook과 __validIndexString을 클래스 변수로 만들어 __validIndexString은 외부에서 접근할 수 있도록 하였다. loadPoetryBook(cls)를 클래스 메서드로 만들어 객체를 생성하면 __init__() 메서드를 통해 실행하여 시를 PoetryBook에 저장하였고 필요할 경우 시를 반환할 수 있도록 getPoetry() 메서드를 만들어 메뉴 번호를 인덱스로 넘기면 메뉴 번호에 해당

하는 Poetry 클래스의 객체인 시를 반환하도록 하였다.

```
from Poetry import *
class BookOfPoetry(object):
    PoetryBook=list()
    __validIndexString=""
    def __init__(self):
        BookOfPoetry.loadPoetryBook()
    @classmethod
    def loadPoetryBook(cls):
        title="진달래 꽃"
        poet="김소월"
        contents = ["나 보기가 역겨워", "가실 때에는",
                    "말없이 고이 보내 드리우리다","","영변에 약산", "진달래꽃",
                    "아름 따다 가실 길에 뿌리우리다", "", "가시는 걸음 걸음",
                    "놓인 그 꽃을", "사뿐히 즈려밟고 가시옵소서", "",
                    "나 보기가 역겨워", "가실 때에는",
                    "죽어도 아니 눈물 흘리우리다"]
        myPoetry=Poetry(title, poet, contents)
        cls.PoetryBook.append(myPoetry)
        title = "그리움"
        poet = "유치환";
        contents = ["파도야 어쩌란 말이냐", "파도야 어쩌란 말이냐",
                    "임은 뭍같이 까딱 않는데", "파도야 어쩌란 말이냐",
                    "날 어쩌란 말이냐"]
        myPoetry=Poetry(title, poet, contents)
        cls.PoetryBook.append(myPoetry)
        title = "먼 곳에서부터"
        poet = "김수영";
        contents = ["먼 곳에서부터", "먼 곳으로",
                    "다시 몸이 아프다", "","조용한 봄에서부터","조용한 봄으로",
                    "다시 내 몸이 아프다", "","여자에게서부터", "여자에게로","",
                    "능금꽃으로부터", "능금꽃으로......","",
                    "나도 모르는 사이에","내 몸이 아프다."]
```

```
        myPoetry=Poetry(title, poet, contents)
        cls.PoetryBook.append(myPoetry)
        title = "풀"
        poet = "김수영";
        contents = ["풀이 눕는다.", "날이 흐려서 더 울다가",
                    "다시 누웠다", "", "풀이 눕는다",
                    "바람보다도 더 빨리 눕는다",  "바람보다도 더 빨리 울고",
                    "바람보다 먼저 일어난다", "", "날이 흐리고 풀이 눕는다",
                    "발목까지", "발밑까지 눕는다", "바람보다 늦게 누워도",
                    "바람보다 먼저 일어나고", "바람보다 늦게 울어도",
                    "바람보다 먼저 웃는다", "날이 흐리고 풀뿌리가 눕는다"]
        myPoetry=Poetry(title, poet, contents)
        cls.PoetryBook.append(myPoetry)
        for i in range(len(cls.PoetryBook)):
            cls.__validIndexString+=str(i)
    @classmethod
    def getPoetry(cls, index):
        if str(index-1) in cls.__validIndexString:
            return cls.PoetryBook[index - 1]
        else:
            return "menuNumber Error"
    @property
    def Length(cls):
        return len(cls.PoetryBook)
```

다음은 메뉴 클래스를 이용하여 메뉴 객체를 만들어 사용하는 메뉴 클래스의 이용 예이다.

즉, 시의 제목을 입력하고, BookOfPoetry 클래스의 클래스 변수 PoetryBook에서 시를 하나씩 가져와 제목을 얻어 메뉴를 구성하며, Menu 클래스의 객체 myMenu를 생성하여 메뉴를 출력하고 메뉴 번호를 입력 받는다. myMenu가 종료를 입력할 때까지 isExit() 메서드를 통하여 반복하면서 BookOfPoetry 클래스의 클래스 메서드인 getPoetry()를 이용하여 myMenu 객체의 프로퍼티 MenuNumber에 해당하는 Poetry 클래스의 객체 myPoetry를 가져와 print() 메서드를 통해 시를 출력한다.

```
from Poetry import Poetry
from Menu import *
from BookOfPoetry import *
BookOfPoetry()
title="시를 감상합시다.!!!"
contents=list()
for myPoetry in BookOfPoetry.PoetryBook:
    contents.append(myPoetry.Title)
myMenu=Menu(title, contents)
myMenu.print()
myMenu.read()
while not myMenu.isExit():
    myPoetry= BookOfPoetry.getPoetry(myMenu.MenuNumber)
    myPoetry.print()
    myMenu.printNread()
print("안녕히 가세요~~~")
```

메뉴 객체 myMenu에 printNread() 메시지를 보냄으로써 메뉴를 출력하고 메뉴 번호를 입력받는 기능을 확인할 수 있다.

BookOfPoetry 클래스의 클래스 변수인 PoetryBook으로부터 시를 가져와 시의 제목을 contents 리스트에 추가하여 메뉴를 생성하였으며, PoetryBook의 getPoetry() 메서드를 이용하여 myMenu 객체의 프로퍼티 MenuNumber에 해당하는 Poetry의 객체 myPoetry를 가져와 print() 메시지를 보냄으로써 시를 출력한다. 다음은 메뉴를 출력하여 번호를 입력받는 프로그램의 실행 예이다.

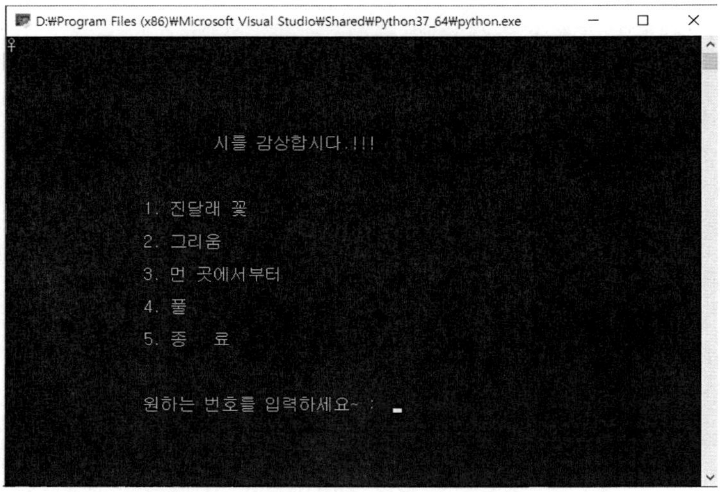
D:₩Program Files (x86)₩Microsoft Visual Studio₩Shared₩Python37_64₩python.exe
시를 감상합시다.!!!
1. 진달래 꽃
2. 그리움
3. 먼 곳에서부터
4. 풀
5. 종　료
원하는 번호를 입력하세요~ :

추상 기반 클래스 (Abstract Base Class)

CHAPTER 13

클래스 상속 구조에서 부모 클래스는 자식 클래스들이 공동으로 필요로 하는 데이터와 메서드를 가지고 있어야 한다. 이것은 자식 클래스가 부모 클래스에 정의된 메서드 시그니처와 그 구현까지 모두 재사용한다는 것을 의미한다. 그러나 부모 클래스에 정의된 메서드가 자식 클래스들의 공통 기능을 나타낼 수 있도록 구현하는 것이 불가능한 경우가 있다. 이러한 경우 추상 클래스라는 개념을 사용한다.

추상클래스의 개념을 이해하려면 먼저 추상메서드를 이해하여야 한다. 추상 메서드는 시그니처만 정의되어 있고 구현이 없는 메서드이다. 파이썬에서 메서드는 콜론(:) 아래에 들여쓰기를 하여 메서드가 수행할 기능을 구현한다. 그러나 이와 달리 시그니처만 가지고 있고 구현이 없는 메서드를 추상 메서드라 한다,

추상클래스는 가상클래스(virtual class)라고도 하는데 추상 메서드를 하나 이상 가지고 있는 슈퍼클래스이다. 추상클래스는 유사한 클래스의 공통된 특성을 이용하여 하나의 슈퍼클래스를 추출하기 위하여 사용되며, 메서드 중 일부는 반드시 메서드의 바디가 구현되어 있지 않은 추상 메서드로 선언되어야 한다.

추상 클래스는 다음과 같은 특징이 있다.

- 첫째, 객체 생성이 불가능하다.

  추상클래스는 추상메서드로 인해 클래스가 완전히 구현된 상태가 아니므로, 일반 클래스와 달리 객체를 생성할 수 없다.

- 둘째, 서브클래스가 반드시 재정의하여야 하는 메서드를 가지고 있다.

  추상클래스는 서브클래스가 반드시 구현하여야 하는 추상 메서드를 포함하고 있기 때문에, 추상 메서드를 통해 서브 클래스들이 수행해야 하는 기능이 무엇인지 짐작할 수 있다.

즉, 추상클래스는 관련된 서브 클래스들이 수행해야 할 기능에 대한 템플릿을 정의하고 있다고 할 수 있다.

13.1. 추상 기반 클래스

파이썬에서 abc.ABCMeta를 사용하는 추상 클래스는 메서드의 프로토타입만 가지게 하고, 상속받는 파생 클래스에서 메서드를 구현하도록 한다. 즉, 메타클래스로 클래스의 동작을 제어하는 방식으로 abc.ABCMeta의 사용 방법은 다음과 같다.

```
from abc import *
class추상클래스이름(metaclass=ABCMeta):
      @abstractmethod
      def메서드이름(self):
            코드
```

추상 기반 클래스(Abstract Base Class)는 자식 클래스가 갖추어야 할 특징을 강요한다. 다시 말해 추상 기반 클래스를 정의할 때는 abc를 import하여 abc 모듈의 ABCMeta 클래스와 @abstractmethod 데코레이터를 이용할 수 있도록 하여야 한다.

즉, from abc import ABCMeta과 from abc import abstractmethod을 코딩하거나 from abc import *를 코딩하여야 한다.

또한, 추상 기반 클래스를 상속 받은 클래스에서 @abstractmethod의 메서드를 반드시 구현하여야 한다.

다음은 StudentBase 클래스로부터 상속받은 Student 클래스는 추상메서드인 study()와 goToSchool() 메서드를 반드시 구현하여야 객체를 생성할 수 있다.

```
from abc import *
class StudentBase(metaclass=ABCMeta):
    @abstractmethod
    def study(self):
        pass
    @abstractmethod
    def goToSchool(self):
        pass
```

```
class Student(StudentBase):
    def study(self):
        print('공부하는 중입니다.')
    def goToSchool(self):
        print('학교가는 중입니다.')
gilDong = Student()
gilDong.study()
gilDong .goToSchool()
```

```
공부하는 중입니다.
학교가는 중입니다.
```

두 추상 메서드를 모두 구현한 결과 '공부하는 중입니다.'와 '학교가는 중입니다.'가 출력하는 것을 확인할 수 있다.

13.2. 추상클래스 Question

그래픽 사용자인터페이스(GUI)에서 흔히 사용하는 질문을 다음과 같이 추상화할 수 있다.

예를 들어 예와 아니오로 응답하는 질문(YesNoQuestion), 여러 가지 답에서 하나를 선택하는 선택형 질문(ChooseOneQuestion), 숫자로 응답하는 숫자응답형 질문(NumericQestion),

자유롭게 기술하는 논술형 질문(FreeTextQuestion) 등의 질문을 일반화(generalization)하여 질문(Question)이라는 추상기반 클래스로 정의할 수 있다.

또한, 세분화(specialization)된 여러 가지 종류의 질문을 askTheUser()라는 메시지를 통하여 사용자에게 질문하는 추상 메서드를 사용할 수 있다.

다음은 추상기반 클래스를 상속받은 Question을 정의하고 Question을 상속받은 YesNoQuestion과 FreeTextQuestion을 자식 클래스로 정의하여, 클래스 askTheUser()란 추상 메서드를 이용하여 다형성을 구현한 프로그램의 예이다.

```
from abcimport abstractmethod, ABCMeta

class Question(metaclass=ABCMeta):
    def__init__(self, text):
        self.text=text
    @abstractmethod
    def askTheUser(self):
        pass

class YesNoQuestion(Question):
    def__init__(self, text):
        Question.__init__(self, text)
    defaskTheUser(self):
        print(self.text)
        print("YES or NO ... ?")

class FreeTextQuestion(Question):
    def__init__(self, text):
        Question.__init__(self, text)
    def askTheUser(self):
        print(self.text)
        print("Well...? What's the answer...?")

def getQuestions():
    Questions=list()
    Questions.append(YesNoQuestion("Are you happy?"))
    Questions.append(FreeTextQuestion("Why or why not?"))
```

```
    return Questions

Questions = getQuestions()
for question in Questions:
    question.askTheUser()
    print()
```

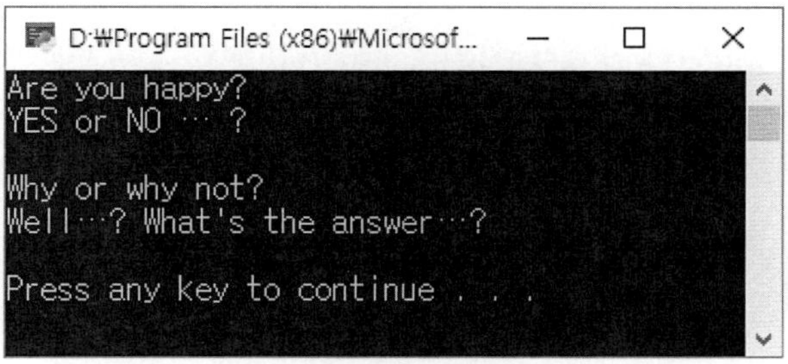

프로그램의 실행 결과 askTheUser() 메시지에 대해 인스턴스가 클래스 YesNoQUestion의 객체인지 FreeTextQUestion의 객체인지에 따라 해당 객체의 askTheUser() 메서드가 실행되는 것을 확인할 수 있다.

13.3. 추상클래스 Logger

다음은 추상 기반 클래스를 상속받은 ILogger 클래스를 정의하고 ILogger를 상속받은 FileLogger와 ConsoleLogger를 자식 클래스로 정의하여, WriteLog()란 추상메서드로 다형성을 구현한 프로그램의 예이다.

앞에서 설명한 Question 클래스처럼 Question(metaclass=ABCMeta)로 추상클래스를 선언하지 않고, 먼저 ILogger 클래스가 추상 기반 클래스 ABC에서 상속받은 다음 __metaclass__를 ABCMeta로 설정하여 ILogger 클래스를 추상클래스로 선언한다.

FileLogger 클래스에서는 __init__() 메서드에서 매개변수로 전달받은 path에 해당하는 파일을 쓰기모드로 open하여 WriteLog() 메서드에서 전달받은 메시지를 현재 시간

datetime.now()를 앞에 붙여 기록한다. ConsoleLogger 클래스에서는 __init__() 메서드에서는 아무 것도 수행하지 않으며, 단지 WriteLog() 메서드에서 전달받은 메시지를 현재 시간 datetime.now()를 앞에 붙여 콘솔 창에 출력한다.

ClimateMonitor 클래스는 인스턴스변수 logFile에 __init__()메서드의 매개변수의 logger를 할당한 후, start() 메서드를 통하여 엔터키를 입력할 때까지 온도를 입력받아 logger에 WriteLog() 메시지를 전송한다. 따라서 logger가 FileLogger인지 아니면 ConsoleLogger인지에 따라 해당하는 객체의 WriteLog() 메서드를 수행한다.

```
from abc import ABC, ABCMeta, abstractmethod
from datetime import datetime
from Menu import Menu

class ILogger(ABC):
    __metaclass__ = ABCMeta
    @abstractmethod
    def WriteLog(self, message):
        pass
class FileLogger(ILogger):
    def __init__(self, path):
        self.logFile = open(path, "w")
    def WriteLog(self, message):
        self.logFile.write(str(datetime.now()) + message+" \ n")
class ConsoleLogger(ILogger):
    def __init__(self):
        pass
    def WriteLog(self, message):
        print(str(datetime.now()) + message)
class ClimateMonitor():
    def __init__(self, logger):
        self.logger=logger
    def start(self):
        temperature= input("온도를 입력해주세요.: ")
        while temperature !="":
            self.logger.WriteLog(" \ t현재 온도 : "+ temperature)
            temperature= input("온도를 입력해주세요.: ")
```

다음은 메뉴에 따라 FileLogger와 ConsoleLogger 클래스를 사용하는 프로그램의 예이다.

```
title = "어디에 로깅할까요?"
contents = ["파일(Mylog.txt)", "콘솔"]
myMenu=Menu(title, contents)
myMenu.printNread()
while not myMenu.isExit():
    if myMenu.MenuNumber==1:
        fileName=input("로그 파일 이름을 입력하세요 : ")
        if fileName=="":
            fileName="myLog.txt"
        monitor= ClimateMonitor(FileLogger(fileName))
        monitor.start()
    elif myMenu.MenuNumber==2:
        monitor= ClimateMonitor(ConsoleLogger())
        monitor.start()
    else:
        print("메뉴 객체에서는 도달할 수 없습니다.~~~")
    myMenu.printNread()
print("안녕히 가세요~~~")
```

앞에서 만든 Menu 클래스를 이용하여 메뉴객체를 생성한 다음 메뉴가 종료일 때까지 다음을 반복한다. 메뉴번호가 1이면 로그파일을 입력받고, 입력하지 않은 경우 파일명을 "myLog.txt"로 지정한다. 지정된 파일이름을 매개변수로 FileLogger의 객체를 생성한 후, 생성된 객체를 매개변수로 ClimateMonitor의 monitor 객체를 생성하여 start() 메시지를 보낸다. 메뉴번호가 2이면 ConsoleLogger의 객체를 생성한 후, 생성된 객체를 매개변수로 ClimateMonitor의 monitor 객체를 생성하여 start() 메시지를 보낸다.

다음은 파일을 선택하였을 경우 FileLogger를 실행한 예이다.

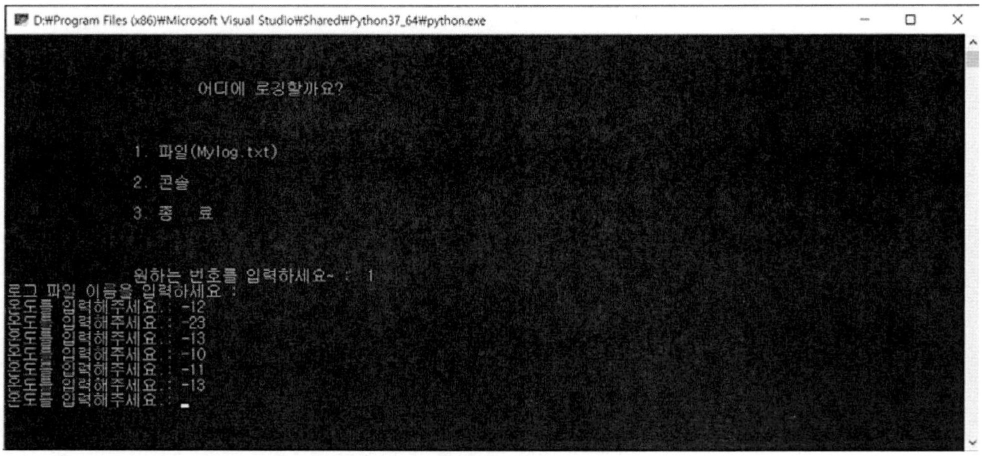

다음은 "myLog.txt" 파일에 로깅된 내용이다.

```
2021-01-03 02:44:11.472975    현재 온도 : -12
2021-01-03 02:44:14.725063    현재 온도 : -23
2021-01-03 02:44:18.737143    현재 온도 : -13
2021-01-03 02:44:23.582398    현재 온도 : -10
2021-01-03 02:44:26.676146    현재 온도 : -11
2021-01-03 02:44:35.722962    현재 온도 : -13
```

다음은 콘솔을 선택하였을 경우 ConsoleLogger를 실행한 예이다.

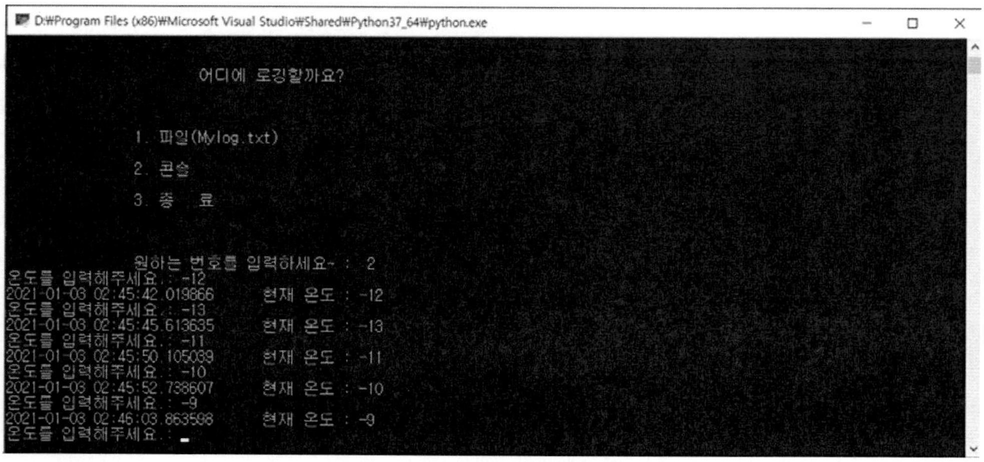

13.4 추상클래스 Gamer

다음은 가위바위보 게임의 추상클래스 Gamer를 선언한 프로그램의 예다.

```
class Gamer(ABC):
    __metaclass__ = ABCMeta
    Winner = "없음"
    PlayList = ['가위', '바위', '보']
    isGameOver=False

    def __init__(self, name):
        self.__name = name
        self.__playResult=''

    @property
    def Name(self):
        return self.__name

    @property
    def playResult(self):
        return self.__playResult
    @playResult.setter
    def playResult(self,value):
        self.__playResult = value

    @abstractmethod
    def play(self):
        pass
```

추상클래스 Gamer는 Winner, PlayList, isGameOver를 클래스 변수로 선언하고, __name과 __playResult는 인스턴스 변수로 선언한다. 또한, Name을 __name을 반환하는 읽기전용 프로퍼티로 정의하고, playResult는 __playResult를 읽고 수정할 수 있는 프로퍼티와 세터로 정의하고 추상 메서드로 play를 정의한다.

__getWinner() 메서드는 두 게이머 중 누가 있는지를 판별해 클래스변수 Winner에 승자의 이름을 할당해주는 메서드로 외부에 감추어진 메서드이고, printGameResult() 메서드는 __getWinner()를 호출하여 누가 누구를 이겼는지 결과를 출력해 주는 외부에 공개된 메서드이다.

```
    def __getWinner(self, otherPalyer):
      if self.playResult =='가위':
          if otherPalyer.playResult =='가위':
              Gamer.Winner='없음'
          elif otherPalyer.playResult =='바위':
              Gamer.Winner=otherPalyer.Name
          elif otherPalyer.playResult =='바위':
              Gamer.Winner=self.Name
      if self.playResult =='바위':
          if otherPalyer.playResult =='가위':
              Gamer.Winner=self.Name
          elif otherPalyer.playResult =='바위':
              Gamer.Winner='없음'
          elif otherPalyer.playResult =='바위':
              Gamer.Winner=otherPalyer.Name
      if self.playResult =='보':
          if otherPalyer.playResult =='가위':
              Gamer.Winner=otherPalyer.Name
          elif otherPalyer.playResult =='바위':
              Gamer.Winner=self.Name
          elif otherPalyer.playResult =='바위':
              Gamer.Winner='없음'
  def printGameResult(self, otherPalyer):
      self.__getWinner(otherPalyer)
      print("{0} : {1}".format(self.Name, self.playResult))
      print("{0} : {1}".format(otherPalyer.Name, otherPalyer.playResult))
      if Gamer.Winner == '없음':
          print("{0}님이 {1}님과 비겼습니다.".format(self.Name, otherPalyer.Name))
      elif Gamer.Winner==self.Name:
          print("{0}님이 {1}님을 이겼습니다.".format(self.Name, otherPalyer.Name))
```

```
        else:
            print("{0}님이 {1}님을 이겼습니다.".format(otherPalyer.Name, self.Name))
```

```
    def __getWinner(self, otherPalyer):
        if self.playResult =='가위':
            if otherPalyer.playResult =='가위':
                Gamer.Winner='없음'
            elif otherPalyer.playResult =='바위':
                Gamer.Winner=otherPalyer.Name
            elif otherPalyer.playResult =='바위':
                Gamer.Winner=self.Name
        if self.playResult =='바위':
            if otherPalyer.playResult =='가위':
                Gamer.Winner=self.Name
            elif otherPalyer.playResult =='바위':
                Gamer.Winner='없음'
            elif otherPalyer.playResult =='바위':
                Gamer.Winner=otherPalyer.Name
        if self.playResult =='보':
            if otherPalyer.playResult =='가위':
                Gamer.Winner=otherPalyer.Name
            elif otherPalyer.playResult =='바위':
                Gamer.Winner=self.Name
            elif otherPalyer.playResult =='바위':
                Gamer.Winner='없음'
    def printGameResult(self, otherPalyer):
        self.__getWinner(otherPalyer)
        print("{0} : {1}".format(self.Name, self.playResult))
        print("{0} : {1}".format(otherPalyer.Name, otherPalyer.playResult))
        if Gamer.Winner == '없음':
            print("{0}님이 {1}님과 비겼습니다.".format(self.Name, otherPalyer.Name))
        elif Gamer.Winner==self.Name:
            print("{0}님이 {1}님을 이겼습니다.".format(self.Name, otherPalyer.Name))
        else:
            print("{0}님이 {1}님을 이겼습니다.".format(otherPalyer.Name, self.Name))
```

다음은 가위바위보 게임의 추상클래스 Gamer를 상속받은 Person 클래스를 선언한 프로그램의 예다. Person 클래스에서는 Gamer의 추상 메서드인 play를 재정의한다. 즉, 메뉴를 만들어 사용자가 가위, 바위, 보, 종료를 선택하도록 하고, 종료가 아닐 경우, 프로퍼티 playResult에 사용자가 선택한 내용을 입력하며, 종료를 선택하였을 경우 Gamer 클래스 변수 isGameOver를 True로 설정한다.

추상클래스 Gamer로부터 상속받은 Computer 클래스에 역시 Gamer의 추상 메서드인 play를 재정의하여야 한다. 즉, random 클래스의 난수를 이용하여 choice() 메서드로 컴퓨터가 가위, 바위, 보를 랜덤하게 선택하여 playResult에 값을 설정하도록 한다.

```
class Person(Gamer):
        def __init__(self, name='사용자'):
            super().__init__(name)
        def play(self):
            title="가위바위보:"
            myMenu=Menu(title, Gamer.PlayList)
            myMenuNumber=myMenu.printNread()
            if not myMenu.isExitNumber():
                self.playResult=Gamer.PlayList[myMenuNumber-1]
            else:
                Gamer.isGameOver=True

import random
class Computer(Gamer):
    def __init__(self, name='컴퓨터'):
        super().__init__(name)
    def play(self):
        self.playResult = random.choice(Gamer.PlayList)
```

다음은 가위바위보 게임 프로그램을 실행한 예이다.

Person 클래스는 사용자에게 이름을 입력받아 PersonPlayer 객체를 생성하고, Computer 클래스는 이름을 '컴퓨터'로 설정해 ComputerPlayer 객체를 생성한다. PersonPlayer 객체에 play() 메시지를 보내고 종료를 선택할 때 까지 다음을 반복한다. ComputerPlayer에게 play() 메시지를 보내고, PersonPlayer를 매개변수로 ComputerPlayer에게 printGameResult() 메시지를 보내 게임 결과를 출력한다. 다시 PersonPlayer에게 play() 메시지를 보낸다.

PersonPlayer 객체에 play() 메시지를 보내 종료를 선택하였으면 인사말을 출력하고 프로그램을 마친다.

```
ComputerPlayer = Computer('컴퓨터')
PersonPlayer=Person(input("이름을 입력해 주세요:"))
PersonPlayer.play()
while(not Gamer.isGameOver):
    ComputerPlayer.play()
    ComputerPlayer.printGameResult(PersonPlayer)
    print()
    PersonPlayer.play()
print("안녕히 가세요~~~")
```

다음은 이름을 입력한 후 가위를 입력한 결과를 출력한 프로그램의 실행 예이다.

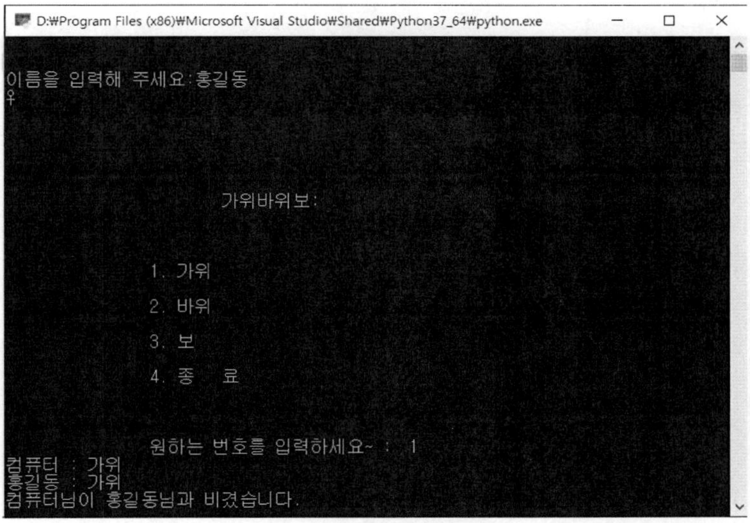

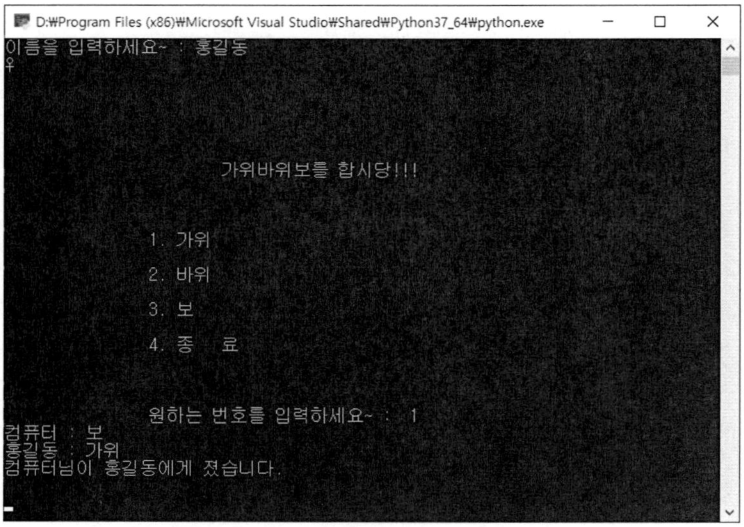

프로그램을 두 번 실행한 결과 첫 번째 실행 처음에 컴퓨터가 가위를 내고, 두 번째 실행 처음에는 컴퓨터가 보를 낸 것을 확인할 수 있다. 이렇게 프로그램을 처음 실행하면 난수를 생성하는 것은 언제나 동일한 숫자를 생성할 것으로 여겨지지만 random 객체를 생성하게 되면 random 객체가 난수를 생성할 때 시계를 이용하여 난수를 생성하므로 생성되는 난수는 언제나 다르게 만들어진다.